河北省教育科学“十三五”规划2017年度课题
（课题编号：1704033）

学物理贵在悟理

—— 高中物理那些理

□ 王朝辉 著

河北出版传媒集团
河北教育出版社

图书在版编目（CIP）数据

学物理贵在悟理 : 高中物理那些理 / 王朝辉著. -- 石家庄 : 河北教育出版社，2023.1
ISBN 978-7-5545-7611-3

Ⅰ. ①学… Ⅱ. ①王… Ⅲ. ①中学物理课—高中—教学参考资料 Ⅳ. ①G634.73

中国国家版本馆CIP数据核字(2023)第030162号

书　　名	学物理贵在悟理——高中物理那些理
著　　者	王朝辉
策　　划	董素山　田浩军
责任编辑	王　磊
装帧设计	呼玉迈

出　　版	河北出版传媒集团 河北教育出版社 http://www.hbep.com (石家庄市联盟路705号　邮政编码：050061)
印　　刷	石家庄众旺彩印有限公司
开　　本	787mm×1092mm　1/16
印　　张	17
字　　数	244千字
版　　次	2023年1月第1版
印　　次	2023年1月第1次印刷
书　　号	ISBN 978-7-5545-7611-3
定　　价	68.00元

如有印刷质量问题，请与本社出版部联系调换，电话：18603114066
购书电话：0311-88643600

前　　言

本书力求用通俗易懂的语言，把深奥的道理深入浅出地讲明白。

“思维”是最宝贵的，“思维”是可以锻炼的。物理，悟理也，物理的学习讲究悟性，学习物理的过程，是大脑向自然界的“物体”学习的过程，“悟理”就是使大脑按“物”的世界的“理”进行思索、判断的过程，是大脑被外界事物“物化”的过程，是大脑再创造的过程。所谓悟性，即人对事物的分析和理解能力，它是一种善于对事物进行由表及里、由实及虚、融会贯通的思考和分析能力，也是不断地对自身实践的总结和升华，是思维由具体到抽象、由现象到本质的认知过程，是思维方法的综合运用。“悟性”是“创造性”的基础，或者说是创造性的源泉。

此书对提高学生学习物理的兴趣，理解物理的内涵，开发创造性思维有重要的作用。学生在阅读过程中，除细细体会其主旨外，还要积极思索，构建自己的思维体系，形成自己良好的思维品质。全书分两大部分：第一部分是专题应用，以专题为中心，具体讲解每道题中的悟性思维过程，通过做题，加强悟性思维的实战能力，这是结合高中物理的知识点和模型，在理解规律的过程中，渗透对物理悟性的理解，提升自己对物理知识的感知能力；第二部分是物理悟性学习理论，主要讲什么是悟性，悟性对于物理学习的重要性，如何通过悟性提升物理学习的品质。

知识是有情感的，往往越朴素的观念越容易迁移，书中尽量用通俗的语言，帮读者化解深奥的道理，以引起共鸣。书中的例题，都是历年来的高考真题或模拟题。希望通过理顺这些道理，使你原本觉得难懂的知识，对您来说不再生涩，成为有情感的知识。作者虽在系统地研究“物理悟性学习理论”，但本书并没有追求大的理论，而是站在学生的角度，全书108道题，每一道题后都有独特翔实的“悟”，具体地阐述如何生成贯通的解题路径。

本书作者虽是曲一线《三年高考·二年模拟》高三物理一轮复习用书2022版主编，但本书与市场其他用书不同，没有追求知识的完整性，并未覆盖高中物理的全部考点，而是在可落笔处落，可写处写，以悟性的逐步提升为线索，力求提升学生对高中物理的感悟能力，使“你”感到物理不再难，不再枯涩。作者站在学生的角度，把题中蕴含的道理深入浅出地讲出来，力求用通俗易懂的语言，把深奥的道理讲明白。重点提炼了思路的生成过程，引导学生深度学习，渐入佳境，以悟透题中所蕴含的“理儿”为核心追求。本书对开发思维，培养学生深邃的逻辑分析能力、创新能力，有重要的帮助。学生如果能更早地了解自己的学习规律，有助于学业的深造。

悟性是一个人素养、智慧、领悟能力的综合体，是对理论与实践的总结与升华，是对大脑原有知识的融会贯通和重新构建，是人对客观世界认知的最高阶段。

悟商，也叫“灵商”，就是一个人对人和事物本质的慎思明辨的顿悟能力。

让我们通过学习和思索，提升自己的悟性，练就一双慧眼，找到现象背后的物理规律！就像那首歌唱的“借我借我，一双慧眼吧，让我把这纷扰，看得清清楚楚明明白白真真切切。”

目录

引论　从阿基米德原理谈物理学习的悟性 ……1

第一部分　专题应用

第一单元　匀变速直线运动 ……2
第二单元　相互作用……19
第三单元　牛顿运动定律……31
第四单元　曲线运动……39
第五单元　机械能……56
第六单元　动量　动量守恒定律 ……68
第七单元　静电场……77
第八单元　恒定电流 ……108
第九单元　磁场 ……140
第十单元　电磁感应 ……159
第十一单元　交变电流　传感器 ……193
第十二单元　近代物理初步 ……206
第十三单元　热学 ……213
第十四单元　选修3-4　机械振动与机械波
光　电磁波与相对论 ……230

第二部分　悟性学习理论

第一章　物理学科的核心素养 ……240
第二章　什么是悟性 ……243
第三章　悟性对于物理学习的重要性 ……248
第四章　悟性的激发及自我培养 ……251

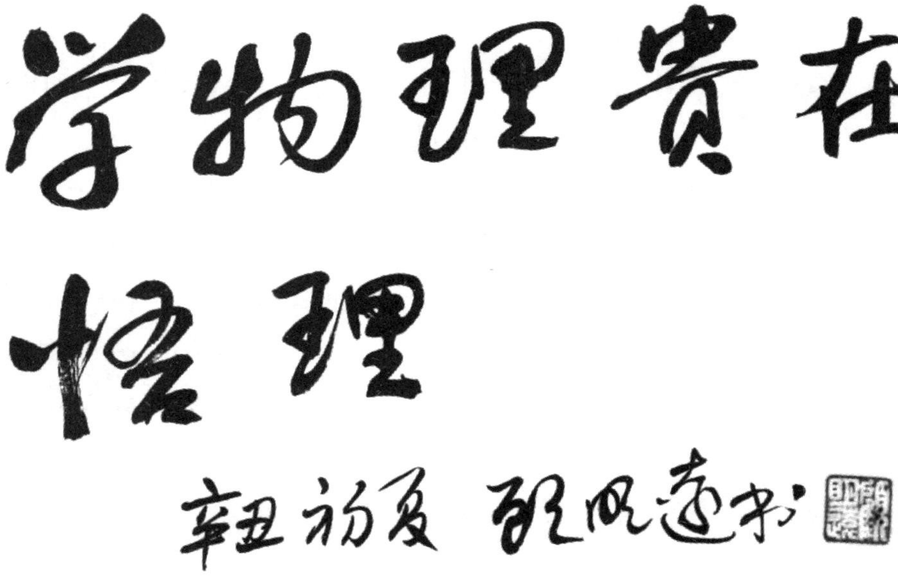
学物理贵在悟理
辛丑初夏

引　论
从阿基米德原理谈物理学习的悟性

物理，悟理也，物理的学习讲究悟性。学习物理的过程，是大脑向自然界的“物体”学习的过程，“悟理”就是使大脑按“物”的世界的“理”进行思索、判断的过程，是大脑被外界事物“物化”的过程，是大脑再创造的过程。所谓悟性，即人对事物的分析和理解能力，它是一种善于对事物进行由表及里、由实及虚、融会贯通的思考和认知能力，也是不断地对自身实践的总结和升华，是自己的思维由具体到抽象、由现象到本质的认知过程，是思维方法的综合运用。悟性是创造性的基础，或者说是创造性的源泉。

阿基米德原理是初中物理的重要内容，对学生理解能力的挖掘有重要作用，但对于大多数学生来说，理解起来相当困难，从而对浮力问题的综合应用，就更难理清思路。阿基米德原理的内容是：浸在液体中的物体受到向上的浮力，浮力的大小等于它排开的液体所受的重力。即把物体置换成，跟周围液体密度相同，体积等于物体在液体中所占空间（$V_{排}$）体积的物体时，液面刚好相平。即周围的液体刚好能托住等空间体积的同种液体。

如果物体的密度等于液体的密度，则物体就能像液体一样“悬浮”在液体中的任何位置；如果物体的密度大于周围液体的密度，则周围的液体托不住这个等体积密度更大的物体，物体自然就要下沉；如果物体的密度小于液体的密度，则浸在液体中的物体，由于周围的液体能托住的液体比此物体更重，液体对物体的浮力大于物体的重力，物体就会上浮，露出液面，浮力减小，直至浮力减小到等于重力，处于漂浮状态。就像把水球吹成气泡一样，漂浮在水面上，在水中占有的体积（$V_{排}$）不变，仍等于原来水球的体积。

“吹水成木”“吹水成冰”，在水中占有的体积，都等于“吹前”水球的体积。即周围的液体给任何物体的浮力，都是“一视同仁”。周围的液体对这个空间的托力是相同的，都等于物体在液体中所占空间的液体受到的重力，不会因为实际是不同的物质，而有区别，即只与$\rho_{液}$、$V_{排}$有关，而与物体自身密度$\rho_{物}$、物体自身体积$V_{物}$、物体露出的体积$V_{露}$等均无关。如此理解，阿基米德原理就成为自然而然的道理，对于浮沉条件的理解更为透彻。

阿基米德原理本身更好理解，浸在液体里的物体受到的浮力，是周围的水对它竖直向上的托力，而周围的水刚好能托住等空间体积的同种液体。等空间体积就是物体浸在水中的体积，就是$V_{排}$。阿基米德原理对于初学者不好理解，就在于对$V_{排}$的概念不好理解，如果叫作在水中占有的体积$V_{占}$，或液面下被水浸泡的体积$V_{泡}$，可能就更好理解一些。可是当我们理解了这些，叫作排开的体积又是多么的确切呀！

阿基米德原理的公式表述是$F_{浮}=G_{排液}=\rho_{液}gV_{排}$，影响浮力的因素是液体的密度和在液体中占有的体积，与物体自身的密度和体积无关。换句话说，只要在水中排开一定的空间，在水中占有一定的体积，周围的水就会对这个空间产生竖直向上的托力，不会因为这个空间是木块、是铁块、还是“水块”而产生区别。周围的水更“理性”，更讲道理，周围的水对这个空间的力总等于等空间体积的水所受的重力。

比如看下面这道题，有一木块漂浮在水中时有$\frac{2}{5}$的体积露出水面，放在另一种液体中时有$\frac{3}{4}$浸在液体中，求另一种液体的密度。此题一般解法是先利用木块漂浮，求出木块的密度，$\rho_{水}g\left(V-\frac{2}{5}V\right)=\rho_{木}gV$，$\rho_{木}=\frac{3}{5}\rho_{水}=0.6\times10^3\ \mathrm{kg/m^3}$；再利用木块在另一种液体中浸入$\frac{3}{4}$，求另一液体的密度，$\rho_{液}g\cdot\frac{3}{4}V=\rho_{木}gV$，得$\rho_{液}=\frac{4}{3}\rho_{木}=\frac{4}{3}\times0.6\times10^3\ \mathrm{kg/m^3}=0.8\times10^3\ \mathrm{kg/m^3}$；其实

此题可直接求另一液体的密度，$\rho_{水} g \cdot \left(1-\frac{2}{5}\right)V=\rho_{液} g \cdot \frac{3}{4}V$，即$\rho_{液}=\frac{4}{5}\rho_{水}=0.8\times10^3\ kg/m^3$。因为排开$\frac{3}{5}$体积的水与排开$\frac{3}{4}$体积的另一种液体的重力相当。

这就可以帮助我们理解漂浮在水中的冰块，熔化后液面为何恰好不变？冰熔化后质量不变，所受重力不变，漂浮时浮力等于重力，等于所占空间体积的水重，即冰熔化后化成的水刚好能填满冰漂浮时在水中所占有的“坑”。即把水“吹成”冰块时，体积变大了多少，就露出多少，在水中所占的体积不变；那冰块化成水后，体积减小到当初增大的体积，减小成当初的体积，即正好减小露出部分的体积，液面自然就不变。

阿基米德原理的理解是解决浮力相关问题的关键，对提高我们自身的悟性有重要的帮助。“仁者乐山，智者乐水”，把自己化为“水”能更好地理解水的性质。

悟性是一个人素养、智慧、领悟能力的综合体，是人们对客观事物由表及里、由实及虚的认识能力，是对理论与实践的总结与升华，是大脑对原有知识的融会贯通和重新构建，是人对客观世界认知的最高阶段。

第一部分

专题应用

1

$$x = v_0 t + \frac{1}{2}at^2$$

$$v^2 - v_0^2 = 2ax$$

$$x = vt - \frac{1}{2}at^2$$

$$x = \frac{v_0 + v}{2}t$$

$$v = v_0 + at$$

第一单元 匀变速直线运动

一 匀变速直线运动公式的选取

（1）求解匀变速直线运动问题的核心是选取恰当的公式，描述匀变速直线运动有五个物理量：v_0、v、a、t、x。联结这五个量的公式有哪些？同学们马上会想到①$v=v_0+at$，②$x=v_0t+\frac{1}{2}at^2$，有的同学还能想到③$v^2-{v_0}^2=2ax$，这已经有三个公式了，我们还能想到更多的公式吗？其中公式$v=v_0+at$能解决四类问题：（1）已知v_0、a、t，求v；（2）已知v、a、t，根据公式$v_0=v-at$，求v_0；（3）已知v_0、v、t，根据公式$a=\frac{v-v_0}{t}$，求a；（4）已知v_0、v、a，根据公式$t=\frac{v-v_0}{a}$，求t。公式$v=v_0+at$含四个量，知道任意三个，可求第四个。四个小彩球，任意抓出三个，有四种不同的可能（剩下一个彩球，有四种不同的剩法，抓出三个彩球，就有四种不同的抓法）。也就是说公式$v=v_0+at$能且只能解决四类问题。同理公式②、公式③也都能求解四类不同的问题，针对不同的物理问题，选取恰当的公式，是非常重要的判断过程。这就需要理清并记住每个公式含哪四个量，能解决哪些问题。记住每个公式含哪四个物理量是有点难的，选取恰当的那一个更是需要丰富的经验才行。但识别不含哪“一个”物理量，就简单得多。公式①$v=v_0+at$，不含有位移x；公式②$x=v_0t+\frac{1}{2}at^2$，不含有末速度v；公式③$v^2-{v_0}^2=2ax$，不含有时间t。总共五个运动量，既然有不含物理量x、v、t的公式，那有没有不含其他两个量

a、v_0的公式呢？其实，不含a的公式我们都熟悉，④$x=\frac{v_0+v}{2}t$，它可根据平均速度的定义式$\bar{v}=\frac{x}{t}$，和匀变速运动的平均速度公式$\bar{v}=\frac{v_0+v}{2}$，联立得到。那还只剩下不含v_0的公式，有没有呢？我们可以有两种方法得到：解法一，照着葫芦画瓢的方法，由公式“$x=v_0t+\frac{1}{2}at^2$”，正向的减速运动，可看做反向的加速运动，把正向运动的末速度v，换成反向运动的初速度v_0，加速度a换成$(-a)$就可得到，即$x=vt+\frac{1}{2}(-a)t^2=vt-\frac{1}{2}at^2$⑤；解法二，前面四个公式都含有$v_0$，当中的任意两个，联立消去$v_0$，就是公式⑤（不含$v_0$）。比方说我们由公式①④联立推导，由公式①$v=v_0+at$，导出$v_0=v-at$，带入④式，有$x=\frac{(v-at)+v}{2}\cdot t=vt-\frac{1}{2}at^2$⑤。在这五个公式中，我们可以看出，不含某一个量的公式只有一个，每个公式都不含一个物理量。实际上这五个公式当中的任意两个联立，都可以推导出剩下三个公式中的任何一个。也就是说，这五个公式中只有两个关系是独立的。你可以任意说出，由那两个推导剩下那一个都可行，比方说由公式④⑤联立，推导②。其推导方法特别简单，要推导的公式②不含末速度v，公式④⑤，都含有末速度v，公式④⑤联立，消去末速度v，就能得到公式②：从较简单的公式④中，解出$v=\frac{2x}{t}-v_0$带入⑤中，$x=\left(\frac{2x}{t}-v_0\right)t-\frac{1}{2}at^2=2x-v_0t-\frac{1}{2}at^2$，整理就是②式$x=v_0t+\frac{1}{2}at^2$。五个公式，每个公式可解决四类问题，匀变速直线运动总共有20种题型。

标号	公式	所含量	不含量	联系
①	$v=v_0+at$	v_0、v、a、t	x	由加速度定义式$a=\frac{\Delta v}{\Delta t}$导出
②	$x=v_0t+\frac{1}{2}at^2$	v_0、a、t、x	v	由$v-t$图像的“面积”导出
③	$v^2-v_0^2=2ax$	v_0、v、a、x	t	由速度公式和位移公式导出

续表

标号	公式	所含量	不含量	联系
④	$x=\frac{v_0+v}{2}t$	v_0、v、t、x	a	由平均速度公式导出
⑤	$x=vt-\frac{1}{2}at^2$	v、a、t、x	v_0	由速度公式和位移公式导出

明白了这些能给我们带来什么重要的启示呢?

(1) 能用两个公式联立求解的问题，一定可用某一个公式求解。能用某一个公式求解的问题，如果这个公式你不知道，就只能用其他的两个公式联立成方程组求解。但列两个方程，费事又易出错，当然也一定可求。

(2) 要想能列式求解，必须对某一运动过程找够三个已知量才可以（注意挖掘隐含条件），不够三个已知量，你也别费心思，是求不出其他量来的，够三个量了，一定能把其他两个量都求出来。

(3) 恰当地选取过程对象，使三个已知量及一个待定量同在一个过程对象中，是能带入公式求解的前提条件。

这种“题理”是通用的逻辑，在物理学很多问题中都可类似迁移。

二 追及和相遇

1. 分析思路

可概括为“一个临界条件”“两个等量关系”。

(1) 一个临界条件：速度相等。它往往是物体间能否追上或两者距离极大、极小的临界条件，也是分析判断问题的切入点；两者间距离无论有极大值还是有极小值，只要位移差有极值，一定是速度差等于0，即速度相等，恰好追上也只是距离有极小值的特例，极小值是0而已。

(2) 两个等量关系：时间等量关系和位移等量关系，通过画轨迹示意图找出两物体的时间关系和位移关系是解题的突破口。

2. 能否追上的判断方法

物体B追赶物体A：开始时，两个物体相距x_0，到$v_A = v_B$时，若$x_B - x_A > x_0$，则能追上；若$x_B - x_A = x_0$，则恰好不相撞；若$x_B - x_A < x_0$，则不能追上。

3. 特别提醒

若被追赶的物体做匀减速直线运动，一定要注意判断被追上前该物体是否已经停止运动。

4. 三种方法

（1）临界法：寻找问题中隐含的临界条件，例如速度小者加速追赶速度大者，一定能追上，在两物体速度相等时有最大距离；速度大者减速追赶速度小者，若追不上则在两物体速度相等时有最小距离。速度大的摩托车刹车追匀速运动的自行车，只要速度相等时没有相撞，那以后就一定不会相撞了。利用速度相等的临界条件来判断，也成为解决问题的切入点，如果不理解此关系，解题就无从下手了。

（2）函数法：设两物体在t时刻相遇，然后根据位移关系列出关于t的方程$f(t) = 0$，若方程$f(t) = 0$无正实数解，则说明这两个物体不可能相遇；若方程$f(t) = 0$存在正实数解，说明这两个物体能相遇。

（3）图像法

①若用位移图像求解，分别作出两个物体的位移图像，如果两个物体的位移图像相交，则说明两物体相遇。

②若用速度图像求解，则注意比较速度图像与时间轴包围的面积。

例 1.（2019·四川省德阳市质检）如图甲所示，A车原来临时停在一水平路面上，B车在后面匀速向A车靠近，A车司机发现后启动A车，以A车司机发现B车为计时起点（$t = 0$），A、B两车的$v - t$图像如图乙所示。已知B车在第1 s内与A车的距离缩短了$x_1 = 12$ m。

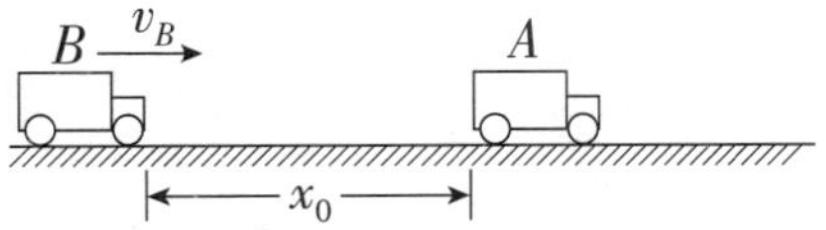

甲

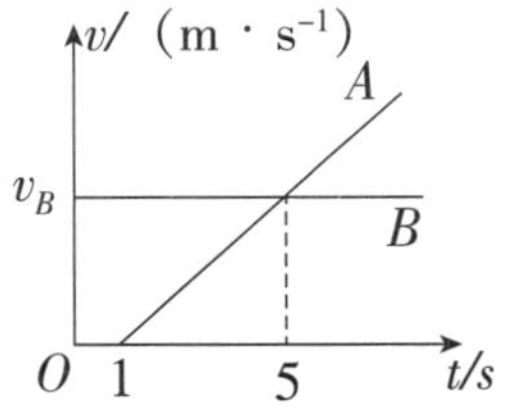

乙

（1）求B车运动的速度v_B和A车的加速度a的大小。

（2）若A、B两车不会相撞，则A车司机发现B车时（$t=0$）两车的距离x_0应满足什么条件？

答案：（1）12 m/s　3 m/s²　（2）$x_0>36$ m

解析：（1）在$t_1=1$ s时A车刚启动，两车间缩短的距离$x_1=v_Bt_1$，

代入数据解得B车的速度$v_B=12$ m/s，

A车的加速度$a=\dfrac{v_B}{t_2-t_1}$，

代入数据，解得A车的加速度大小$a=3$ m/s²。

（2）两车的速度达到相等时，两车的距离达到最小，对应于$v-t$图像的$t_2=5$ s时刻，此时两车已发生的相对位移为梯形的面积，则$x=\dfrac{1}{2}v_B(t_1+t_2)$，

代入数据解得$x=36$ m。

因此，若A、B两车不会相撞，则两车的距离x_0应满足条件：$x_0>36$ m。

悟："由乙图可知，B车匀速运动，B车在第1 s内与A车的距离缩短了$x_1=12$ m"，第1 s内A车不动，与A车的距离减小量就是B车运动的位移，可知B车运动了12 m，可求出B车的速度；知道B车速度，也就知道A、B速度相等时，即5s时A车的速度，根据1~5 s的过程，可求出A车的加速度。第（2）问，"若A、B两车不会相撞"，要从临界条件出发，"速度相等时"不撞就是不撞了。不撞，就是速度相等时，后面的B车还没撞上前面的A车，B车比A车多走的位移小于初始时刻的间距。即$x_B-x_A<x_0$，从乙图可知$t=5$ s时速度相等，此时各自的位移$x_B=v_Bt=12\times5$ m $=60$ m，$x_A=\dfrac{1}{2}a(t-1)^2=\dfrac{1}{2}\times3\times(5-1)^2$ m $=24$ m，因此，若A、B两车不会相撞，则两车的距离x_0应满足条件：$x_0>x_B-x_A=(60-24)$ m $=36$ m。B车比A车在从$t=0$到$t=5$ s的时间间隔内多走的物理意义上的位移，可用B车的图像、A车图像、$t=0$、$t=5$ s，四线所围数学图形的面积表示，也就是乙图中梯形的面积，即$S=\dfrac{1+5}{2}$ s $\cdot$ 12 m/s $=36$ m，不相撞$x_0>S=36$ m。数学意义与物理意义永远是对应的，此

题利用图像的面积来求解位移要简单一些。

例 2. 甲、乙两车在同一直线轨道上同向行驶，甲车在前，速度为$v_1 = 8\ \text{m/s}$，乙车在后，速度为$v_2 = 16\ \text{m/s}$，当两车相距$x_0 = 8\ \text{m}$时，甲车因故开始刹车，加速度大小为$a_1 = 2\ \text{m/s}^2$，为避免相撞，乙车立即开始刹车，则乙车的加速度至少为多大?

答案：$6\ \text{m/s}^2$

解析：解法一：临界法

设两车减速后速度相同时为v，所用时间为t，乙车的加速度大小为a_2，则$v_1 - a_1 t = v_2 - a_2 t = v$，$\frac{v_1 + v}{2}t = \frac{v_2 + v}{2}t - x_0$，解得$t = 2\ \text{s}$，$a_2 = 6\ \text{m/s}^2$，即$t = 2\ \text{s}$时，两车恰好未相撞，显然此后到停止运动前，甲的速度始终大于乙的速度，故可避免相撞。满足题意的条件为乙车的加速度至少为$6\ \text{m/s}^2$。

解法二：函数法

甲运动的位移$x_甲 = v_1 t - \frac{1}{2}a_1 t^2$，乙运动的位移$x_乙 = v_2 t - \frac{1}{2}a_2 t^2$，

避免相撞的条件为$x_乙 - x_甲 \leqslant x_0$，即$\frac{1}{2}(a_2 - a_1)t^2 + (v_1 - v_2)t + x_0 \geqslant 0$，

代入数据有$(a_2 - 2)t^2 - 16t + 16 \geqslant 0$，

由数学知识得，不等式成立的条件是$\Delta = 16^2 - 4 \times (a_2 - 2) \leqslant 0$，且$a_2 - 2 > 0$

解得$a_2 \geqslant 6\ \text{m/s}^2$。

悟：“撞不撞”的临界条件是速度相等，根据速度相等$v_1 - a_1 t = v_2 - a_2 t$，$8 - 2t = 16 - a_2 t$，求出加速度$a_2 = \frac{8 + 2t}{t}$，带入位移关系（刚追上时，后者比前者多走$x_0$），$x_乙 - x_甲 = x_0$，$\left(16t - \frac{1}{2}a_2 \cdot t^2\right) - \left(8t - \frac{1}{2} \times 2 \cdot t^2\right) = 8$，带入$a_2$，有$8t - \frac{1}{2}(8 + 2t)t + t^2 - 8 = 0$，$t = 2\ \text{s}$，$a_2 = 6\ \text{m/s}^2$。这是解法一，根据物理题理，边分析（撞不撞的临界条件是速度相等时，后者比前者多走x_0），边列式求解。

解法二，相对来说，列式道理简单，“相撞”就是后者比前者多走初始间距，$x_乙 - x_甲 = x_0$，用加速度和时间表示出位移，列式求解。部分“物理思维

过程”转给“数学”处理，方程有解，就相撞，为避免相撞，方程应该没有实数解才行，即$\Delta < 0$。带入数据$\Delta = (-16)^2 - 4 \times (a_2 - 2) \times 16 < 0$，解得$a_2 > 6\ \mathrm{m/s^2}$。当$a_2 = 6\ \mathrm{m/s^2}$时，后者乙刚刚来到前者甲位置处，速度也相等，是撞不撞的临界条件。这种解法，解方程的过程就稍微难一些，把一部分物理的思维过程转移到解方程的“解”的数学过程中，列方程就简单些。

临界法的“物理思维”多一些，是从“速度相等”这个临界条件出发，在分析的基础上，提炼出这一条件，否则，此法就无从下手了；解法二的“数学思维”浓一些，利用方程的判别式$\Delta \geqslant 0$来判断方程有解的条件，此法不需要物理角度上的多少理解，可以把一部分“物理分析”的过程转给“数学”完成。此题的解法还很多，也可以利用避免相撞的条件$x_{乙} - x_{甲} \leqslant x_0$，带入数据有$\left(16t - \frac{1}{2}a_2t^2\right) - \left(8t - \frac{1}{2} \times 2t^2\right) \leqslant 8$，整理有$8t - \frac{1}{2}(a_2 - 2)t^2 \leqslant 8$①。利用临界条件，速度相等有$v_1 - a_1t = v_2 - a_2t$②，有$8 - 2t = 16 - a_2t$，最终求解$a_2$的条件，留下$a_2$，消去$t$，先由②式解出$t = \frac{8}{a_2 - 2}$带入①式，有$8\frac{8}{a_2 - 2} - \frac{1}{2}(a_2 - 2)\frac{64}{(a_2 - 2)^2} \leqslant 8$，解得$a_2 \geqslant 6\ \mathrm{m/s^2}$。

三 刹车陷阱

刹车类问题：指匀减速到速度为零后立即停止运动，加速度a突然消失的问题，求解时要注意确定其实际运动时间。如果问题涉及最后阶段（到停止）的运动，可把该阶段看成反向的初速度为零、加速度大小不变的匀加速直线运动。在实际解题时为了避免掉入陷阱，一定要先求一下停止时的时间，判断一下是否物体已经停止。画出$v-t$图像，能更好地理解问题。

例 3. 一辆汽车在平直公路上刹车，初速度为10 m/s，加速度大小为2 m/s²，则该车在停止运动前1 s内的平均速度及6 s内的位移分别为（　　）

A. 1 m/s，24 m　　B. 1 m/s，25 m

C. 5 m/s，25 m　　D. 0.5 m/s，24m

答案： B

解析：汽车速度减为0的时间为：$t_0=\frac{0-v_0}{a}=\frac{0-10}{-2}\text{ s}=5\text{ s}$，

则汽车在停止运动前1 s内的位移相当于速度从0开始加速1 s的位移，为：$x_1=\frac{1}{2}at^2=\frac{1}{2}\times 2\times 1^2\text{ m}=1\text{ m}$，停止运动前1 s内的平均速度为：$\overline{v_1}=\frac{x_1}{t}=\frac{1}{1}\text{ m/s}=1\text{ m/s}$，5 s时汽车已经停止运动，所以6 s内的位移等于5 s内的位移，即：$x_2=\frac{0-{v_0}^2}{2a}=\frac{10^2}{2\times 2}\text{ m}=25\text{ m}$，所以B正确。

悟：正向的匀减速运动，相当于逆向的匀加速运动。求停止运动前1 s内的位移，可看做从静止开始加速1 s的位移。求6 s内的位移，对于刹车运动，一定要先求停止运动所需的时间t_0，判断物体在给定的时间内是否已经停止。对于本题，汽车经过5 s，已经停止，停止后加速度a就消失了，发生了突变，不再是原来的“运动规律”，如果机械的套用公式，求出来的位移值一般会偏小，$x_2'=v_0t+\frac{1}{2}at^2=\left[10\times 6+\frac{1}{2}\times(-2)\times 6^2\right]\text{m}=24\text{ m}$，$x_2'<x_2$。这相当于汽车按照“不变的加速度”继续运动，“向回倒车”了。我们可以画$v-t$图像表示这一过程。

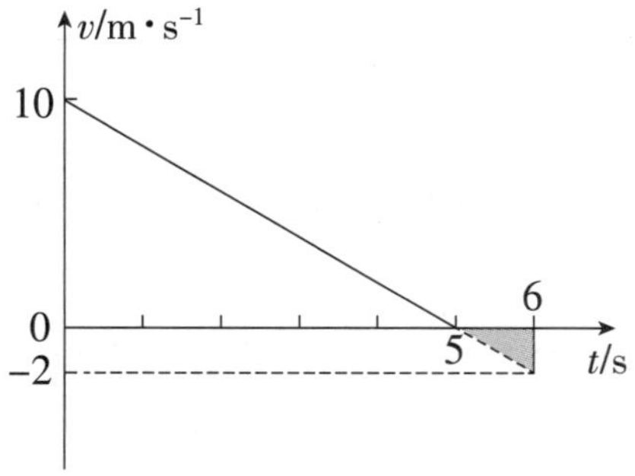

图中横轴下方图像和横轴及$t=5\text{ s}$和$t=6\text{ s}$所围成的三角形的面积，表示5~6 s时间内，汽车反向运动的位移，即$x_{5-6}=s_{\Delta}=\frac{1}{2}\times 1\text{s}\times(-2\text{ m/s})=-1\text{ m}$，就是第6 s内向后倒1 m的位移。而实际上汽车在刹车时，刹停后，是不会向后“倒车”的，汽车保持静止，所以，根据实际情景，汽车在6 s内的位移也只是等于前5 s的位移。此类问题，叫作“刹车陷阱”类问题，如果是选

择题，这个“陷阱”，一般会设计成一个选项，让你“义无反顾”地“跳下去”。

破解“刹车陷阱”类问题的灵丹妙药，就是“先求出刹车到停止时所需的时间”，这样就不易出错了。

例 4.一辆卡车初速度为$v_0 = 10\ \text{m/s}$，以$a = 2\ \text{m/s}^2$的加速度行驶，5 s后汽车以$4\ \text{m/s}^2$的加速度开始刹车，求：卡车在12 s末的速度和在12 s内通过的位移。

答案：0；125 m

解：0~5 s内，根据匀变速直线运动的速度时间公式得：$v_1 = v_0 + a_1t_1 = (10 + 2 \times 5)\ \text{m/s} = 20\ \text{m/s}$，5 s后再经时间$t_2$速度减小到零，由速度时间公式得$t_2 = \frac{0 - v_1}{a_2} = \frac{0 - 20}{-4}\ \text{s} = 5\ \text{s}$；即10 s末已停止运动，则12 s末的速度为零，12 s内通过的位移为：$x = x_1 + x_2 = v_0t_1 + \frac{1}{2}a_1{t_1}^2 + \frac{0 + v_1}{2}t_2 = (10 \times 5 + \frac{1}{2} \times 2 \times 5^2 + \frac{0 + 20}{2} \times 5)\ \text{m} = 125\ \text{m}$；卡车在12 s末的速度为0，12秒内的位移为125 m。

错解：如果只是一味地代公式，$v_{2错} = v_1 + a_2t_2' = [20 + (-4) \times 7]\ \text{m/s} = -8\ \text{m/s}$，12 s末的速度会误认为$-8\ \text{m/s}$，后$t_2' = 7\ \text{s}$内的位移为$x_{2错} = v_1t_2' + \frac{1}{2}a_2t_2'^2 = \left[20 \times 7 + \frac{1}{2}(-4) \times 7^2\right]\text{m} = 42\ \text{m}$，因为最后2 s已经停止，并未向相反方向运动，$x_3 = \frac{1}{2}|a_2|{t_3}^2 = \frac{1}{2} \times 4 \times 2^2\ \text{m} = 8\ \text{m}$，$x_2 - x_{2错} = 50\ \text{m} - 42\ \text{m} = 8\ \text{m} = x_3$，因此，在求12 s内的位移时，常见的错误答案是$x_{错} = x - x_3 = 125\ \text{m} - 8\ \text{m} = 117\ \text{m}$。

悟：“刹车陷阱”类问题，为了避免出错，一定要先求出刹车到停止时的时间$t_2 = \frac{0 - v_1}{a_2} = \frac{0 - 20}{-4}\ \text{s} = 5\ \text{s}$，比较判断出10 s时汽车已经停止。本题可以画$v - t$图像表示这一过程。

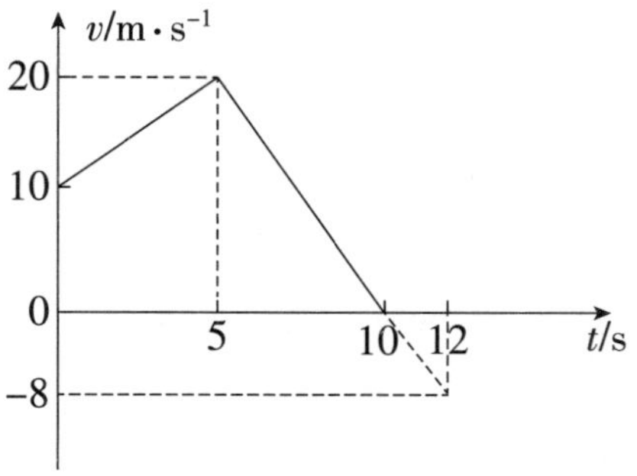

四 $\Delta x = aT^2$

相邻相等时间内的位移差公式$\Delta x = aT^2$，其中T为时间周期，任意后一个T内比前一个T内走的位移如果都要多，是为**加速**运动；多的位移如果都相等，是为**匀加速**运动；且位移差Δx都等于aT^2。无论第2秒比第1秒多的，还是第8秒比第7秒多的位移都是aT^2，即有$\Delta x = x_2 - x_1 = x_3 - x_2 = x_4 - x_3 = \cdots = x_n - x_{n-1} = aT^2$。倒过来也成立，即对任意相邻相等时间内，满足$\Delta x = aT^2$的运动也都是匀变速运动，所以可以说，$\Delta x = aT^2$是判断是否是匀变速运动的判别式。

以自由落体运动为例，当$T = 1$秒时，g取10 m/s²有:

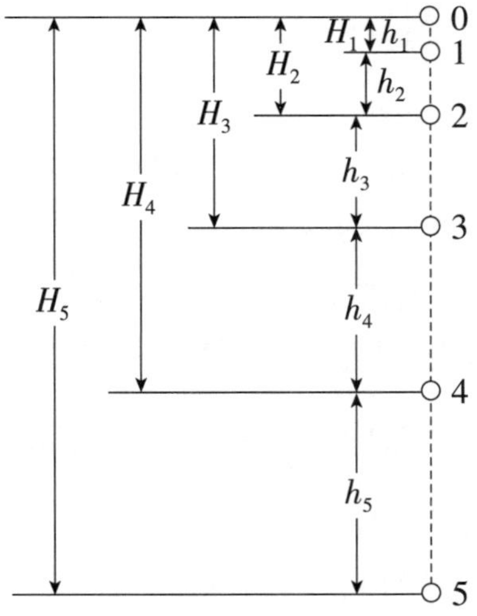

$H=\frac{1}{2}gt^2$

$H_1=\frac{1}{2}\times10\times1^2\text{ m}=5\text{ m}$，

$H_2=\frac{1}{2}\times10\times2^2\text{m}=$ ①m，

$H_3=\frac{1}{2}\times10\times3^2\text{ m}=45\text{ m}$，

$H_4=\frac{1}{2}\times10\times4^2\text{ m}=$ ② m，

$H_5=\frac{1}{2}\times10\times5^2\text{ m}=125\text{ m}$，

$h_n=H_n-H_{n-1}$

$h_1=H_1=5\text{ m}$，

$h_2=H_2-H_1$

$\quad=20\text{ m}-5\text{ m}=15\text{ m}$，

$h_3=$ ③ = ④ $=25\text{ m}$，

$h_4=H_4-H_3$

$\quad=80\text{ m}-45\text{ m}=35\text{ m}$，

$h_5=H_5-H_4$

$\quad=125\text{ m}-80\text{ m}=45\text{ m}$，

$\Delta h_{n(n-1)}=h_n-h_{n-1}$

$\Delta h_{21}=h_2-h_1$

$\quad=15\text{ m}-5\text{ m}=10\text{ m}$

$\Delta h_{32}=h_3-h_2$

$\quad=25\text{ m}-15\text{ m}=10\text{ m}$

$\Delta h_{43}=$ ⑤ = ⑥ = ⑦

$\Delta h_{54}=h_5-h_4$

$\quad=45\text{ m}-35\text{ m}=$ ⑧

可以预测：$h_6=55\text{ m}$，$H_6=55\text{ m}+125\text{ m}=180\text{ m}$。

看来在相邻相等的$T=1\text{ s}$时间内，后1 s比前1 s走的位移都是多$10\text{ m}=10\text{ m/s}^2\cdot(1\text{ s})^2$，等于$gT^2$。

$\Delta x=aT^2=aT\cdot T=\Delta v\cdot T$，可以看出，之所以相邻相等时间内的位移差相等，是因为速度差$\Delta v=aT$相等形成的。推而广之，无论$T=0.02\text{ s}$还是$T=0.10\text{ s}$时，在匀变速运动中，相邻相等时间间隔T内的位移差Δx，都有$\Delta x=aT^2$。

$$h_n=H_n-H_{n-1}=\frac{1}{2}a(nT)^2-\frac{1}{2}a\left[(n-1)T\right]^2=\frac{1}{2}a(2n-1)T^2,$$

$$h_{n-1}=\frac{1}{2}a\left[2(n-1)-1\right]T^2,$$

$\Delta h=h_n-h_{n-1}=$ ⑨。

答案： 20 m，80，H_3-H_2，45 m − 20 m，h_4-h_3，35 m − 25 m，10 m，10 m，aT^2

如果说初中物理力学以密度ρ、速度v为基本概念，那么可以说高中物理力学是以加速度a为基本概念展开的。**位移x描述位置的变化；速度v描述位置变化快慢，即$v=\frac{\Delta x}{\Delta t}$；加速度$a$是描述速度变化快慢，$a=\frac{\Delta v}{\Delta t}$**。可见，加速度$a$是描述物体位置“变化快慢的变化快慢的”物理量。$a$、$v$是不同的，对于初学者来说，如果你把加速度$a$当做速度$v$来理解，那就大错特错了。高中重点不是讲速度，而是加速度，如果你的头脑还停留在初中水平，怎么可能理解加速度概念呢！加速度a与物体所受的合外力有关，这就是牛顿第二定律

$F = ma$……，从这里进入了高中物理的殿堂。

例 5. 在80米的楼顶每隔相等的时间下落一水滴，当第1滴水刚刚落地时，第9滴水刚在屋顶形成，则相邻两水滴的时间间隔为______秒，此时第3滴与第5滴水的间距为______米。（$g = 10\ m/s^2$）（答案：0.5　25）

五 快慢不分

爱因斯坦曾经颇为感慨地说过："有一个基本问题，几千年来都因为它太复杂而含糊不清，这就是运动的问题。"最早研究运动问题的，恐怕要数古希腊学者亚里士多德了。是重的物体下落得快，还是轻的物体下落得快，历来是人们所关注的焦点。古代的学者们认为，物体下落的快慢是由它们的重量大小决定的，物体越重，下落得越快。

生活在公元前4世纪的古希腊哲学家亚里士多德最早阐述了这种看法，认为物体下落的快慢是由物体的重量决定的。重的物体比轻的物体下落得快。亚里士多德的论断影响深远，在其后两千多年的时间里，人们一直信奉他的说法。

传说中的伽利略比萨斜塔实验，才使人们第一次认识到大小不同的铁球下落得一样快。在"事实"面前，人们不得不重新审视自己的思维。亚里士多德是生活在2000多年前的希腊，如果你生活在那个年代，还极有可能不如他，或肯定不如他。不要耻笑古人，我们每个人大脑中都有许多根深蒂固的错误，只是在你没有认识到的时候，执迷不悟而已。伽利略开启了实验研究与逻辑推理相结合研究问题的先河，称得上是近代物理学的鼻祖。本章后面有对亚里士多德的专门介绍。

甲
比萨斜塔实验示意图

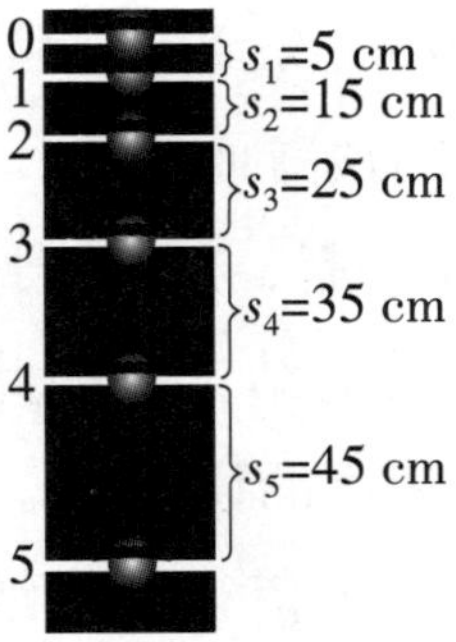

小球在不同时刻所处位置

乙
比萨斜塔实验局部放大图

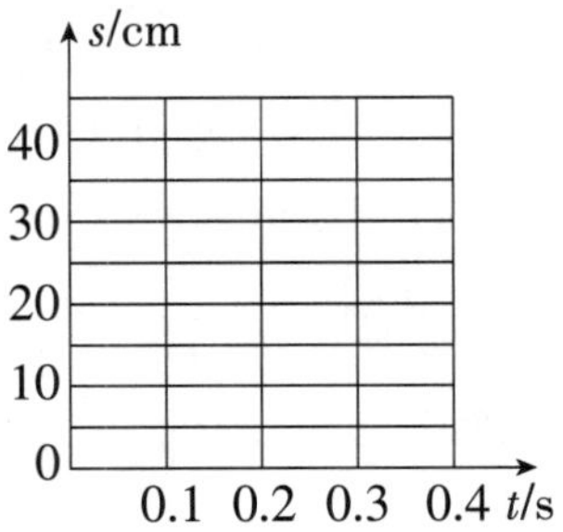

丙
比萨斜塔实验频闪照片

伽利略认为思辨的力量是无穷的，他向人们提出了下面这个问题，你看该如何回答。既然人们都认为重的物体下落快，轻的物体下落慢，那我们就先假设这种说法是正确的。把一个大铁球和一个小铁球用绳拴在一起从静止开始下落，是比原来下落得更快呢，还是更慢。根据假设我们可进行两种推理：第一种推理是既然轻球下落较慢，重球下落得快，那下落时重球就会在轻球下面，重球会拉着轻球运动，轻球会拖重球的后腿，使重的铁球下落得更慢一些，整体的速度会比重铁球慢比轻铁球快，即$v_{轻} < v_{整体} < v_{重}$；第二种推理是两个铁球绑在一起，会比原来单独的两个铁球都要重，根据假设就比原来两个铁球都要快，比大铁球下落得还要快，即$v_{整体} > v_{重}$。这就得出了自相矛盾的两个结论。

到底哪个结论正确呢？柯南说过“真相只有一个”。两个推理如果都没有问题，那一定就是假设出了问题。而且要解决这个矛盾，无论假设是较重的下落得更快，还是假设较轻的下落得更快（请你自己完成这种假设，如果假设是轻球下落得更快，也会得出：既要$v_{轻} > v_{整体} > v_{重}$，又要$v_{整体} < v_{重}$，整体与重球间的速度，自相矛盾的结果），都不能解决这个问题，都不能自圆其说。要解决这个问题只能是轻重不同的两个铁球下落得一样快才能都解释通。能自圆其说的结论不一定正确，但正确的结论一定能自圆其说，“自洽”是一个结论正确与否的必要但不充分条件。

如果你还不愿接受，我们列举数字说明。伽利略在1638年写的《两种新科学的对话》一书中指出：根据亚里士多德的论断，一块大石头的下落速度要比一块小石头的下落速度大。假定大石头的下落速度为8，小石头的下落速度为4，当我们把两块石头拴在一起时，下落快的会被下落慢的拖着而减慢，下落慢的会被下落快的拽着而加快，结果整个系统的下落速度应该小于8大于4。但是两块石头拴在一起，加起来比大石头还要重，下落速度应比8还要大，这样就得出了自相矛盾的结论。因此重物体比轻物体下落速度到底是大呢还是小呢？就有了两种相反的说法了。从重物体比轻物体下落得快的假设出发，推出了重物体比轻物体下落得慢的结论，问题错在哪了呢？只能是当初的假设出了问题，亚里士多德的理论陷入了自相矛盾的境地。伽利略由此推断重物体不会比轻物体下落得快，也不会比轻物体下落得慢，只能是下落的一样快。

传说1590年，伽利略在比萨斜塔上做了“两个铁球同时落地”的实验，得出了轻重不同的两个铁球同时落地的结论，从此推翻了亚里士多德“物体下落速度和重量成比例”的学说，纠正了这个持续了1900多年之久的错误结论。但据考证，这个“传说”只是一个传说，人教版高中物理课本必修1中比萨斜塔插图的注释中写到“传说伽利略在比萨斜塔做过落体实验，但是后来又被严谨的考证否定了。尽管如此，来自世界各地的人们都要前往参观，他们把这座古塔看做伽利略的纪念碑”。

现在我们不禁要问为什么现在这么多人都宁愿相信这个传说而丝毫不怀疑其结论的正确性呢？只能说，错误有时都能被人接受，真理更应被大脑所信服的。我们每个人都有追求真理的本能。实际上，伽利略做了上百次斜面实验，来冲淡重力的影响，在当时测量仪器受限制的条件下得到许多重要的结论。该实验被评为“最美物理实验”之一。

伽利略所开启的实验和逻辑推理、数学演算和谐结合起来的方法，成为人类科学思维方式和科学研究方法的范式。伽利略的研究开启了思辨加实验研究问题的先河，是近代物理学的奠基人，从此开启了人类的物理智慧之门。

伽利略的“比萨斜塔实验”向世人宣布人头脑中最初的想法可能是错误

的。我今天要说的是，我们不仅要重视逻辑推理的重要性，更要在推理之后去挖掘最初思维错误的根源，这样才能使自己的思维一步步接近客观事物发展变化的真相，提升自己的悟性水平。

人的悟性是可以通过不断地思索、不断地积累、不断地矫正来不断提高的，人类进步的历史就是悟性水平不断提升的过程。

六 我爱我师，我更爱真理——亚里士多德传记

公元前384年，亚里士多德出生于希腊北方的斯塔吉拉城，早年丧父。他的父亲曾是马其顿王的御医。他17岁时进入柏拉图学园，在那里学习和工作长达23年之久，深得柏拉图赏识。在柏拉图眼里，亚里士多德是柏拉图学派当然的掌门继承人。然而，令柏拉图失望的是，在柏拉图死后，亚里士多德创立了与老师柏拉图非常不同的哲学体系。对此，亚里士多德有一句名言："我爱我师，我更爱真理"。在总结前人哲学思想的基础上，亚里士多德创立了内容丰富的、独树一帜的哲学体系。

公元前343年，亚里士多德应马其顿王腓力二世之邀，担任了王子亚历山大的老师。当时亚历山大只有13岁。7年后，20岁的亚历山大即位，这便是历史上赫赫有名的亚历山大大帝。公元前336年，亚里士多德返回雅典，创办了吕克昂学园。

公元前323年，亚历山大大帝在东征途中病逝。雅典人乘机起来反抗马其顿人的统治。他们把对马其顿人的仇恨发泄到曾为亚历山大老师的亚里士多德头上，控告他犯下了"渎神罪"。这样，已经60岁的亚里士多德不得不逃离雅典，回到母亲的故乡加尔西斯。第二年夏天，一代大思想家就在凄凉中去世了。这也应了他生前的预言：哲学家的结局往往是很悲惨的，并且都会与政治有关。他的老师柏拉图曾到西西里去劝说那里的国王改革政治，结果被卖为奴隶。他的师爷苏格拉底，为了宣传无神论，被判了死刑。而他本人只不过是做了亚历山大的老师。

亚里士多德一生著作颇多，保存下来的也不少。主要著作有：《范畴论》《解释篇》《前分析学》《后分析学》《论辩篇》《诡异的辩驳》《物理学》《论产

生与毁灭》《气象学》《动物志》《论灵魂》《形而上学》《大伦理学》《政治学》《雅典政治》《修辞学》《诗学》等等。这些著作包括哲学、物理学、天文学、生物学、心理学、逻辑学、伦理学、政治学、美学等等几乎所有的学术领域，是一位名副其实的百科全书式学者，为人类创造了极为宝贵的精神财富。他在自然科学上的成就是他之前的任何人都无法比拟的。

亚里士多德对自然科学的贡献，首先在科学研究的方法上。他一反其师柏拉图的“理念”论，把自然作为科学研究的客观对象，并首先进行科学分类，促使自然科学与社会科学逐渐分离，演化为若干门独立学科。他首先提出了自然科学中一系列基本理论问题，如物质、空间、时间、运动等，并认为他们是彼此密切相关的，主张物质、空间与时间的连续性，反对存在“真空”的观点。在科学方法论上，他首先提出归纳与演绎两类方法。强调数学与逻辑推理的作用，主张应当严格地用数学来证明科学原理。他的这一系列基本理论观点和方法，后来对科学的发展产生了很大的促进作用。

在他的影响下，不但出现了欧几里得《几何原本》这样罕见的传世名著，而且把后来的西方，一代又一代学者们的注意力，引导向自然界基本法则进行深入的考察上来。这些观点和方法，正是亚里士多德学说中不可忽略的活的灵魂。如果东方文明也能有类似著作问世，东方文明就不会在自然科学的发展上落后西方。后来的西方文明也是在亚里士多德的基础上，不断得到改进和发展的。牛顿第一定律，就是站在亚里士多德、笛卡尔、伽利略等人的肩膀上发展起来的。

亚里士多德的另一重要贡献是开创了逻辑学（形式逻辑）。他提出思维的三大基本规律：同一律、矛盾律、排中律，确定了概念、判断、推理等逻辑形式，以及提出归纳和演绎两种方法。这些都是在总结当时科学研究成果，并为科学的进一步发展而建立起来的，是人类思维规律的总结。他所使用的某些专门词语，直到今天仍为很多逻辑学教科书所使用。

亚里士多德在力学领域也取得很多成就。不过，后人谈论更多的是他对自由落体运动的观点。他认为：体积相等的两个物体，较重的下落得较快。甚至认为物体下落得快慢精确地与它们的重量成正比。这个错误后来因为伽利略在比萨斜塔做的那个“传说的”实验，而几乎妇孺皆知，甚至在某些片面的宣传中，亚里士多德几乎成为近代科学故事中的反面人物，但这决不是科学史的真实面目。事实上，亚里士多德对科学的贡献是无与伦比的，而他在一些问题上的错误也不过是历史的局限性造成的。

亚里士多德的时代，希腊思想达到顶峰，而亚里士多德就是站在这峰顶的巨人。

第二单元 相互作用

一 整体法与隔离法

	整体法	隔离法
概念	将加速度相同的几个物体作为一个整体来分析的方法	将研究对象与周围物体分隔开的方法
选用原则	研究系统外的物体对系统整体的作用力或系统整体的加速度	研究系统内物体之间的相互作用力

例 6. 如图所示，B 和 C 两个小球均重为 G，用轻绳悬挂而分别静止于图示位置上，试求：

（1）AB 和 CD 两根细绳的拉力分别为多大？

（2）绳 BC 与竖直方向的夹角 θ 是多少？

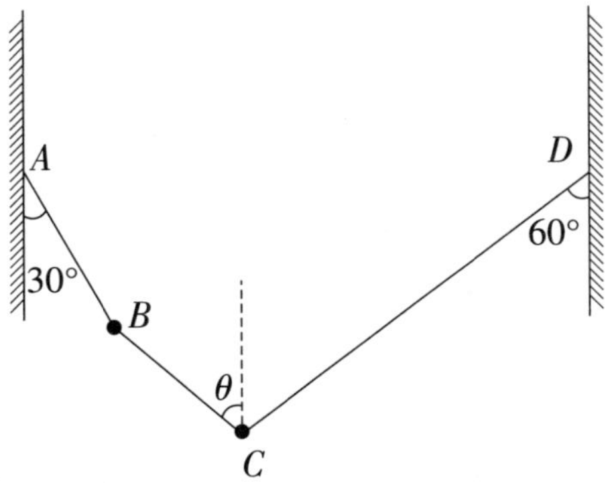

答案：（1）$\sqrt{3}G$　G　（2）60°

解析：

解法一：（1）对B、C两球整体受力分析，正交分解得

$F_{AB}\cos 30^\circ + F_{CD}\cos 60^\circ = 2G$，　①

$F_{AB}\sin 30^\circ = F_{CD}\sin 60^\circ$，　②

联立解得$F_{AB}=\sqrt{3}G$，$F_{CD}=G$。

（2）对C球受力分析，正交分解得

$F_{BC}\cos\theta + F_{CD}\cos 60^\circ = G$，　③

$F_{BC}\sin\theta = F_{CD}\sin 60^\circ$，　④

联立解得$\theta=60^\circ$。

解法二：对B球受力分析，正交分解得

竖直方向上：$F_{AB}\cos 30^\circ - F_{BC}\cos\theta = G$，　⑤

水平方向上：$F_{AB}\sin 30^\circ = F_{BC}\sin\theta$，　⑥

我们可以发现

在竖直方向上：③+⑤=①，即$(F_{BC}\cos\theta + F_{CD}\cos 60^\circ)+(F_{AB}\cos 30^\circ - F_{BC}\cos\theta)=2G$，内力$F_{BC}$两项相消，化简后就是①式；

在水平方向上：④+⑥=②，即$(F_{BC}\sin\theta)+(F_{AB}\sin 30^\circ)=(F_{CD}\sin 60^\circ)+(F_{BC}\sin\theta)$，内力$F_{BC}$两项相消，化简后就是②式。

悟：任何物体和物体系都可以选作研究对象，根据问题的性质，为了解决问题的方便，需要恰当地选取研究对象。就像下图一样，问有几个三角形，只说A、B两个是错误的，应该有三个：A、B、AB整体。研究对象也一样，A、B两个小球构成的系统，可选的研究对象有三个，单独的A、单独的B以及AB整体。且A沿某一方向的方程加上B沿该方向的方程，一定可得整体沿该方向的方程。

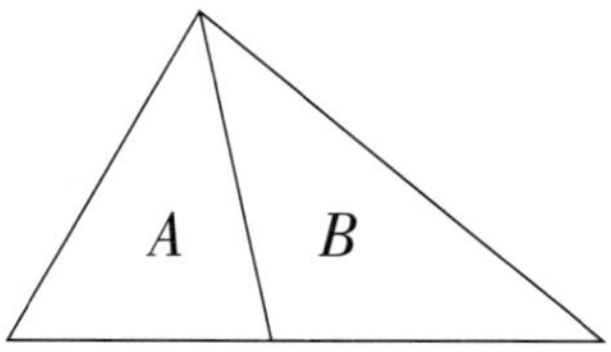

例 7. 如图所示，两个质量均为m的小球通过两根轻弹簧A、B连接，在水平外力F作用下，系统处于静止状态，弹簧实际长度相等。弹簧A、B的劲度系数分别为k_A、k_B，且原长相等。弹簧A、B与竖直方向的夹角分别为θ与45°。设弹簧A、B中的拉力分别为F_A、F_B。小球直径相比弹簧长度可以忽略。则(　　)

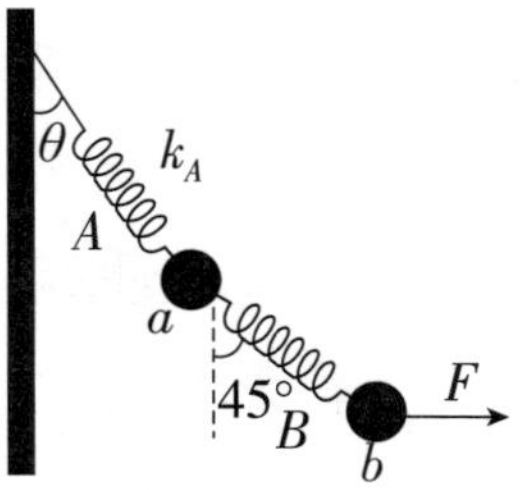

A. $\tan\theta = \frac{1}{2}$　　B. $k_A = k_B$　　C. $F_A = \sqrt{3}\,mg$　　D. $F_B = 2mg$

答案： A

解析： 对下面的小球进行受力分析，如图甲所示：

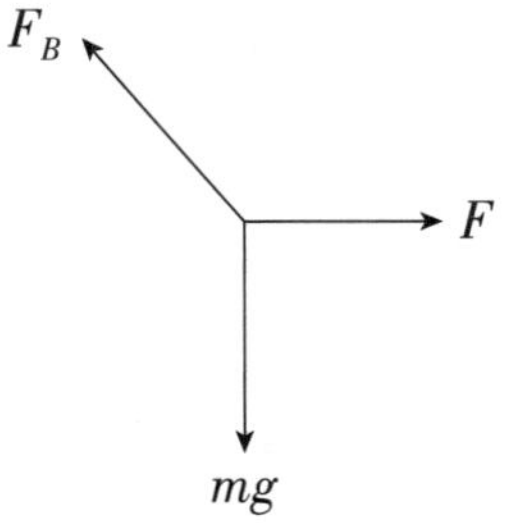

甲

根据平衡条件得

在水平方向上：$F_B \sin 45^\circ = F$　①；在竖直方向上：$F_B \cos 45^\circ = mg$　②。解得$F = mg$，$F_B = \sqrt{2}\,mg$。

对两个小球整体受力分析，如图乙所示：

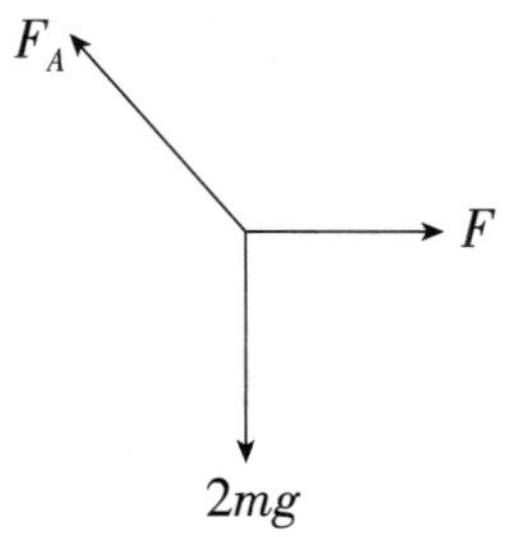

乙

在水平方向上：$F_A\sin\theta = F$ ③；在竖直方向上：$F_A\cos\theta = 2mg$ ④；解得$\tan\theta = \frac{1}{2}$，$F_A = \sqrt{(2mg)^2 + F^2} = \sqrt{5}\,mg$，由题可知两弹簧的形变量相等，则有：$x = \frac{F_A}{k_A} = \frac{F_B}{k_B}$，解得：$\frac{k_A}{k_B} = \frac{F_A}{F_B} = \frac{\sqrt{5}}{\sqrt{2}}$，故A正确，B、C、D错误。

悟：（1）研究对象的选取。图中有上、下两个球，有三个研究对象可选取：上球、下球、整体。根据经验，常先选取下球为研究对象，为什么这样选呢？一个物体受三力而平衡，三个力的大小和方向，这六个因素中，利用正交分解法可列两个方向上的方程，能求出两个未知量，已知四个因素则可求。对于下球，知道所受三个力方向及重力大小这四个因素，则可求另两个力F、F_B的大小;而对于上球，只知道重力的大小和方向及F_B的方向，这三个因素，暂不可解；对于整体，只知道重力的大小和方向及水平力F的方向，这三个因素，亦暂不可解。通过先解下球，解出F、F_B的大小，知F的大小后可对整体求解，知F_B的大小后可对上球求解。明白够哪些条件，就可解出哪些量，而且是在解出结果之前就知道，有时比知道怎样解要重要。理清能不能解、先解哪个量、怎样解，对思路的形成至关重要。

（2）所列方程与研究对象在各方向上对应。本题先对下面小球进行受力分析，求出F、F_B，再对整体分析，求F_A。

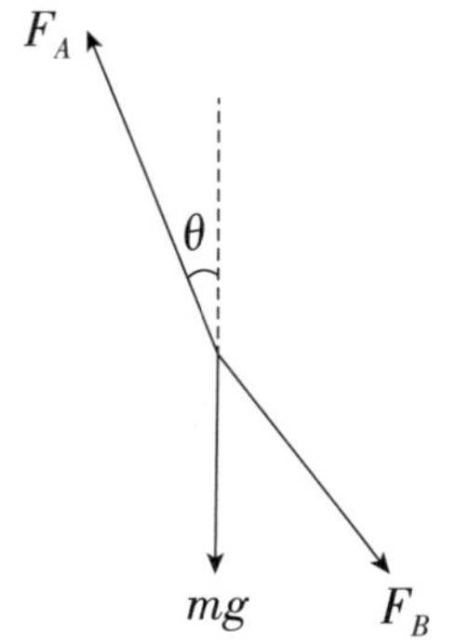

本题也可以对上面小球进行分析，

在水平方向上：$F_A\sin\theta = F_B\sin 45^\circ$，　⑤

在竖直方向上：$F_A\cos\theta = F_B\cos 45^\circ + mg$，　⑥

我们仍可以发现：

在水平方向上：①+⑤=③，

即（$F_B\sin45^\circ$）+（$F_A\sin\theta$）=（F）+（$F_B\sin45^\circ$），化简可得③式；

在竖直方向上：②+⑥=④，即（$F_B\cos 45^\circ$）+（$F_A\cos\theta$）=（mg）+（$F_B\cos 45^\circ + mg$），化简可得④式。

上下球整体沿某一方向的方程，等于上球沿该方向的方程加下球在该方向上的方程。其实，只要整体=上球+下球成立，那么在某一方向上就有，整体的方程=上球方程+下球方程。所以这三个研究对象的方程，也只有两个是独立的，任意联立两个方程就能解决问题，我们只需要列两个较简单的就可以。对上面小球的受力分析稍微复杂一些，还是选下球和整体进行受力分析要简单一些。

二 按质量比分配力

例 8. 两物体A和B，质量分别为m_1和m_2，互相接触放在光滑水平面上，如图所示。对物体A施以水平的推力F，则物体A对物体B的作用力等于（　　）

A. $\frac{m_1}{m_1+m_2}F$　　B. $\frac{m_2}{m_1+m_2}F$　　C. F　　D. $\frac{m_2}{m_1}F$

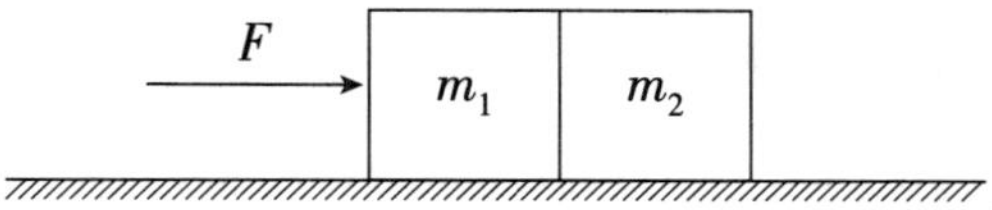

答案：B

解析：根据牛顿第二定律，对整体有$F=(m_1+m_2)a$，　①

解得$a=\frac{F}{m_1+m_2}$，对右侧物体有$N_{AB}=m_2a$，　②

带入加速度a，解得$N_{AB}=\frac{m_2}{m_1+m_2}F$。

故选B。

悟：本题是连接体问题，处理方法常有两种：隔离法和整体法，要灵活选择研究对象。一般是“整体求加速度，隔离求内力”，先对整体求加速度，求内力只能用隔离法。我们先对A、B构成的整体列①式，再对右侧物体m_2列②式，联立可求解；我们当然也可以对m_1隔离分析，只是列式相对来说复杂，$F-N_{BA}=m_1a$，记作③式，联立①③，照样可以求解$N_{BA}=F-m_1a=F-\frac{m_1}{m_1+m_2}F=\frac{m_2}{m_1+m_2}F$满足$N_{BA}=N_{AB}$；我们也可以只列②、③式，也可联立求解，②式+③式就是①式（因为②+③是整体，那么②式方程+③式方程一定可得整体的方程）。我们之所以先整体求加速度，再隔离求内力，只是因为这样较简单。

例 9.（多选）质量为$2m$的物块A和质量为m的物块B相互接触放在水平面上，如图所示。若对A施加水平推力F，则两物块沿水平方向做加速运动，关于A对B的作用力，下列说法中正确的是（　　）

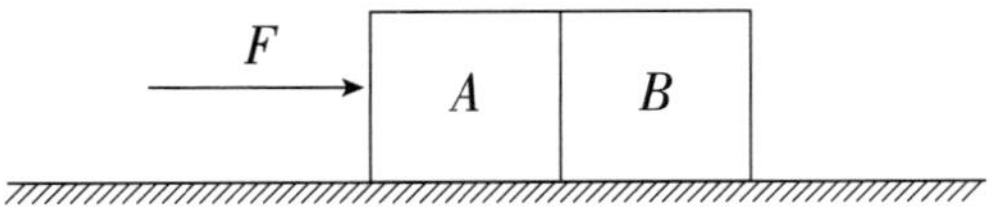

A. 若水平地面光滑，物块A对B的作用力大小为F

B. 若水平地面光滑，物块A对B的作用力大小为$\frac{F}{3}$

C. 若水平面对A、B间动摩擦因数为μ，则物体A对B的作用力大小为$\mu mg+\frac{F}{3}$

D. 若水平面对A、B间动摩擦因数为μ，则物体A对B的作用力大小为$\frac{F}{3}$

答案： BD。

解析： 解法一：（1）选取A、B构成的系统为研究对象，在水平面对A、B间动摩擦因数为μ的情况下，设A、B加速度为a，则

$F-\mu(2m+m)g=(2m+m)a$ ①，解得$a=\frac{F-\mu\cdot 3mg}{3m}$；

（2）选取B为研究对象，设A对B的力为N_{AB}，则$N_{AB}-\mu mg=ma$ ②，

代入a的值得$N_{AB}=\frac{F}{3}$，

若水平地面光滑，上面推导中取$\mu=0$，物块A对B的作用力大小仍为$\frac{F}{3}$。

因此AC是错误的，BD正确。

解法二：选取A为研究对象，$F-N_{BA}-\mu\cdot 2mg=2ma$ ③，带入加速度a，有$N_{BA}=F-\mu\cdot 2mg-2m\cdot\frac{F-3\mu mg}{3m}=\frac{F}{3}$，结果相同，绝非巧合，且方程②+方程③=方程①，因为“物块B+物块A=整体物块”，所以一定有“物块B的方程+物块A的方程=整体物块的方程”。“总”过程和各个“子”过程之间也有同样的关系。即各个子过程的方程相加，也可得到总过程的方程。

悟： 只要m_1、m_2的境遇相同，受到某一外力作用而运动，无论水平面光滑还是粗糙，更有甚者，都放在斜面上，只要是同一斜面，倾角θ与动摩擦因数μ相同，那么物体一定是按照质量比分配合外力。从数学表达式角度看，无

论在光滑水平面 $F=(m_1+m_2)a$，$N_{12}=m_2a$，还是粗糙水平面 $F-\mu(m_1+m_2)g=(m_1+m_2)a$，$N_{12}-\mu m_2g=m_2a$，还是光滑斜面 $F-(m_1+m_2)g\sin\theta=(m_1+m_2)a$，$N_{12}-m_2g\sin\theta=m_2a$，还是粗糙斜面 $F-\mu(m_1+m_2)g\cos\theta-(m_1+m_2)g\sin\theta=(m_1+m_2)a$ ①，$N_{12}-\mu m_2g\cos\theta-m_2g\sin\theta=m_2a$ ②。在系统的表达式①中除第一项外力 F 外，其余各项都与总质量成正比，在 m_2 的表达式②中，除第一项物体间的作用力 N_{12} 外，其他各项都与 m_2 成正比。只要两物体所处的“物理环境”相同，其比值 $\frac{F}{m_1+m_2}$ 与 $\frac{N_{12}}{m_2}$ 就相同。我们以粗糙斜面为例，等式两边同除以研究对象的质量，由①式两边除以 (m_1+m_2) 得 $\frac{F}{(m_1+m_2)}=a+\mu g\cos\theta+g\sin\theta$，由②式两边同除以 m_2 得 $\frac{N_{12}}{m_2}=a+\mu g\cos\theta+g\sin\theta$，即 $\frac{F}{(m_1+m_2)}=\frac{N_{12}}{m_2}$，所以 $N_{12}=\frac{m_2}{(m_1+m_2)}F$。就好比俩合伙人分利润一样，按照本金比（质量比）分得利润（各自受到的外力）。串联电路的分压原理也极其类似 $I=\frac{U}{R_1+R_2}$，$U_1=IR_1=\frac{R_1}{R_1+R_2}U$，$U_2=IR_2=\frac{R_2}{R_1+R_2}U$，两电阻串联，两电阻按照电阻比分配电压。可以看出，两个物体放在同一面上，无论光滑还是粗糙，水平还是倾斜，只要两个物体放置的物理环境相同，两物体都是按质量比分得合外力。

例 10.如图所示，两个用轻线相连的位于光滑水平面上的物块，质量分别为 m_1 和 m_2。拉力 F_1 和 F_2 方向相反，与轻线沿同一水平直线，且 $F_1>F_2$，试求在两个物块运动过程中轻线的拉力 T 的大小为（　　）

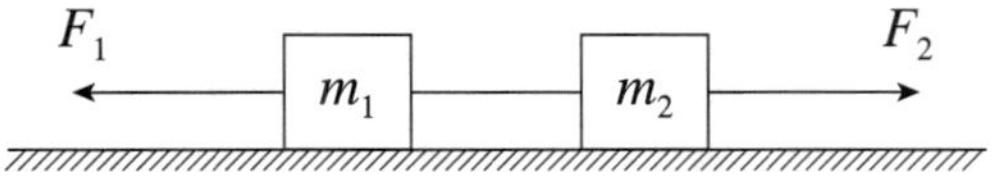

A. F_1+F_2　　B. $\frac{F_1m_1}{m_1+m_2}$　　C. $\frac{F_2m_2}{m_1+m_2}$　　D. $\frac{F_1m_2+F_2m_1}{m_1+m_2}$

答案： D

解析： 据牛顿第二定律，由于水平面是光滑的，在水平方向两个物体构成的整体只受到拉力F_1、F_2，在拉力作用下两个物体一起做匀加速直线运动，两个物体的加速度相等，则由解法一（整体法）：$F_1-F_2=(m_1+m_2)a$，得$a=\frac{(F_1-F_2)}{(m_1+m_2)}$；将$m_1$隔离，得$F_1-T=m_1a$，则$T=\frac{F_1m_2+F_2m_1}{m_1+m_2}$，所以D正确。

解法二：m_2物体所受合力为$F_{2合}=(T-F_2)$，$F_{2合}=m_2a=\frac{m_2}{m_1+m_2}(F_1-F_2)$，得$T=\frac{F_1m_2+F_2m_1}{m_1+m_2}$。

悟：两个物体用绳连在一起时，受两个力的作用而运动，无论是在水平面还是斜面，光滑还是粗糙，两个物体受到相反方向的两个力时，我们以最复杂的粗糙斜面为例，$F_1-F_2-(m_1+m_2)g\sin\theta-\mu(m_1+m_2)g\cos\theta=(m_1+m_2)a$，$T-F_2-m_2g\sin\theta-\mu m_2g\cos\theta=m_2a$，整理有$\frac{F_1-F_2}{m_1+m_2}=\frac{T-F_2}{m_2}$，解得中间绳的拉力$T=\frac{m_1F_2+m_2F_1}{m_1+m_2}$。当$F_1$或$F_2$某一个力为零时，结论仍然成立，上面结论可看做本结论的特例。进一步看，$T=\frac{m_1F_2+m_2F_1}{m_1+m_2}=\frac{m_2F_1}{m_1+m_2}+\frac{m_1F_2}{m_1+m_2}$，其中$\frac{m_2F_1}{m_1+m_2}$是由于$F_1$的作用而使中间绳产生的拉力，$\frac{m_1F_2}{m_1+m_2}$是由于$F_2$的作用而使中间绳产生的拉力，$F_1$与$F_2$都向“外”拉，都是使中间绳的拉力变大，因此两项相加。

当两个力的方向有的向内、有的向外时，比如使F_2反向，F_1仍左拉物体m_1，F_2向左推物体m_2，此时，中间的绳不一定能伸直，当绳伸直时，中间绳的拉力T可求：对整体有$F_1+F_2=(m_1+m_2)a$，解得$a=\frac{F_1+F_2}{m_1+m_2}$，对$m_1$隔离，有$F_1-T=m_1a$，解得$T=F_1-m_1a=F_1-m_1\frac{F_1+F_2}{m_1+m_2}=\frac{m_2F_1}{m_1+m_2}-\frac{m_1F_2}{m_1+m_2}$，此式成立的“数学条件”，正是此结论成立的“物理条件”。当$T>0$时，有$\frac{m_2F_1}{m_1+m_2}-\frac{m_1F_2}{m_1+m_2}>0$，即$\frac{F_1}{F_2}>\frac{m_1}{m_2}\left(或\frac{F_1}{m_1}>\frac{F_2}{m_2}\right)$，中间绳才有拉力；若$\frac{F_1}{F_2}<\frac{m_1}{m_2}\left(或\frac{F_1}{m_1}<\frac{F_2}{m_2}\right)$，中间的“绳”的拉力$T<0$，换成“杆”才有意义，若是

"绳"，绳将松弛。

分别作用在两个物体上共线的两个力，是有"感情"的，需要我们深刻去体会，去"感悟"，"数学"与"物理"之间从不撒谎。回过头来，再看前面的题，就简单多了，甚至能直接"看"出答案来。

三 三力平衡的动态分析

物体从一个受力平衡状态到另一个平衡状态，一般题目中会出现"缓缓""缓慢""慢慢"等关键词，体现了"动"中有"静"，"静"中有"动"的思想。

例 11. 如图所示，一小球放置在木板与竖直墙面之间。设球对墙面的压力大小为 F_{N1}，球对木板的压力大小为 F_{N2}。以木板与墙连接点所形成的水平直线为轴，将木板从图示位置开始缓慢地转到水平位置。不计摩擦，在此过程中（　　）

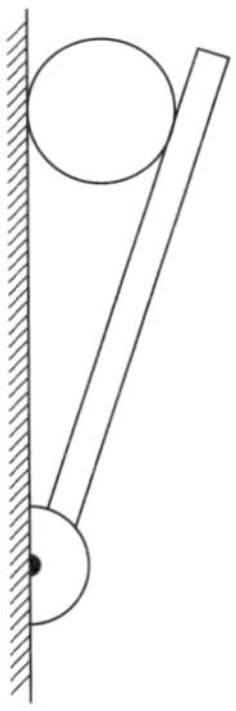

A. F_{N1} 始终减小，F_{N2} 始终增大

B. F_{N1} 始终减小，F_{N2} 始终减小

C. F_{N1} 先增大后减小，F_{N2} 始终减小

D. F_{N1} 先增大后减小，F_{N2} 先减小后增大

答案： B

解析：

解法一：解析法

如图甲所示，因为 $F_{N1}=F_{N1}'=\dfrac{mg}{\tan\theta}$，$F_{N2}=F_{N2}'=\dfrac{mg}{\sin\theta}$，随 θ 逐渐增大到 90°，$\tan\theta$、$\sin\theta$ 都增大，F_{N1}、F_{N2} 都逐渐减小，所以 B 正确。

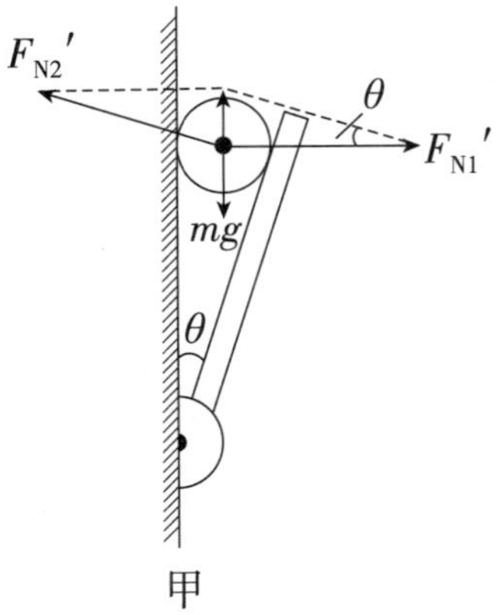

甲

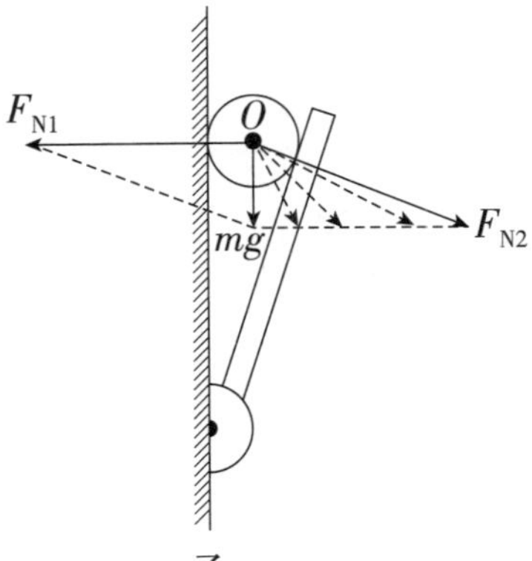

乙

解法二：图解法

如图乙所示，把mg按它的两个效果进行分解如图所示。在木板缓慢转动时，F_{N1}的方向不变，mg、F_{N1}、F_{N2}应构成一个闭合的三角形。F_{N2}始终垂直于木板，随木板的转动而转动，由图可知，在木板转动时，F_{N2}变小，F_{N1}也变小，B正确。

悟：θ若从0°增大到90°，$\tan\theta$从0增大到$+\infty$，根据$F_{N1}=F_{N1}'=\dfrac{mg}{\tan\theta}$，$F_{N1}'$从$+\infty$减小到0；$\sin\theta$从0增大到1，根据$F_{N2}=F_{N2}'=\dfrac{mg}{\sin\theta}$，$F_{N2}'$从$+\infty$减小到$mg$，这些结论与用图解法得到的结论是一样的。

此题的特征是，物体受三力而平衡，其中一个力（mg）的大小、方向都不变，有另一个力的方向不变（F_{N1}'），当第三个力F_{N2}'的方向变化时，问两个变力的大小如何变。在求解时，可以让大小、方向都不变的力，充当另两个变力的合力的平衡力，其中一个变力（F_{N1}'）的方向已知，过合力的末端做此方向的平行线，再动态地画出第三个力的变化情况，找到两个变力的大小变化规律。

例 12. 半径为R的光滑半球固定在水平地面上，球心正上方有一光滑的小滑轮，滑轮到球面顶点B的距离为h，轻绳的一端系一小球，靠放在半球上的A点，另一端绕过定滑轮后用力拉住，使小球静止，如图所示，现缓慢地拉绳，小球由A点缓慢靠近B点的过程中，半球对小球的支持力N和绳对小球的拉力T的大小变化的情况是（　　）

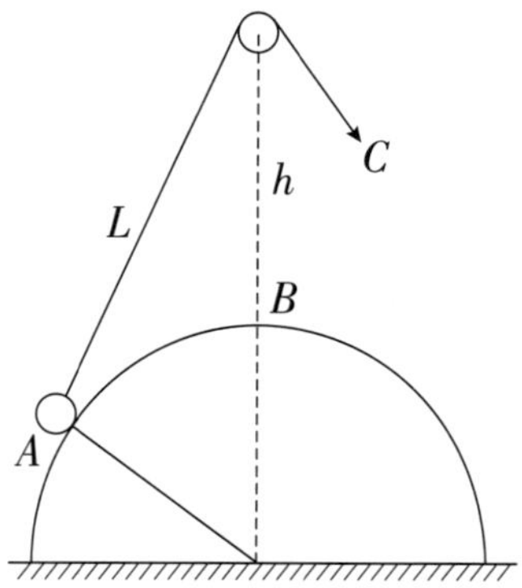

A．N变大，T变小

B．N变小，T变大

C．N变小，T先变小后变大

D．N不变，T变小

答案：D

解析： 受力分析，不难看出，由N、T、G构成力的矢量三角形，与R、L、$(h+R)$构成的几何三角形相似，根据对应边成比例得

$\frac{N}{R}=\frac{T}{L}=\frac{G}{h+R}$，解得$N=\frac{R}{h+R}G$，$T=\frac{L}{h+R}G$，因为在缓慢拉动过程中$R$、$h$、$G$不变，所以$N$不变；$L$逐渐减小，所以$T$逐渐减小。

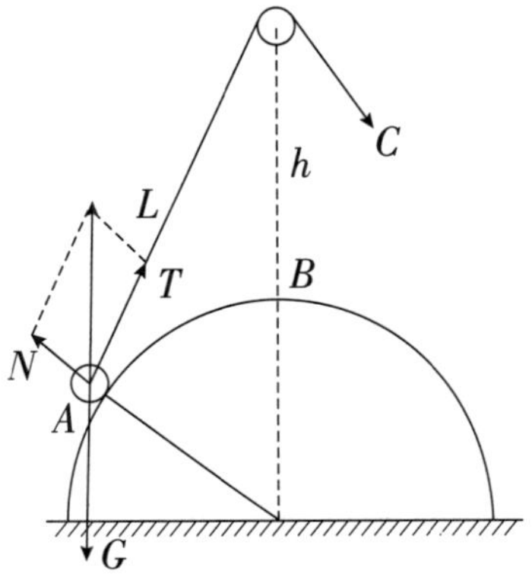

小球受三个力而动态平衡，一个力大小、方向都不变（一般由重力充当），其他两个力的方向均发生变化，问两个变力的大小怎样变？如果力的三角形始终与一几何三角形相似，可用力的相似三角形法求解。

悟： 解决动态平衡问题常见的方法

（1）解析法

对研究对象进行受力分析，先画出受力示意图，再根据物体的平衡条件列式求解，得到因变量与自变量的一般函数表达式，最后根据自变量的变化确定因变量的变化。

（2）图解法

此法常用于求解三力平衡且有一个力是恒力、另外一个力方向不变的问题。一般按照以下流程解题。

受力分析 —化“动”为“静”→ 画不同状态下的平衡图 —“静”中求“动”→ 确定力的变化

(3) 相似三角形法

在三力平衡问题中，如果有一个力是恒力，另外两个力方向都变化，且题目给出了空间几何关系，多数情况下力的矢量三角形与空间几何三角形相似，可利用相似三角形对应边成比例进行计算。

第三单元
牛顿运动定律

一 牛顿运动定律的应用分为两种类型

1. 由物体的受力情况求解运动情况，即受力情况已知的条件下，判断物体的运动状态或求出物体的速度和位移。处理这类问题的基本思路是：先分析物体的受力情况求出合力，根据牛顿第二定律（$F_{合} = ma$）求出加速度 a，再利用运动学的有关公式求出速度和位移等运动学量。

2. 由物体的运动情况求解受力情况，即在运动情况（如物体的运动性质、速度、加速度或位移）已知的条件下，求出物体所受的某个力或力的某个“因子”。处理这类问题的基本思路是：首先分析清楚物体的运动学情况，根据运动学公式求出物体的加速度，然后在分析物体受力情况的基础上，利用牛顿第二定律求出合力，从而确定未知力。

加速度是联系运动和力的桥梁和纽带。在牛顿第二定律公式和运动学公式中，均包含一个共同的物理量——加速度。因此，求加速度是解决有关运动和力问题的基本思路，正确的受力分析和运动分析则是解决问题的关键。

分析流程如下：

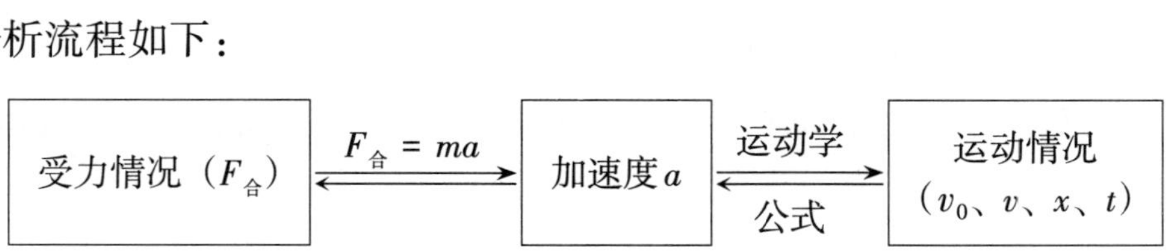

例 13. 如图所示为四旋翼无人机，它是一种能够垂直起降的小型遥控飞行器，目前正得到越来越广泛的应用。一架质量为 $m = 2\ \mathrm{kg}$ 的无人机，其动力系统所能提供的最大升力 $F = 36\ \mathrm{N}$，运动过程中所受空气阻力大小恒定，无人机

在地面上从静止开始，以最大升力竖直向上起飞，在$t=5\ \text{s}$时离地面的高度为75 m（g取10 m/s^2）。

（1）求运动过程中所受空气阻力大小；

（2）假设由于动力系统故障，悬停的无人机突然失去升力而坠落。无人机坠落地面时的速度为40 m/s，求无人机悬停时距地面高度；

（3）假设在第（2）问中的无人机坠落过程中，在遥控设备的干预下，动力系统重新启动提供向上最大升力。为保证安全着地，求无人机从开始下落到恢复升力的最长时间。

答案：（1）4 N （2）100 m （3）$\dfrac{5\sqrt{5}}{3}$ s

解析：（1）根据题意，在上升过程中由牛顿第二定律得：$F-mg-F_{\text{f}}=ma$，

由运动学规律得，上升高度：$h=\dfrac{1}{2}at^2$，

联立解得：$F_{\text{f}}=4\ \text{N}$；

（2）下落过程由牛顿第二定律：$mg-F_{\text{f}}=ma_1$，

得：$a_1=8\ \text{m/s}^2$，

落地时的速度$v^2=2a_1H$，

联立解得：$H=100\ \text{m}$；

（3）恢复升力后向下减速，由牛顿第二定律得：$F-mg+F_{\text{f}}=ma_2$

得：$a_2=10\ \text{m/s}^2$，

设恢复升力后的速度为v_{m}，则有$\dfrac{v_{\text{m}}^2}{2a_1}+\dfrac{v_{\text{m}}^2}{2a_2}=H$，

得：$v_{\text{m}}=\dfrac{40\sqrt{5}}{3}\ \text{m/s}$。

由$v_m = a_1 t_1$得$t_1 = \frac{5\sqrt{5}}{3}$ s。

悟： 本题第（1）问是已知物体的运动情况，分析物体的受力情况；第（2）、（3）问是典型的已知物体的受力情况，分析物体的运动情况。注意空气阻力的方向总是与相对空气的运动方向相反，上升时，无论加速还是减速，上升时空气阻力的方向都向下，下降时空气阻力的方向都向上。第（3）问易出现空气阻力方向的判断错误。若误列为$F - mg - F_f = m_{a_2'}$，解得$a_2' = 6\ \text{m/s}^2$，就是空气阻力方向的判断上出现了错误。由关键词语“为了保证安全落地”“最长时间”可知无人机应先做向下的匀加速运动，再做向下的匀减速运动，向下运动，空气阻力的方向都向上。

例 14. 如图甲所示，一质量$m = 0.4$ kg的小物块，以$v_0 = 2$ m/s的初速度，在与斜面平行的拉力F作用下，沿斜面向上做匀加速运动，经$t = 2$ s的时间物块由A点运动到B点，A、B之间的距离$L = 10$ m。已知斜面倾角$\theta = 30°$，物块与斜面之间的动摩擦因数$\mu = \frac{\sqrt{3}}{3}$。重力加速度g取$10\ \text{m/s}^2$。求：

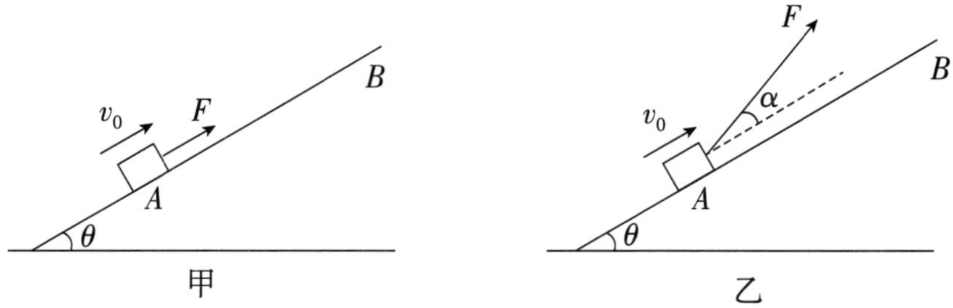

（1）物块到达B点时速度和加速度的大小；

（2）拉力F的大小；

（3）若拉力F与斜面夹角为α，如图乙所示，试写出拉力F的表达式（用题目所给物理量的字母表示）。

答案：（1）8 m/s　3 m/s²　（2）5.2 N　（3）$F = \frac{mg(\sin\theta + \mu\cos\theta) + ma}{\cos\alpha + \mu\sin\alpha}$

解析：（1）物块做匀加速直线运动，根据运动学公式，有$L = v_0 t + \frac{1}{2}at^2$，$v = v_0 + at$，联立解得$a = 3\ \text{m/s}^2$，$v = 8$ m/s；

（2）对物块受力分析可得，平行斜面方向：$F - mg\sin\theta - F_f = ma$， ①

垂直斜面方向：$F_N = mg\cos\theta$， ②

其中 $F_f = \mu F_N$， ③

解得 $F = mg(\sin\theta + \mu\cos\theta) + ma = 5.2\ \text{N}$；

（3）拉力 F 与斜面夹角为 α 时，物块受力如图所示：

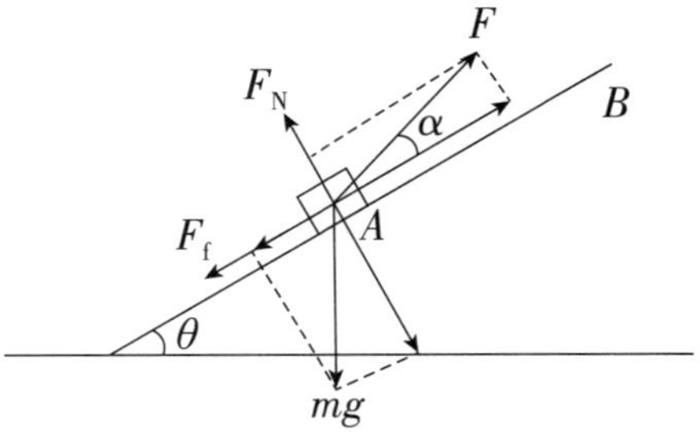

根据牛顿第二定律有 $F\cos\alpha - mg\sin\theta - F_f = ma$， ④

$F_N + F\sin\alpha - mg\cos\theta = 0$， ⑤

其中 $F_f = \mu F_N$， ⑥

$F = \dfrac{mg(\sin\theta + \mu\cos\theta) + ma}{\cos\alpha + \mu\sin\alpha}$。

悟：本题是典型的已知物体的运动情况，分析物体的受力情况。

关于物块在斜面或水平面上做直线运动，都能列三个力的方程。一是沿加速度的方向上，$F_{x合} = ma$，如题中的①④。二是在与加速度垂直的方向上，$F_{y合} = 0$，如题中的②⑤。第三个式子是运动方向上的滑动摩擦力 F_f 与垂直运动方向上的支持力 F_N 有 $F_f = \mu F_N$ 的关系（注意只有滑动摩擦力才满足该式，如果物体和面保持相对静止，静摩擦力就不满足该式，只能列前两个公式），如题中的③⑥。

二 动力学中三种典型物理模型

1. “等时圆”模型

（1）三种模型（如图）

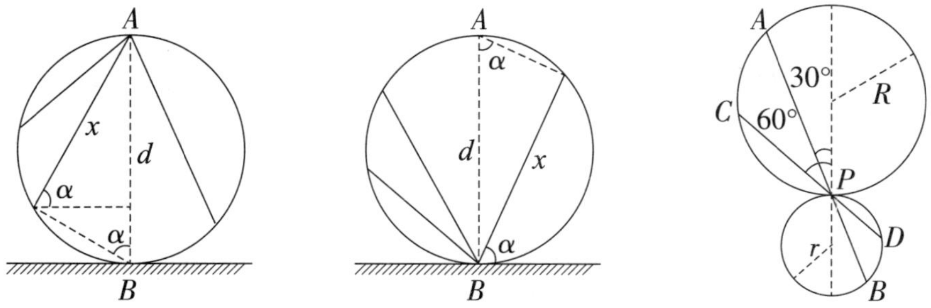

甲　　乙　　丙

（2）等时性证明

设某一条光滑弦与水平方向的夹角为α，圆的直径为d，在甲、乙两个圆中$d=2R$，在丙两个等时圆中，$d=2(R+r)$，如图所示。根据物体沿光滑弦做初速度为零的匀加速直线运动，加速度为$a=g\sin\alpha$，位移为$x=d\sin\alpha$，所以运动时间为$t_0=\sqrt{\dfrac{2x}{a}}=\sqrt{\dfrac{2d\sin\alpha}{g\sin\alpha}}=\sqrt{\dfrac{2d}{g}}$。

即沿同一圆周上的起点或终点的各条光滑弦运动具有等时性，运动时间与弦的倾角、长短无关。

2.“传送带”模型

（1）水平传送带模型

模型图示	滑块可能的运动情况	滑块受力情况
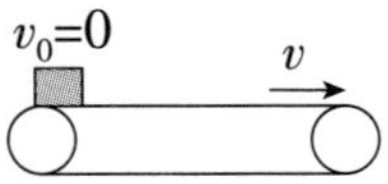	①可能一直加速：若$v_{块}$始终小于v	滑块受水平向右的摩擦力
	②可能先加速后匀速：若滑块运动到传送带右端前$v_{块}=v$	速度相同时滑块不受摩擦力
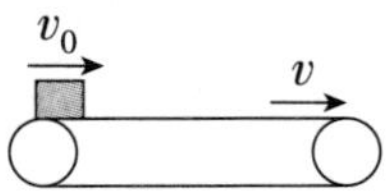	①$v_0>v$时，可能一直减速，也可能先减速再匀速：若$v_{块}$始终大于v，滑块一直减速；若滑块运动到传送带右端前，$v_{块}=v$，则滑块先减速再匀速	$v_0>v$时，滑块受水平向左的摩擦力，速度相同时滑块不受摩擦力
	②$v_0=v$，一直匀速	不受摩擦力

续表

模型图示	滑块可能的运动情况	滑块受力情况
	③$v_0 < v$，可能一直加速，也可能先加速再匀速：若$v_块$始终小于v，滑块一直加速；若滑块运动到传送带右端前，$v_块 = v$，则滑块先加速再匀速	$v_0 < v$时，滑块受水平向右的摩擦力，速度相同时滑块不受摩擦力
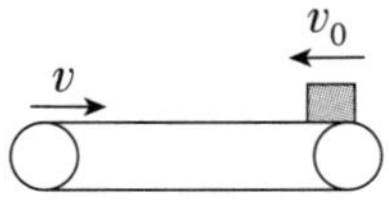	①滑块一直减速到达左端：传送带较短时，滑块滑到左端时$v_块 > 0$	滑块受水平向右的摩擦
	②滑块还要被传送带传回右端。其中若$v_0 > v$，返回时速度为v，若$v_0 < v$，返回时速度为v_0：传送带较长时。	速度相同时滑块不受摩擦力

（2）倾斜传送带模型

模型图示	滑块可能的运动情况	滑块受力情况
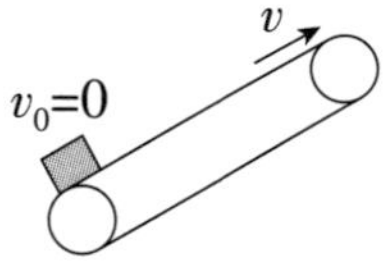 $\mu > \tan\theta$	①可能一直加速：若$v_块$始终小于v	滑块受沿传送带向上的滑动摩擦力，合力沿传送带向上
	②可能先加速后匀速：若滑块运动到传送带上端前$v_块 = v$	速度相同时滑块所受摩擦力沿传送带向上
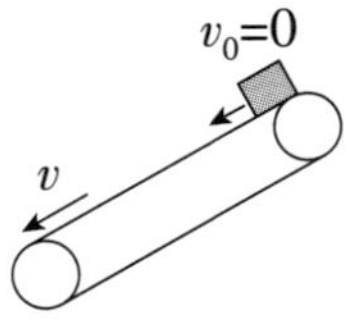	①可能一直加速：若$v_块$始终小于v	滑块所受摩擦力沿传送带向下
	②可能先加速后匀速：若滑块运动到传送带下端前$v_块 = v$，且$\mu > \tan\theta$	等速之前所受摩擦力沿传送带向下，等速之后和带一起匀速，所受静摩擦力沿传送带向上

续表

模型图示	滑块可能的运动情况	滑块受力情况
	③可能先以a_1加速，后以a_2加速：若滑块运动到传送带下端前$v_块=v$，且$\mu<\tan\theta$	等速之前所受摩擦力沿传送带向下，等速之后以较小的加速度a_2继续向下加速，所受摩擦力沿传送带向上

3. “滑块—木板”模型

（1）模型特点

滑块（视为质点）置于长木板上，滑块和木板均相对地面运动，且滑块和木板在摩擦力的作用下发生相对滑动。

（2）两种位移关系

滑块从木板的一端运动到另一端的过程中，若滑块和木板向同一方向运动，则滑块的位移和木板的位移之差等于木板的长度；若滑块和木板向相反方向运动，则滑块的位移和木板的位移之和等于木板的长度。

（3）临界条件

①两者速度达到相等的瞬间，摩擦力可能发生突变；

②当木板的长度一定时，滑块可能从木板滑下，恰好滑到木板的边缘，二者共速是滑块滑离木板的临界条件。

例 15.（多选）（2021 年高考全国乙卷）水平地面上有一质量为m_1的长木板，木板的左端上有一质量为m_2的物块，如图（a）所示。用水平向右的拉力F作用在物块上，F随时间t的变化关系如图（b）所示，其中F_1、F_2分别为t_1、t_2时刻F的大小。木板的加速度a_1随时间t的变化关系如图（c）所示。已知木板与地面间的动摩擦因数为μ_1，物块与木板间的动摩擦因数为μ_2，假设最大静摩擦力均与相应的滑动摩擦力相等，重力加速度大小为g。则（　　）

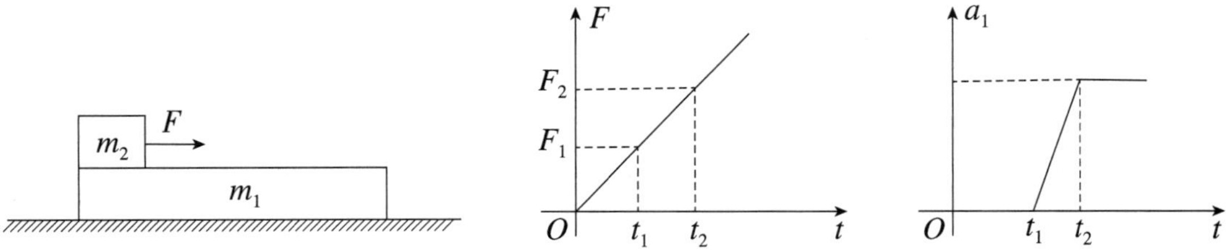

图（a）　图（b）　图（c）

A. $F_1=\mu_1 m_1 g$　　B. $F_2=\frac{m_2(m_1+m_2)}{m_1}(\mu_2-\mu_1)g$

C. $\mu_2>\frac{m_1+m_2}{m_2}\mu_1$　　D. 在$0\sim t_2$时间段物块与木板加速度相等

答案：BCD

解析：由图（c）可知，在t_1时刻滑块木板一起刚从水平面上滑动，此时滑块与木板相对静止，木板刚要滑动，此时以整体为对象有$F_1=\mu_1(m_1+m_2)g$，A错误；由图（c）可知，t_2滑块与木板刚要发生相对滑动，以整体为对象，根据牛顿第二定律，有$F_2-\mu_1(m_1+m_2)g=(m_1+m_2)a$，以木板为对象，根据牛顿第二定律，有$\mu_2 m_2 g-\mu_1(m_1+m_2)g=m_1 a>0$，解得$F_2=\frac{m_2(m_1+m_2)}{m_1}(\mu_2-\mu_1)g$，$\mu_2>\frac{(m_1+m_2)}{m_2}\mu_1$，BC正确；由图（c）可知，$0\sim t_2$这段时间滑块与木板相对静止，所以有相同的加速度，D正确。故选BCD。

悟：块–板模型，首先要审清题目，分清谁是“块”，谁是“板”，本题中已经明确m_1为长木板，m_2为物块，图（b）是作用在物块m_2上的力F随时间t变化的图像，图（c）是木板的加速度a_1随时间t变化的图像。把握好临界状态的分析，受力分析与运动分析相结合，综合分析，互为依托，判定物体的受力和运动情况。$0\sim t_1$木板没有动，t_1时刻木板刚要滑动，之后加速度逐渐变大，在t_2时刻达到最大值，再之后保持不变，不再随作用在物块m_2上的外力F的增大而增大了，说明在t_2时刻物块和木板间的摩擦力达到最大值。设t_1时刻物块和木板间摩擦力的大小为f_1，木板的加速度为零，对木板有$f_1-\mu_1(m_1+m_2)g=m_1\cdot 0=0$，物块也静止，对物块有$F_1-f_1=0$，联立得$F_1=\mu_1(m_1+m_2)g$，这也就是以整体为对象的方程。$t_2$时刻，物块和木板间摩擦力达到最大值$\mu_2 m_2 g$，对木板有$\mu_2 m_2 g-\mu_1(m_1+m_2)g=m_1\cdot a_m$ ①，对物块有$F_2-\mu_2 m_2 g=m_2 a_m$ ②，联立得，就是以整体为对象的方程$F_2-\mu_1(m_1+m_2)g=(m_1+m_2)a_m$ ③。但只有③式解不出来，只有和①或②联立消去a_m，整理出结果，实际上①②③式中任意两式联立，都可以得解，只是复杂程度不同而已。

第四单元 曲线运动

一 绳（杆）端速度分解模型

1. 模型特点

沿绳（杆）方向的速度分量大小相等。

2. 思路与方法

（1）合速度→绳（杆）拉物体的实际运动速度v

（2）分速度→{其一：沿绳（杆）的速度v_1；其二：与绳（杆）垂直的速度v_2}

（3）方法：v_1与v_2的合成遵循平行四边形定则。

为什么要沿着相互垂直的两个方向上进行分解呢？v_1与v_2垂直，两个方向“正交”“不相干”，彼此在对方的方向上没有分量，该方向的速度只与在该方向上的速度分量有关。假若v_2与v_1不垂直，夹角θ不是90°，则沿绳方向的速度，不只与v_1有关，v_2在沿绳方向的分量为$v_2\cos\theta$，θ为v_2与v_1方向的夹角，v_1方向的合速度等于$v_1+v_2\cos\theta$。这个类似关系对力也成立，对所有的矢量都成立。在对物体的实际速度进行分解时，一个方向是我们需要的沿绳的方向，另一个方向是与我们需要方向“正交”的方向，“不相干”的方向，也就是“垂直”的方向，这种分解对解决问题最便捷。

3. 解题的原则

把物体的实际速度分解为垂直于绳（杆）和平行于绳（杆）两个分量，根据沿绳（杆）方向的分速度大小相等求解。常见的模型如图所示。

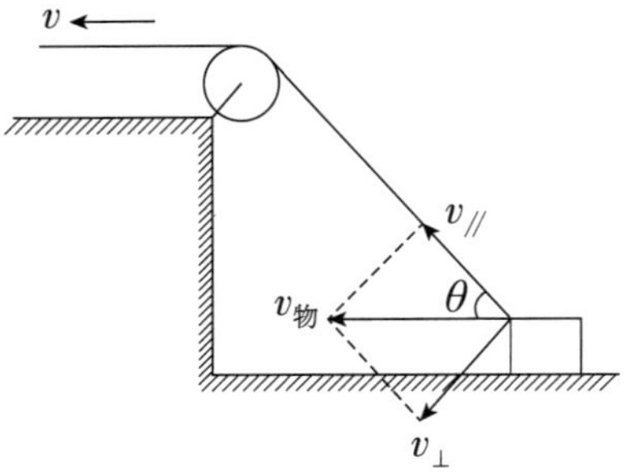

甲

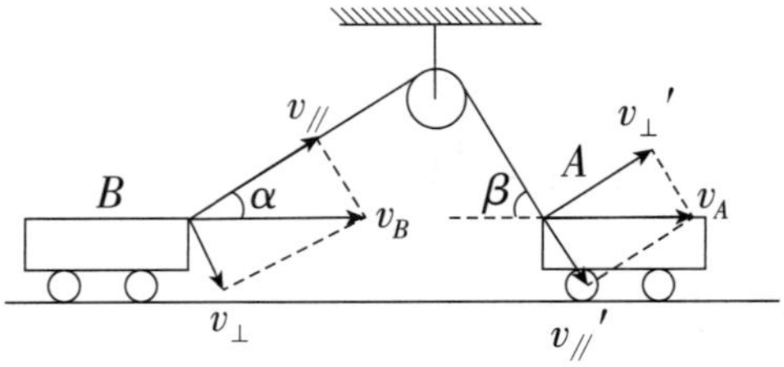

乙

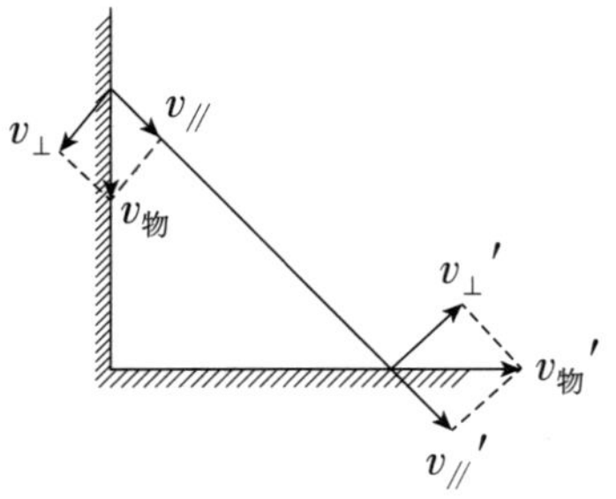

丙

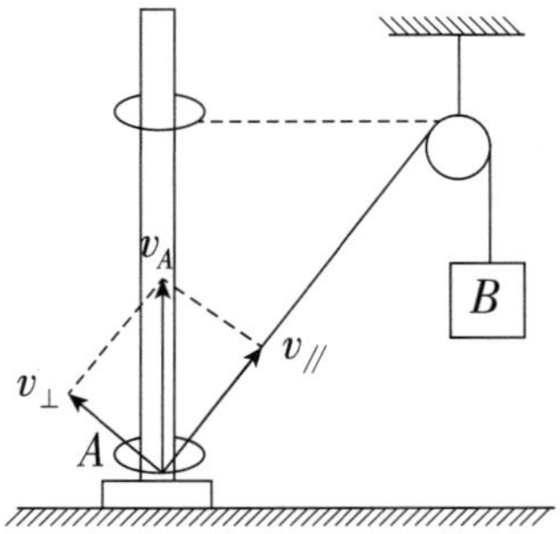

丁

例 16. 质量为m的物体P置于倾角为θ_1的固定光滑斜面上，轻细绳跨过光滑定滑轮分别连接着P与小车，P与滑轮间的细绳平行于斜面，小车以速率v水平向右做匀速直线运动。当小车与滑轮间的细绳和水平方向成夹角θ_2时（如图），下列判断正确的是（　　）

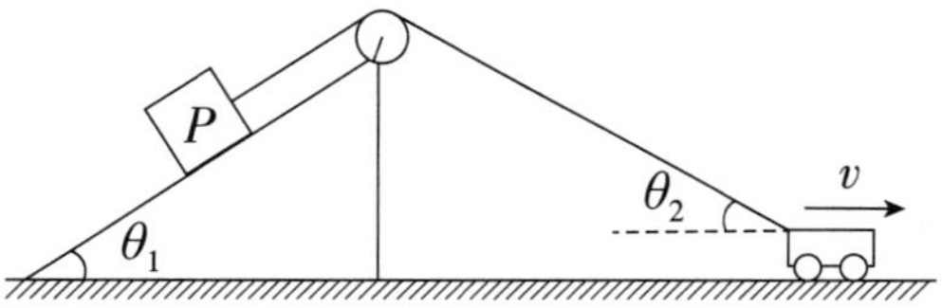

A. P的速率为v　　　　B. P的速率为$v\cos\theta_2$

C. 绳的拉力等于$mg\sin\theta_1$　　　　D. 绳的拉力小于$mg\sin\theta_1$

答案： B

解析： 将小车速度沿绳子和垂直绳子方向分解为v_1、v_2，P的速率等于$v_1 = v\cos\theta_2$，A错误，B正确；小车向右做匀速直线运动，θ_2减小，P的速率增大，绳的拉力大于$mg\sin\theta_1$，C、D错误。

悟： 速度的分解应考虑沿运动效果进行。绳端小车的速度具有两个运动效果，一是产生沿着绳子方向的分速度，二是产生垂直于绳子方向的转动分速度，而小车的速度沿绳子方向的分速度即为物体P沿着斜面运动的速度，即P的速度为$v\cos\theta_2$。

例 17. A、B两物体通过一根跨过光滑轻质定滑轮的不可伸长的轻绳相连放在水平面上，现物体A以v_1的速度向右匀速运动，当绳被拉成与水平面夹角分别是α、β时，如图所示，物体B的运动速度v_B为（绳始终有拉力）（　　）

A. $\frac{v_1\sin\alpha}{\sin\beta}$　　B. $\frac{v_1\cos\alpha}{\sin\beta}$　　C. $\frac{v_1\sin\alpha}{\cos\beta}$　　D. $\frac{v_1\cos\alpha}{\cos\beta}$

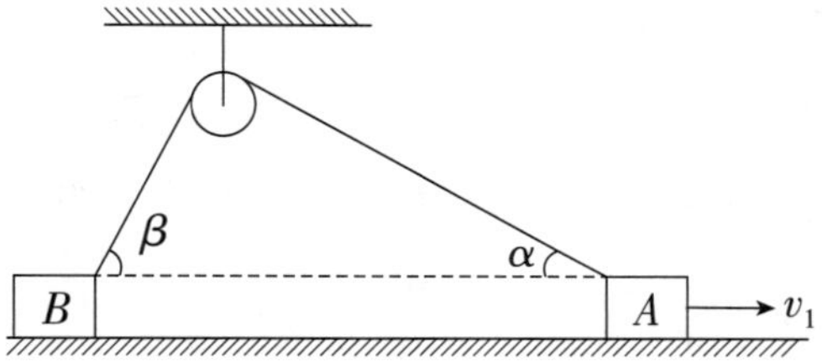

答案： D

解析： 设物体B的运动速度为v_B，速度分解如图甲所示，则有$v_B=\frac{v_{绳B}}{\cos\beta}$，　①

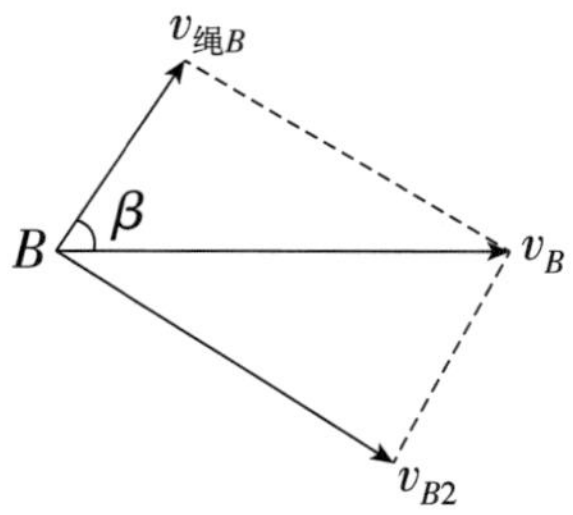

甲

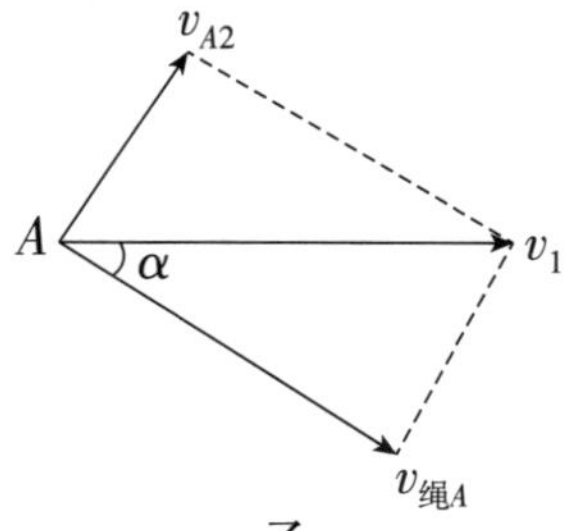

乙

物体A的合运动对应的速度为v_1，它的速度分解如图乙所示，则有$v_{绳A}=v_1\cos\alpha$，　②

由于对应同一根绳，其长度不变，故$v_{绳B}=v_{绳A}$，　③

联立①②③式解得$v_B=\frac{v_1\cos\alpha}{\cos\beta}$，D正确。

悟： 这是绳端速度分解模型，其特点是沿绳方向的速度分量大小相等。

在对运动物体A、B进行分解时，沿分解方向的判断是关键，原则很简单，“物体实际运动的方向就是合运动方向”，“实际”运动就是“各种因素”都考虑在内的“合”运动。两物体沿绳的分运动一定相等，因为绳不可伸长，这是绳牵连问题，我们要找到物体沿绳方向的分运动大小，分解时，就需要把沿绳速度作为v_1，另一个分量选与绳方向不相干的方向，即垂直于绳的方向，两个分方向彼此在对方方向上的分量等于0。如果不是正交分解，而是根据运动效果等按其他角度分解，v_2在v_1的方向上的投影为$v_2\cos\theta\neq0$，其中θ为v_1与v_2的夹角。v_1上的分运动，并不只是v_1本身决定了，就不是只由v_1说了算了，正交分解的两个方向相互垂直，彼此不干涉。

例 18. 如图所示，AB杆以恒定角速度ω绕A点转动，并带动套在光滑水平杆OC上的质量为M的小环运动，运动开始时，AB杆在竖直位置，则小环M的速度将（　　）

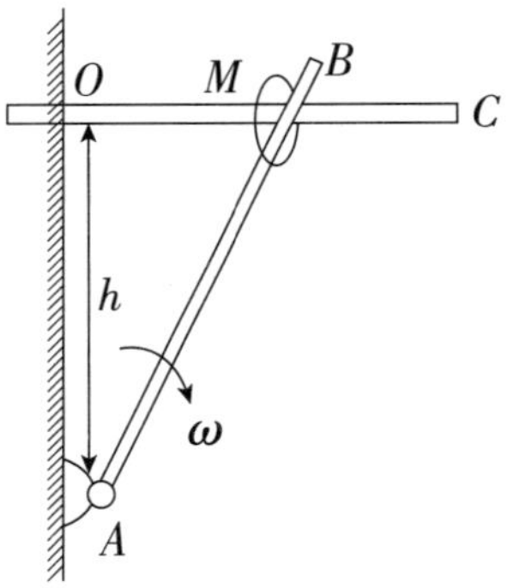

A. 逐渐增大　　B. 先减小后增大

C. 先增大后减小　　D. 逐渐减小

答案： A

解析： 设经过时间t，$\angle OAB=\omega t$，则AM的长度为$\dfrac{h}{\cos\omega t}$，则AB杆上小环M绕A点运动的线速度$v=\omega\cdot\dfrac{h}{\cos\omega t}$。将小环$M$的速度沿$AB$杆方向和垂直于$AB$杆方向分解，垂直于$AB$杆方向的分速度大小等于小环$M$绕$A$点运动的线速度$v$，则小环$M$的速度$v_M=\dfrac{v}{\cos\omega t}=\dfrac{\omega h}{\cos^2\omega t}$，小环的速度将不断变大，故A正确，B、C、D错误。

悟： AB杆上小环M绕A点运动的线速度$v=\omega r=\omega\cdot\frac{h}{\cos\omega t}$，小环$M$的速度$v_M$是多少呢？这里最重要的是判断$v$与$v_M$谁充当合速度，谁充当分速度，到底是$v=v_M\cos\omega t$，还是$v_M=v\cos\omega t$。“实际运动的方向就是合速度的方向”，小环$M$的速度的方向是沿$OC$杆水平向右的，这是小环$M$实际运动的方向，也就是合速度的方向，把这个速度在垂直AB杆及沿AB杆的方向进行分解，垂直AB杆方向的速度，就是AB杆上小环M绕A点做圆周运动的线速度$v=\omega\cdot\frac{h}{\cos\omega t}$，对$v_M$分解有$v=v_M\cos\omega t$，解得$v_M=\frac{v}{\cos\omega t}=\frac{\omega h}{\cos^2\omega t}$，随着$t$的增大，$\cos\omega t$减小，$v_M$增大。

例 19. 两根光滑的杆互相垂直地固定在一起，上面分别穿有两个小球a和b，小球a、b间用一细直棒相连，如图所示。当细直棒与竖直杆夹角为θ时，求小球a、b实际速度大小之比。

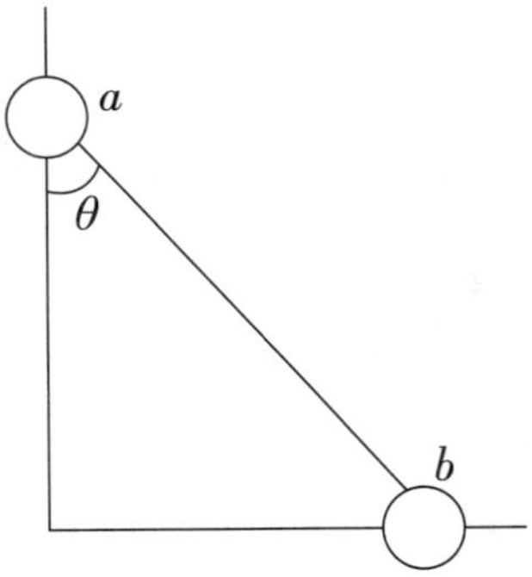

答案： $\tan\theta$

解析： 根据速度的分解特点，可作出两小球的速度关系如图所示。由图中几何关系可得，a、b沿棒方向的分速度分别为$v_a\cos\theta$和$v_b\sin\theta$，根据“关联速度”的特点可知，两小球沿棒的分速度大小相等，即有$v_a\cos\theta=v_b\sin\theta$，解得$\frac{v_a}{v_b}=\tan\theta$。

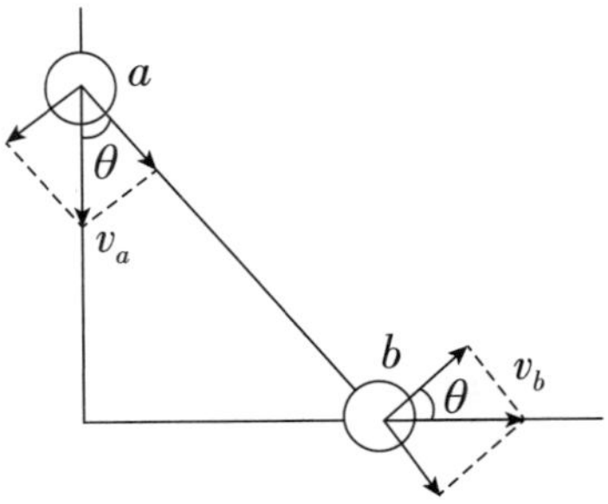

悟：连接体系内物体与物体之间可以是直接接触，也可以是通过绳、杆连接。此题不易看出绳拉船的迹象，但我们不难看出，直棒的长度是保持不变的，两个小球 a 和 b 穿在杆上沿杆运动，二者在沿直棒方向上是保持相对静止的，所以两个小球 a 和 b 的运动相当于两“船”的运动，直棒相当于是“绳”，“绳长”不变即 $v_{a沿}=v_{b沿}$。我们把两个小球 a、b 真的画成小船也是一样，a 球的速度沿竖直的光滑杆向下运动，设为 v_a，把它分解为沿杆方向和垂直杆方向；b 球的速度（实际速度方向就是合速度方向）沿水平的光滑杆向右运动，设为 v_b，把它分解为沿杆方向和垂直杆方向，则 $v_a\cos\theta=v_b\sin\theta$，解得 $\frac{v_a}{v_b}=\tan\theta$。

二 平抛运动

处理平抛运动的核心思想是合成与分解。通过运动的合成与分解、受力的合成与分解，使原来不能解决的问题，迎刃而解。

模型：斜面上的平抛问题

1. 顺着斜面平抛（如图），“落”在斜面上，一定有位移偏转角等于斜面倾角。

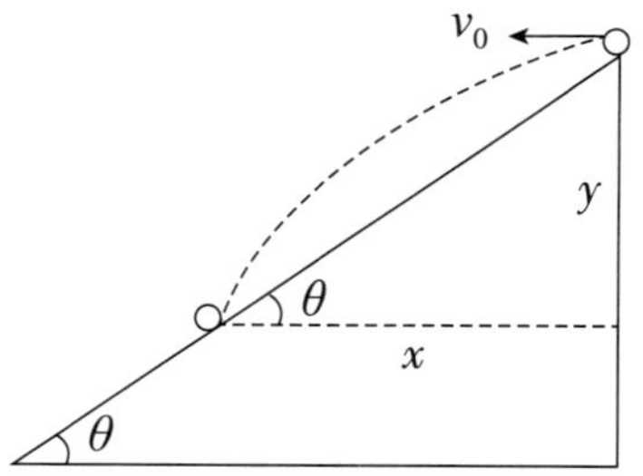

方法：分解位移。

$x=v_0t$，

$y=\frac{1}{2}gt^2$，

$\tan\theta=\frac{y}{x}$，

可求得 $t=\frac{2v_0\tan\theta}{g}$。

2. 对着斜面平抛，“垂直打到”斜面上，有速度的偏转角是斜面倾角的余角，如图

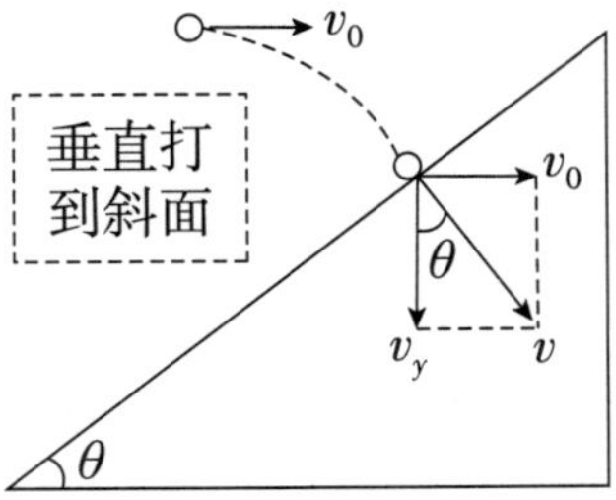

方法：分解速度。

$v_x = v_0$，

$v_y = gt$，

$\tan\theta = \dfrac{v_0}{v_y} = \dfrac{v_0}{gt}$，

可求得$t = \dfrac{v_0}{g\tan\theta}$。

3. 顺着斜面平抛，“离斜面最远”时，有速度偏转角等于斜面倾角。

悟： 离斜面最远点，速度方向应平行于斜面，垂直于斜面方向的分速度等于0。把速度沿平行于斜面和垂直于斜面方面进行分解，起初速度v_1垂直于斜面的分速度向上，则会逐渐远离斜面，后半程的速度v_3垂直于斜面的分速度向下，就会逐渐靠近斜面。“离斜面最远”，就是离开斜面远的不能再远，垂直斜面方向上的速度分量由向上改为向下，既不向上也不向下，其值为零。即离斜面最远时，只剩下平行于斜面方向的速度，速度v_2沿斜面向下。速度的偏转角等于斜面倾角，知道了速度的方向，就可以进一步求时间。(“落在”斜面，就知道了位移偏转角，“离斜面最远”，就知道了速度偏转角)。

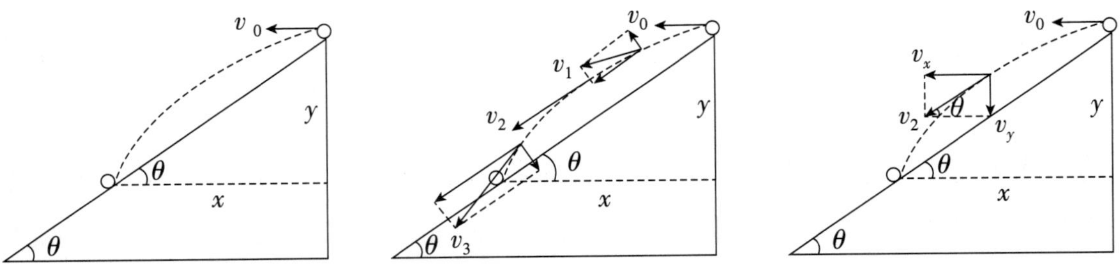

$v_x = v_0$，

$v_y = gt$，

$\tan\theta = \frac{v_y}{v_x} = \frac{gt_2}{v_0}$，

可求得$t_2 = \frac{v_0 \tan\theta}{g}$。

例 20. 在一斜面顶端，将甲、乙两个小球分别以v和$\frac{v}{2}$的速度沿同一方向水平抛出，两球都落在该斜面上。甲球落至斜面时的速率是乙球落至斜面时速率的（　　）

A. 2倍　　B. 4倍　　C. 6倍　　D. 8倍

答案：A

解析：如图所示，可知：

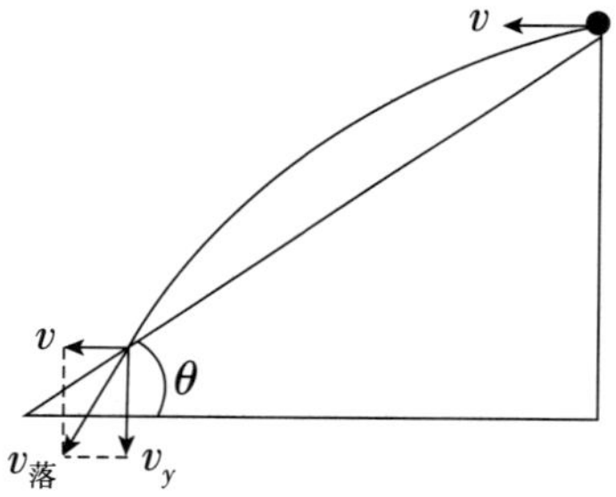

$x = vt$，

$x \cdot \tan\theta = \frac{1}{2}gt^2$，

$v_y = gt = 2\tan\theta \cdot v$，

则落至斜面的速率$v_{落} = \sqrt{v^2 + v_y^2} = v\sqrt{1 + 4\tan^2\theta}$，即$v_{落} \propto v$，甲、乙两球抛出速度为$v$和$\frac{v}{2}$，则可得落至斜面时速率之比为2∶1。故A正确。

悟：甲、乙两个小球水平速度之比是$\frac{v_{甲x}}{v_{乙x}} = \frac{v_0}{\frac{v_0}{2}} = \frac{2}{1}$，“落至斜面”，位移偏转角都等于斜面倾角，即$\beta_{甲} = \beta_{乙}$，根据二级结论“在平抛运动中，速度的偏转角的正切值是位移偏转角正切值的二倍，$\tan\alpha = 2\tan\beta$”，则甲、乙两小球速度的偏转角也相同。甲、乙两球的速度三角形相似，对应边成比例，落到斜面时的速度之比有$\frac{v_{甲}}{v_{乙}}=\frac{v_{甲x}}{v_{乙x}}=\frac{v_0}{\frac{v_0}{2}}=\frac{2}{1}$。

例 21. 为践行新形势下的强军目标，在某次军事演习中，水平匀速飞行的无人机在斜坡底端A的正上方投弹，炸弹垂直击中倾角为$\theta=37°$、长为$L=300\ \text{m}$的斜坡的中点P，如图，若$\sin37°=0.6$，$\cos37°=0.8$，g取$10\ \text{m/s}^2$，则无人机距A点的高度h和飞行的速度v分别为（　　）

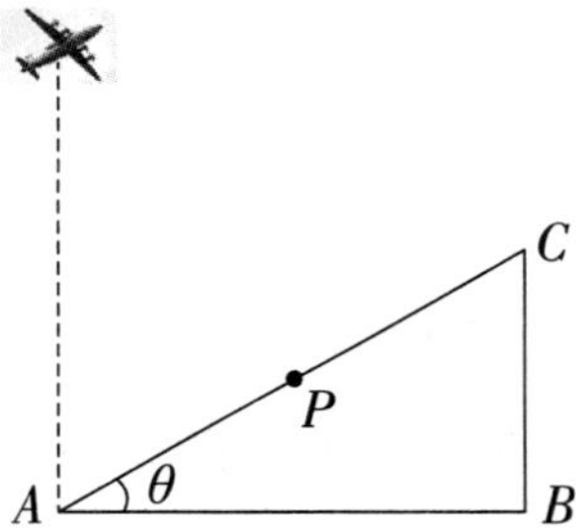

A. $h=170\ \text{m}$　$v=30\ \text{m/s}$　　B. $h=135\ \text{m}$　$v=40\ \text{m/s}$

C. $h=80\ \text{m}$　$v=30\ \text{m/s}$　　D. $h=45\ \text{m}$　$v=40\ \text{m/s}$

答案：A

解析：根据速度的分解有：$\tan\theta=\frac{v}{v_y}=\frac{v}{gt}$，$x=\frac{L}{2}\cos37°=vt$，联立解得$t=4\ \text{s}$，$v=30\ \text{m/s}$；则炸弹竖直位移为$y=\frac{1}{2}gt^2=80\ \text{m}$，故无人机距$A$点的高度$h=y+\frac{L}{2}\sin\theta=170\ \text{m}$，故选A。

悟：迎着斜面平抛，垂直撞在斜面上，速度的偏转角是斜面的余角。即$\tan(90°-\theta)=\frac{v_y}{v_x}=\frac{gt}{v}$ ①，结合水平方向上的运动$\frac{L}{2}\cos\theta=v_x\cdot t=vt$，有$v=\frac{150\times0.8}{t}$ ②，带入①式，有$t=4s$，$v=30\ \text{m/s}$。无人机距A点的高度$h=\frac{1}{2}gt^2+\frac{L}{2}\sin\theta=80\ \text{m}+90\ \text{m}=170\ \text{m}$。

平抛运动中，给定角度常用的有三种方式，①沿着斜面水平抛出，“落在”斜面上，可知位移偏转角等于斜面倾角；②沿着斜面水平抛出，“离斜面最远”，速度的偏转角等于斜面倾角；③迎着斜面平抛，“垂直撞在”斜面上，速度的偏转角与斜面倾角互余。

三　圆周运动

数学和物理是高度一致的，物理规律和数学图像有高度的一致性，就连定义域、成立条件都能够相互佐证。

例 22. 如图所示，两个相同的小木块A和B（均可看做质点），质量均为m，用长为L的轻绳连接，置于水平圆盘的同一半径上，A与竖直轴的距离为L，此时绳子恰好伸直且无弹力，木块与圆盘间的最大静摩擦力为木块所受重力的k倍，重力加速度大小为g。若圆盘从静止开始绕转轴缓慢地加速转动，用ω表示圆盘转动的角速度，下列说法正确的是（　　）

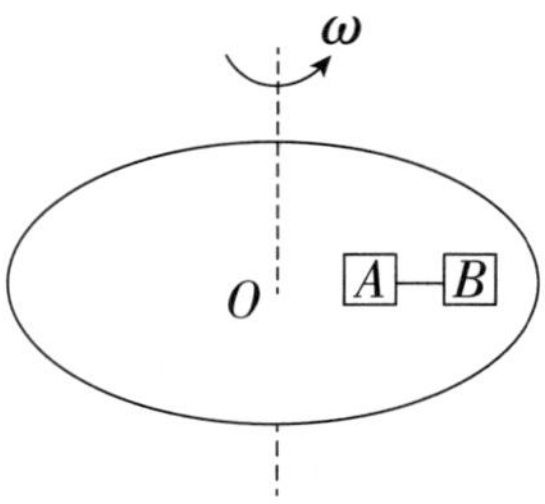

A. 木块A、B所受的摩擦力始终相等

B. 木块B所受摩擦力总等于木块A所受摩擦力的两倍

C. $\omega=\sqrt{\dfrac{kg}{L}}$是轻绳开始产生弹力的临界角速度

D. 若$\omega=\sqrt{\dfrac{2kg}{3L}}$，则木块$A$、$B$将要相对圆盘发生滑动

答案：D

解析：当角速度较小时，A、B均靠静摩擦力提供向心力，由于B转动的半径较大，则B先达到最大静摩擦力，角速度继续增大，则轻绳出现拉力，当A的静摩擦力达到最大时，角速度再增大，A、B开始发生相对滑动，可知B的静摩擦力方向一直指向圆心，在绳子出现张力前，A、B的角速度相等，半径

之比为1∶2，则静摩擦力之比为1∶2，当轻绳出现张力后，A、B的静摩擦力之比不是1∶2，故A、B错误。当摩擦力刚好提供B做圆周运动的向心力时，轻绳开始产生拉力，则$kmg = m\omega_1^2 \cdot 2L$，解得$\omega_1 = \sqrt{\frac{kg}{2L}}$，故C错误；当A的摩擦力达到最大时，A、B开始滑动，对A有：$kmg - F_T = mL\omega_2^2$ ①，对B有：$F_T + kmg = m \cdot 2L\omega_2^2$ ②，①②两式相加得$kmg + kmg = m\omega_2^2 \cdot L + m\omega_2^2 \cdot 2L$，解得$\omega_2 = \sqrt{\frac{2kg}{3L}}$，故D正确。

悟：理解本题要明确两个临界条件，以B为研究对象求ω_1，以AB系统为研究对象求ω_2。圆盘从静止开始缓慢加速时，当有一个物体加速到自己所需的向心力达到自己所受静摩擦力的最大值时，再加速，单独靠自己的静摩擦力不足以保持相对静止状态，中间的绳产生拉力。中间绳产生摩擦力前，由$F_n = m\omega^2 r$，$r_B = 2r_A$，可知，B的摩擦力大于A的摩擦力，B的摩擦力首先达到最大，其临界值为$kmg = m\omega_1^2 \cdot 2L$，解得$\omega_1 = \sqrt{\frac{kg}{2L}}$，再一加速，中间绳产生弹力，通过中间绳，可以把一部分A产生的摩擦力"传递"给B，AB共同"抱团取暖"，当AB整体所受的静摩擦力之和不足以提供整体所需的向心力之和时，整体将要相对圆盘发生滑动。其临界条件为$kmg + kmg = m\omega_2^2 \cdot L + m\omega_2^2 \cdot 2L$，得$\omega_2 = \sqrt{\frac{2kg}{3L}}$，当$\omega > \omega_2$时，A、B将要相对圆盘做离心运动。

例 23.（多选）如图所示，两个可视为质点的、相同的木块A和B放在转盘上，两者用长为L的细绳连接，木块与转盘的最大静摩擦力均为各自重力的k倍，A放在距离转轴L处，整个装置能绕通过转盘中心的转轴O_1O_2转动，开始时，绳恰好伸直但无弹力，现让该装置从静止开始转动，使角速度缓慢增大，以下说法正确的是（　　）

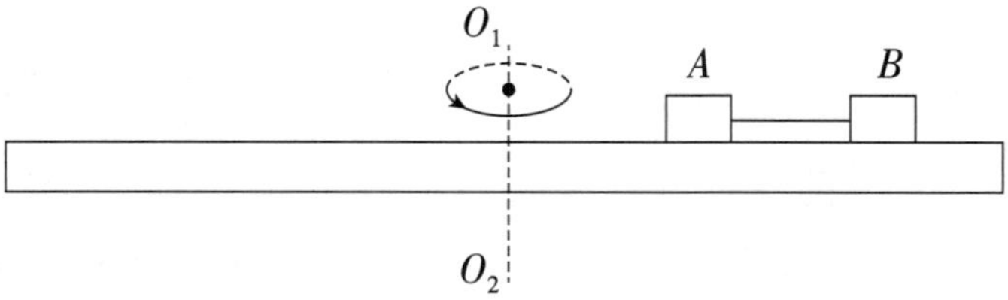

A. 当$\omega > \sqrt{\frac{2kg}{3L}}$时，$A$、$B$相对于转盘会滑动

B. 当$\omega > \sqrt{\frac{kg}{2L}}$，绳子一定有弹力

C. ω在$\sqrt{\frac{kg}{2L}} < \omega < \sqrt{\frac{2kg}{3L}}$范围内增大时，$B$所受摩擦力变大

D. ω在$0 < \omega < \sqrt{\frac{2kg}{3L}}$范围内增大时，$A$所受摩擦力一直变大

答案： ABD

解析： 当A、B所受摩擦力均达到最大值时，A、B相对转盘即将滑动，$kmg + kmg = m\omega^2 L + m\omega^2 \cdot 2L$，解得：$\omega = \sqrt{\frac{2kg}{3L}}$，A正确；当$B$所受静摩擦力达到最大值后，绳子开始有弹力，即：$kmg = m \cdot 2L \cdot \omega^2$，得$\omega = \sqrt{\frac{kg}{2L}}$，可知当$\omega > \sqrt{\frac{kg}{2L}}$时，绳子有弹力，B正确；当$\omega > \sqrt{\frac{kg}{2L}}$时，$B$已达到最大静摩擦力，则$\omega$在$\sqrt{\frac{kg}{2L}} < \omega < \sqrt{\frac{2kg}{3L}}$范围内增大时，$B$受到的摩擦力不变，C错误；$\omega$在$0 < \omega < \sqrt{\frac{2kg}{3L}}$范围内，$A$相对转盘是静止的，$A$所受摩擦力为静摩擦力，所以$F_f - F_T = mL\omega^2$，当$\omega$增大时，静摩擦力也增大，D正确。

悟： 我们尝试着画出绳子拉力T和物体A、B所受摩擦力f_A、f_B的图像。

转盘从静止开始转动，A、B所受的摩擦力都从零开始增大，起初绳中张力为零，只要出现一个物体只靠摩擦力不足以提供向心力时，不足的部分才由绳中张力补充。两个物体的最大静摩擦力都为kmg，同盘转动，角速度相同，$Fn = m\omega^2 r$，$r_B = 2r_A = 2L$，最初$Fn_B = 2Fn_A$，B的静摩擦力首先达到最大静摩擦力，绳子开始产生拉力，其临界角速度$\omega_1 = \sqrt{\frac{kg}{2L}}$；角速度再缓慢增大，绳子产生的拉力为$B$提供向心力，也增大了物体$A$受到的摩擦力，可用隔离法列方程组，A：$f_A - T = m\omega^2 L$，B：$f_B + T = m\omega^2 \cdot 2L$，或整体$f_A + f_B = m\omega^2 L +$

$m\omega^2 \cdot 2L$，当 A、B 的摩擦力都达到最大时，其第二个临界的角速度 $kmg + kmg = m\omega^2 L + m\omega^2 \cdot 2L$，得 $\omega_2 = \sqrt{\frac{2kg}{3L}}$。为使横轴坐标简化，横轴坐标可以 $\frac{kg}{L}$ 为单位，为了使图像化曲为直，作 $F - \omega^2$ 图像如图：

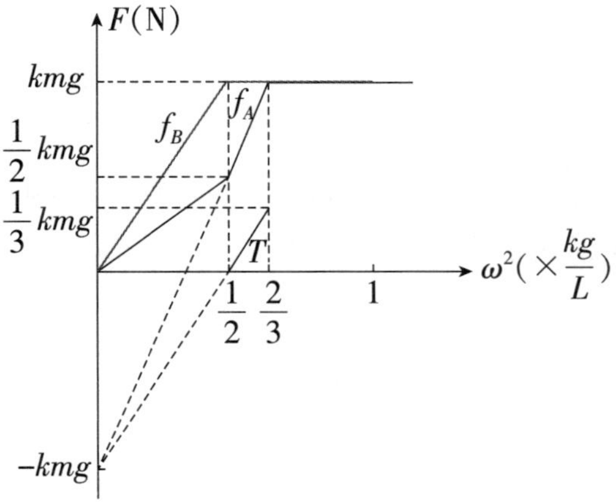

B 受的摩擦力：

$$f_{B1} = m\omega^2 \cdot 2L\left(\omega \leqslant \sqrt{\frac{kg}{2L}}\right)，斜率 k_{B1} = 2mL；$$

$$f_{B2} = kmg\left(\omega \geqslant \sqrt{\frac{kg}{2L}}\right)，$$

A 受的摩擦力：

$$f_{A1} = m\omega^2 \cdot L\left(\omega \leqslant \sqrt{\frac{kg}{2L}}\right)，斜率 k_{A1} = mL；$$

$f_{A2} = m\omega^2 \cdot 3L - kmg\left(\sqrt{\frac{kg}{2L}} \leqslant \omega \leqslant \sqrt{\frac{2kg}{3L}}\right)$，斜率 $k_{A2} = 3mL$，纵轴截距 $b_2 = -kmg$；

$$f_{A3} = kmg\left(\omega \geqslant \sqrt{\frac{2kg}{3L}}\right)，$$

绳子拉力 T：

$$T = 0\left(0 \leqslant W \leqslant \sqrt{\frac{kg}{2L}}\right)$$

$T=m\omega^2\cdot 2L-kmg\left(\sqrt{\dfrac{kg}{2L}}\leqslant\omega\leqslant\sqrt{\dfrac{2kg}{3L}}\right)$。

从中能看出数学图像和物理规律高度一致，相互印证。不同的数学图像对应着不同的物理规律，图像的拐点，就是物理规律的临界点。对于物理规律不太清楚的地方，可借助数学工具完成，反之亦然。

例 24.（多选）如图所示，在匀速转动的水平圆盘上，沿半径方向放着用细绳相连的质量均为m的两个物体A和B，它们分居圆心两侧，与圆心距离分别为$R_A=r$，$R_B=2r$，与盘间的动摩擦因数μ相同，当圆盘转速缓慢加快到两物体刚好要发生滑动时，最大静摩擦力等于滑动摩擦力，则下列说法正确的是（　　）

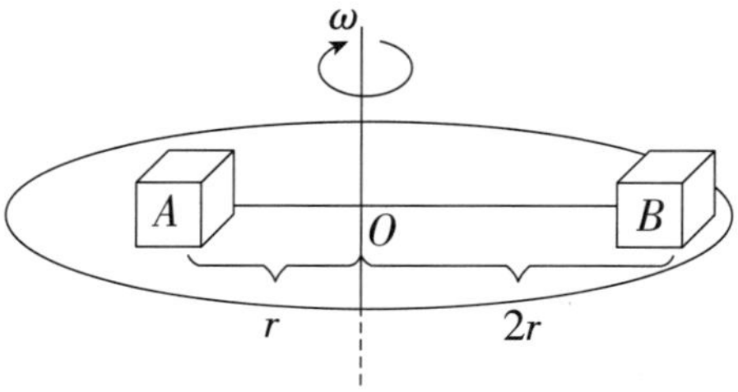

A. 此时绳子张力为$3\mu mg$

B. 此时A所受摩擦力方向沿半径指向圆内

C. 此时圆盘的角速度为$\sqrt{\dfrac{2\mu g}{r}}$

D. 此时烧断绳子，A仍相对盘静止，B将做离心运动

答案： AC

解析： 两物体A和B随着圆盘转动时，合外力提供向心力，则$F=m\omega^2 r$，B的半径比A的半径大，所以B所需向心力大，细绳拉力相等，所以当圆盘转速加快到两物体刚好还未发生滑动时，B的静摩擦力方向指向圆心，A的最大静摩擦力方向指向圆外，有相对圆盘沿半径指向圆内的运动趋势，根据牛顿第二定律得$F_T-\mu mg=m\omega^2 r$，$F_T+\mu mg=m\omega^2\cdot 2r$，解得$F_T=3\mu mg$，$\omega=\sqrt{\dfrac{2\mu g}{r}}$，故A、C正确，B错误。烧断细绳瞬间$A$物体所需的向心力为$2\mu mg$，此时烧断细绳，$A$的最大静摩擦力不足以提供向心力，则$A$做离心运动，故D

错误。

悟： 当圆盘由静止转速缓慢加快时，最初物体A、B的向心力都由自己的静摩擦力提供，由于B的半径大于A的半径，B的摩擦力首先达到最大$m\omega_1{}^2 2r=\mu mg$，其临界角速度$\omega_1=\sqrt{\dfrac{\mu g}{2r}}$，圆盘再加速，绳子开始产生张力，对物体$B$有$T+\mu mg=m\omega^2\cdot 2r\left(\omega\geqslant\sqrt{\dfrac{\mu g}{2r}}\right)$；物体$A$受的摩擦力从静止开始随转速的增大而增大$f_{A1}=m\omega^2 r\left(\omega\leqslant\sqrt{\dfrac{\mu g}{2r}}\right)$，当绳子产生张力后，$f_{A2}+T=m\omega^2 r$，$f_{B2}+T=m\omega^2\cdot 2r$，$f_{B2}=\mu mg$，联立得：$f_{A2}=\mu mg-m\omega^2 r\left(\sqrt{\dfrac{\mu g}{2r}}\leqslant\omega\leqslant\sqrt{\dfrac{\mu g}{r}}\right)$，物体$A$受到的向右（指向圆心）的摩擦力会随转速的增加而减小，减小到零后，再反向增大，改为背离圆心，其临界状态$f_{A2}=0$时，对A：$T_2=m\omega_2{}^2\cdot r$，对B：$T_2+\mu mg=m\omega^2\cdot 2r$，两式相减有$\mu mg=m\omega^2(2r-r)$，得$\omega_2=\sqrt{\dfrac{\mu g}{r}}$；当两物体刚好要发生滑动时 $T_A-\mu mg=m\omega_3{}^2 r$，物体$B$仍然是$T_B+\mu mg=m\omega_3{}^2\cdot 2r$，联立得$\omega_3=\sqrt{\dfrac{2\mu g}{r}}$，此时$T_3=\dfrac{3}{2}m\omega_3{}^2\cdot r=3\mu mg$。各力的变化图像如图：

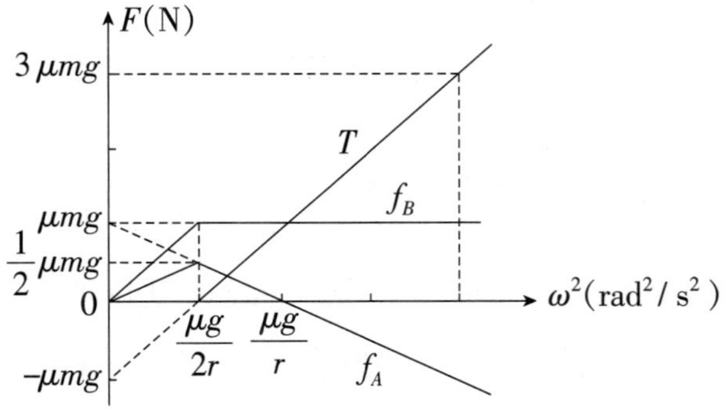

B受的摩擦力：

$f_{B1}=m\omega^2\cdot 2r\left(\omega\leqslant\sqrt{\dfrac{\mu g}{2r}}\right)$，斜率$k_{B1}=2mr$；

$f_{B2}=\mu mg\left(\omega\geqslant\sqrt{\dfrac{\mu g}{2r}}\right)$,

A受的摩擦力：

$f_{A1}=m\omega^2\cdot r\left(\omega\leqslant\sqrt{\dfrac{\mu g}{2r}}\right)$，斜率$k_{A1}=mr$；

$f_{A2}=\mu mg-m\omega^2\cdot r\left(\sqrt{\dfrac{\mu g}{2r}}\leqslant\omega\leqslant\sqrt{\dfrac{\mu g}{r}}\right)$，斜率$k_{A2}=-mr$，纵轴截距$b_2=\mu mg$；

$f_{A3}=\mu mg-m\omega^2\cdot r\left(\omega\geqslant\sqrt{\dfrac{\mu g}{r}}\right)$

绳子拉力T:

$T_1=0\left(\omega\leqslant\sqrt{\dfrac{\mu g}{2r}}\right)$，$T_2=m\omega^2\cdot 2r-\mu mg\left(\omega\geqslant\sqrt{\dfrac{\mu g}{2r}}\right)$，$k_{T2}=2mr$，$b_{T2}=-\mu mg$。

第21~23题，两物块质量都相等，即使不等，也不影响做题，因为在向心力F_n和摩擦力f的大小的影响因子中都有质量m，且都是一次方的关系，可以消掉。后两题有点难度，可以看了后面内容后，再返回这里更深一步地研究。

四 行星运动的“不争气”，源于中心天体“不给力”

由万有引力充当向心力$\dfrac{GMm}{r^2}=\dfrac{mv^2}{r}$，得$v=\sqrt{\dfrac{GM}{r}}$，知离中心天体越远的行星，轨道半径$r$越大，越不知道“着急”，线速度反而要越小，真是不“争气”，那肯定会被其他“同学”超过。再多想一想，半径大了，路程变长，任务变重，v、w反而还都要减小，那肯定走一周的时间要更长，由$T=2\pi\sqrt{\dfrac{r^3}{GM}}$也能充分说明这一点。我们都埋怨行星“不争气”，究其根源是位于中心天体的恒星“不给力”造成的，随着轨道半径r的增大，受到中心天体的向心力迅速减小（$F_{万}$与r的平方成反比）。联立公式$\frac{GMm}{r^2}=\frac{mv^2}{r}=mr\omega^2=mr\left(\frac{2\pi}{T}\right)^2$，得出$v=\sqrt{\frac{GM}{r}}$、$\omega=\sqrt{\frac{GM}{r^3}}$、$T=2\pi\sqrt{\frac{r^3}{GM}}$的表达式，就更一目了然了。当半径增大到2倍时，线速度减小到$\frac{1}{\sqrt{2}}$倍，角速度减小到$\frac{1}{2\sqrt{2}}$倍，周期增大到$2\sqrt{2}$倍，向心力减小到$\frac{1}{4}$倍。绕同一恒星运动的各行星，轨道半径越大的线速度反而越小，角速度更小，周期变长，当然会被其他行星落下。

宇宙飞船在半径为r_1的轨道上运行，变轨后的半径r_2，$r_2>r_1$，宇宙飞船绕地球做匀速圆周运动，则变轨后的飞船v、ω、a变小，T变大。只要把r、T看成一组，v、ω、a看成一组，前者中的一个量变大，后三个量一定会变小，反之，也成立。

第五单元 机械能

一 功和功率

1. 公式$P=\frac{W}{t}$和$P=Fv$的区别

$P=\frac{W}{t}$是平均功率的定义式，$P=Fv$是瞬时功率的计算式。

2. 平均功率的计算方法

（1）利用$\bar{P}=\frac{W}{t}$。

（2）利用$\bar{P}=F\cdot\bar{v}\cos\alpha$，其中$\bar{v}$为物体运动的平均速度。

3. 瞬时功率的计算方法

（1）利用公式$P=Fv\cos\alpha$，其中v为t时刻的瞬时速度，θ是F与v的夹角。

（2）$P=F\cdot v\cos\theta=F\cdot v_F$，其中$v_F$为物体的速度$v$在力$F$方向上的分速度。

（3）$P=F\cos\theta\cdot v=F_v\cdot v$，其中$F_v$为物体受到的外力$F$在速度$v$方向上的分力。

以上三种方法是等效的。

例 25.（多选）如图甲所示，物体受到水平推力F的作用，在粗糙水平面上做直线运动。通过力传感器和速度传感器监测到推力F和物体速度v随时间t变化的规律如图乙所示。重力加速度$g=10\ \text{m/s}^2$。则（　　）

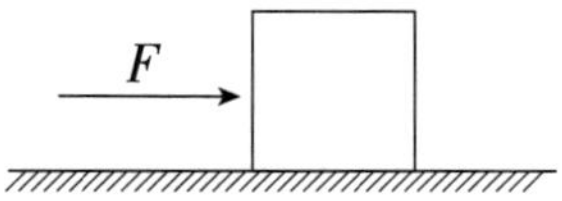

甲

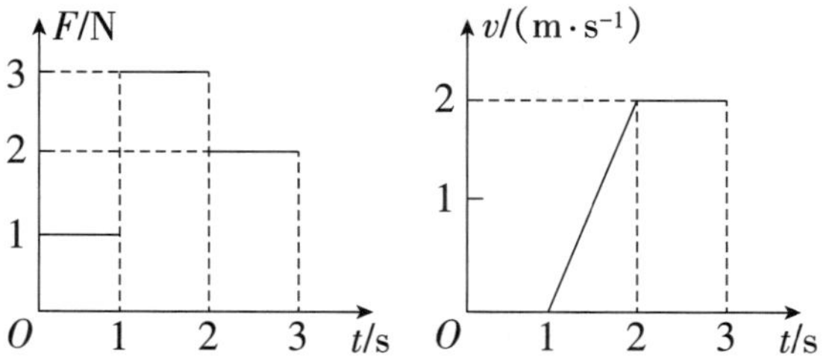

乙

A. 物体的质量$m = 0.5\ \text{kg}$

B. 物体与水平面间的动摩擦因数$\mu = 0.2$

C. 第2 s内物体克服摩擦力做的功$W = 2\ \text{J}$

D. 前2 s内推力F做功的平均功率$\bar{P} = 1.5\ \text{W}$

答案： ACD

解析： 由$v-t$图像知，在2~3 s内，物体匀速运动，所以滑动摩擦力的大小为2 N，在1~2 s内，$v-t$图像的斜率代表加速度的大小，$a=\dfrac{2-0}{1}\ \text{m/s}^2 = 2\ \text{m/s}^2$，由牛顿第二定律可得$F-F_{\text{f}}=ma$，所以$m=0.5\ \text{kg}$，A正确；由$F_{\text{f}}=\mu mg$，所以$\mu=\dfrac{F_{\text{f}}}{mg}=0.4$，B错误；第2 s内物体的位移是$x=\dfrac{1}{2}at^2=1\ \text{m}$，物体克服摩擦力做的功$W=F_{\text{f}}x=2\times1\ \text{J}=2\ \text{J}$，C正确；在第1 s内物体没有运动，在第2 s内运动，F也在第2 s做功，前2 s内F做的功为$W=Fx=3\times1\ \text{J}=3\ \text{J}$，所以前2 s内推力$F$做功的平均功率为$\bar{P}=\dfrac{W}{t'}=1.5\ \text{W}$，D正确。

悟： 乙图中的$F-t$、$v-t$图像结合起来求解，两个图像中的0~3 s是指相同的一段时间，我们可以对照图像，首先从第三秒内$v-t$图像的匀速，得出$F_3=F_{\text{f}}$的关系，回到$F-t$图像，读出$F_3=2\ \text{N}$，推知滑动摩擦力$F_{\text{f}}=2\ \text{N}$；再看第二秒时间内，读出$F_2=3\ \text{N}$，从$v-t$图像计算出$a=\dfrac{2-0}{1}\ \text{m/s}^2=2\ \text{m/s}^2$，带入牛顿第二定律$F_2-F_{\text{f}}=ma_2$，其中滑动摩擦力$F_{\text{f}}$不变，恒为2 N，即$3-2=m\cdot2$，解得$m=0.5\ \text{kg}$，A正确；由$F_{\text{f}}=\mu mg$，所以$\mu=\dfrac{F_{\text{f}}}{mg}=\dfrac{2\ \text{N}}{4\ \text{N}}=0.4$，

B错误；这里第二秒内的摩擦力与第三秒内的摩擦力都是滑动摩擦力，大小相等，就用一个符号表示，不用角标加以区别；C选项，求“第2 s内物体克服摩擦力做的功”，可先从$v-t$图中利用面积求出第二秒内的位移$x_2=\frac{1}{2}\times 2\,\mathrm{m/s}\times 1\,\mathrm{s}=1\,\mathrm{m}$，带入功的公式，求解$W_{克f}=F_f\cdot x_2=2\,\mathrm{N}\times 1\,\mathrm{m}=2\,\mathrm{J}$；D选项，求“前2 s内推力$F$做功的平均功率”，由$v-t$图可知第一秒内，物体没有发生位移，不做功，第二秒内推力F_2做功$W_{F2}=F_2\cdot x_2=3\,\mathrm{N}\times 1\,\mathrm{m}=3\,\mathrm{J}$，所以前2 s内推力做功的平均功率$\overline{P}_{0-2}=\frac{0+3\,\mathrm{J}}{2\,\mathrm{s}}=1.5\,\mathrm{W}$。这里多次用到两个图像信息的结合，是“边分析，边计算；边计算，边分析”的滚动分析计算过程，这也是物理解题过程的典型特征。

例 26.（多选）如图甲所示，倾角为θ的足够长的传送带以恒定的速率v_0沿逆时针方向运行，$t=0$时，将质量$m=1\,\mathrm{kg}$的物体（可视为质点）轻放在传送带上，物体相对地面的$v-t$图像如图乙所示。设沿传送带向下为正方向，取重力加速度$g=10\,\mathrm{m/s^2}$，则（　　）

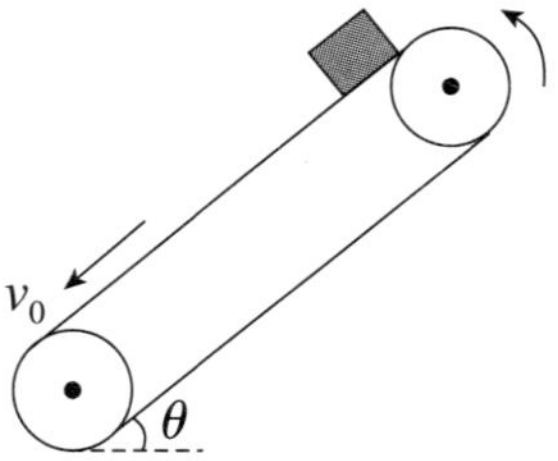

甲

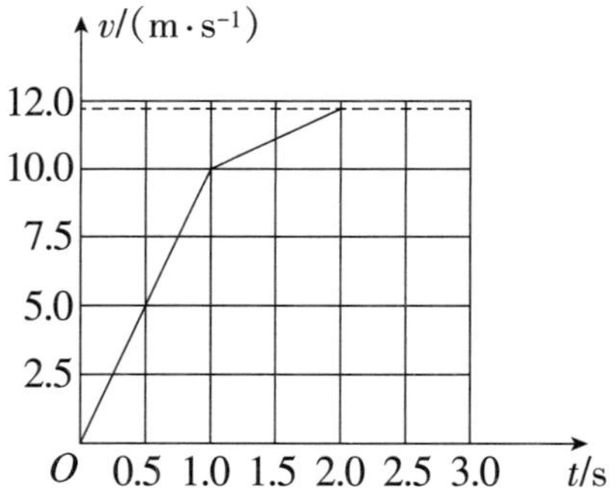

乙

A. 传送带的速率$v_0=10\,\mathrm{m/s}$

B. 传送带的倾角$\theta=30^\circ$

C. 物体与传送带之间的动摩擦因数$\mu=0.5$

D. 0～2.0 s内摩擦力对物体做功$W_f=-24\,\mathrm{J}$

答案： ACD

解析： 本题主要考查功的计算。当物体的速率超过传送带的速率后，物体受到的摩擦力的方向发生改变，加速度也发生改变，根据$v-t$图像可得，传送带的速率为$v_0=10\ \text{m/s}$，A正确；1.0 s之前的加速度$a_1=10\ \text{m/s}^2$，1.0 s之后的加速度$a_2=2\ \text{m/s}^2$，结合牛顿第二定律，$g\sin\theta+\mu g\cos\theta=a_1$，$g\sin\theta-\mu g\cos\theta=a_2$，解得$\sin\theta=0.6$，$\theta=37°$，$\mu=0.5$，B错误，C正确；摩擦力大小$F_f=\mu mg\cos\theta=4\ \text{N}$，在0～1.0 s内，摩擦力对物体做正功，在1.0～2.0 s内，摩擦力对物体做负功，0～1.0 s内物体的位移为5 m，1.0～2.0 s内物体的位移是11 m，0～2.0 s内摩擦力做的功为$-4\times(11-5)\ \text{J}=-24\ \text{J}$，D正确。

悟：首先观察乙图，从数学角度利用斜率求出两段时间内的加速度$a_1=\dfrac{\Delta v_1}{\Delta t_1}=\dfrac{10-0}{1.0-0}\ \text{m/s}^2=10\ \text{m/s}^2$ ①，$a_2=\dfrac{\Delta v_2}{\Delta t_2}=\dfrac{12.0-10.0}{2.0-1.0}\ \text{m/s}^2=2.0\ \text{m/s}^2$ ②；乙图中$v-t$图像的拐点，斜率发生突变，加速度突变，受力突变。结合甲图中的运动情景分析，滑动摩擦力的方向突然发生了变化。原来物体下滑的速度小于传送带的速度，物体相对传送带向上运动（虽然物体和传送带相对地面都是向下运动，但物体的速度小于传送带的速度），物体受到的滑动摩擦力方向向下，列牛顿第二定律有$mg\sin\theta+\mu mg\cos\theta=ma_1$ ③，1.0 s时乙图中的$v-t$图像变的平缓，加速度减小，受力发生了突变，共速后物体相对传送带仍能向下加速运动的，应该有$\mu<\tan\theta$。物体下滑的速度大于传送带的速度，所受滑动摩擦力方向向上，列牛顿第二定律$mg\sin\theta-\mu mg\cos\theta=ma_2$ ④（从公式也能看出，此式$a>0$的条件是$\mu<\tan\theta$），消去m，联立①③有$g\sin\theta+\mu g\cos\theta=10$ ⑤，联立②④有$g\sin\theta-\mu g\cos\theta=2$ ⑥，联立⑤⑥，解得$\sin\theta=0.6$，$\theta=37°$，$\mu=0.5$，B错误，C正确；在0～1.0 s内，摩擦力方向与物体运动方向相同，摩擦力对物体做正功，$W_{f1}=F_f\cdot x_1=\mu mg\cos\theta\cdot x_1=0.5\times1\times10\times0.6\times\dfrac{1}{2}\times1.0\times10.0\ \text{J}=20\ \text{J}$，在1.0～2.0 s内，摩擦力方向与物体运动方向相反，摩擦力对物体做负功，$W_{f2}=-F_f\cdot x_2=-\mu mg\cos\theta\cdot x_2=-0.5\times1\times10\times0.6\times\dfrac{10.0+12.0}{2}\times1.0\ \text{J}=-44\ \text{J}$，0～2.0 s内摩擦力做的功为$W_f=W_{f1}+W_{f2}=20\ \text{J}-44\ \text{J}=-24\ \text{J}$，D正确。

二 动能定理及其应用

例 27. 从地面竖直向上抛出一物体，物体在运动过程中除受到重力外，还受到一大小不变、方向始终与运动方向相反的外力作用。距地面高度h在3 m以内时，物体上升、下落过程中动能E_k随h的变化如图所示。重力加速度取10 m/s^2。该物体的质量为（　　）

A．2 kg　　B．1.5 kg　　C．1 kg　　D．0.5 kg

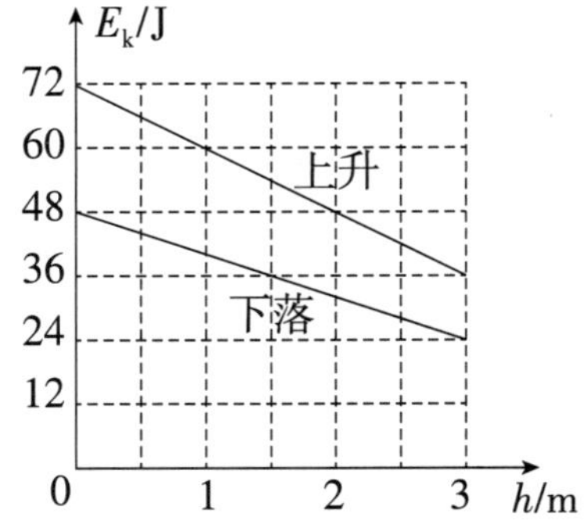

答案： C

解析： 画出运动示意图，设阻力为f，据动能定理知

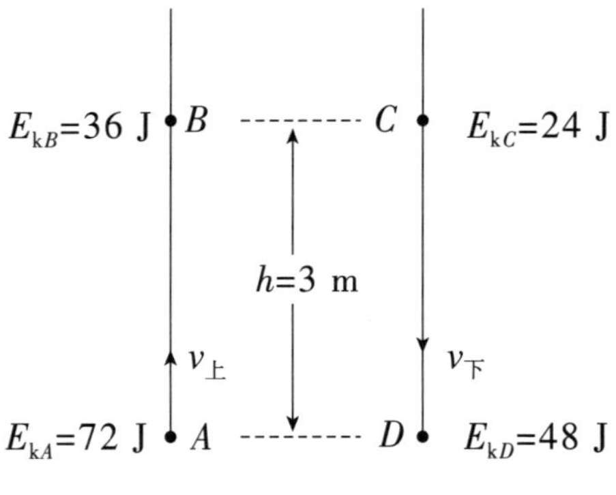

$A\rightarrow B$（上升过程）：$-(mg+f)h=E_{kB}-E_{kA}=36\text{ J}-72\text{ J}=-36\text{ J}$，

$C\rightarrow D$（下落过程）：$(mg-f)h=E_{kD}-E_{kC}=48\text{ J}-24\text{ J}=24\text{ J}$，

联立解得物体的质量m=1 kg，C正确。

悟： 解法一：带入上升过程$A\rightarrow B$的方程：$-(mg+f)h=E_{kB}-E_{kA}$，即$-(mg+f)3m=36\text{ J}-72\text{ J}=-36\text{ J}$；带入下落过程$C\rightarrow D$的方程：$(mg-$

f）$h = E_{kD} - E_{kC}$，即（$mg + f$）$3m = 48\ \text{J} - 24\ \text{J} = 24\ \text{J}$，联立解得 $m = 1\ \text{kg}$，$f = 2\ \text{N}$。原题图像只是给出了物体上升、下落过程中临近地面3 m的过程图像，我们可以补充成全程的过程图像如下图。从图中可看出，物体上升的最大高度 $H = 6\ \text{m}$。我们也要尝试站在命题人的角度去思考问题，在整体的出题背景下去构思。

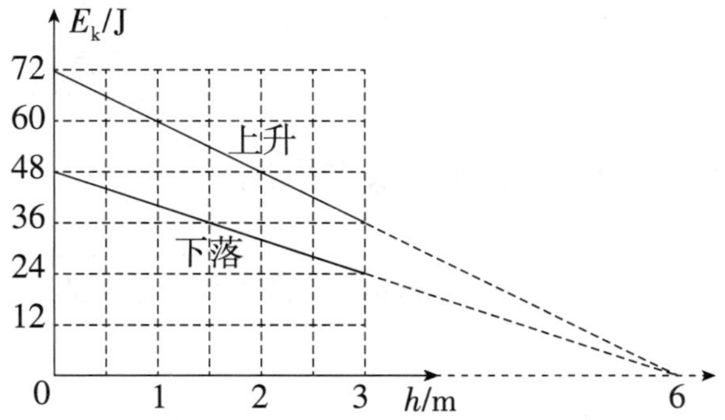

解法二：此题还可利用图像求解，$k_{上} = \dfrac{\Delta E_{k1}}{\Delta h_1} = mg + f = \dfrac{72 - 36}{3}\ \text{J/m} = 12\ \text{N}$，$k_{下} = \dfrac{\Delta E_{k2}}{\Delta h_2} = mg - f = \dfrac{48 - 24}{3}\ \text{J/m} = 8\ \text{N}$，$k_{下} + k_{上} = 2mg$，得 $m = 1\ \text{kg}$。

三 机械能守恒定律及其应用

机械能守恒定律是高中物理的重要内容，同时也是高考命题的热点，此类问题主要涉及连接体问题、与实际生活相结合的问题，解题的关键是分析哪个物体或系统在哪个阶段机械能守恒。

1. 判断机械能守恒的两个角度

（1）若只有物体重力和弹簧弹力做功，则物体和弹簧组成的系统机械能守恒。

（2）若系统内部只有动能和势能的相互转化，没有其他形式的能（如内能）与机械能相互转化，且系统与外部也没有能量的转移或转化，则系统机械能守恒。

2. 掌握系统机械能守恒的三种表达方式

三种表达方式：

观点	表达式	说明
守恒观点	$E_1=E_2$	需要选择零势能面
转化观点	$\Delta E_k=-\Delta E_p$	不用选择零势能面
转移观点	$\Delta E_A=-\Delta E_B$	不用选择零势能面

3. 应用机械能守恒定律解题的基本思路

定对象——单个物体、多个物体组成的系统或含弹簧系统

↓

两分析——对研究对象进行受力分析和做功情况的分析

↓

判守恒——根据机械能守恒的条件判断研究对象机械能是否守恒

↓

选公式——灵活选取$E_{k1}+E_{p1}=E_{k2}+E_{p2}$、$\Delta E_k=-\Delta E_p$或$\Delta E_A=-\Delta E_B$

例 28. 如图所示，一半圆形碗的边缘上装有一定滑轮，滑轮两边通过一不可伸长的轻质细线挂着两个小物体，质量分别为m_1、m_2，$m_1>m_2$。现让m_1从靠近定滑轮处由静止开始沿碗内壁下滑。设碗固定不动，其内壁光滑、半径为R。则m_1滑到碗最低点时的速度为（　　）

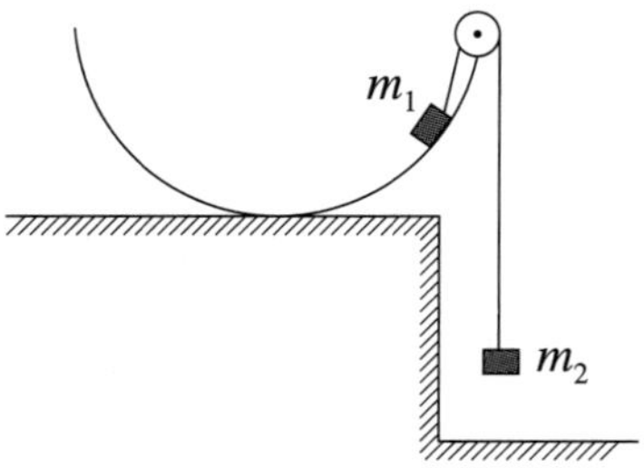

A. $2\sqrt{\dfrac{(m_1-m_2)gR}{2m_1+m_2}}$　　B. $\sqrt{\dfrac{2(m_1-m_2)gR}{m_1+m_2}}$

C. $\sqrt{\dfrac{2(m_1-\sqrt{2}m_2)gR}{m_1+m_2}}$　　D. $2\sqrt{\dfrac{(m_1-\sqrt{2}m_2)gR}{2m_1+m_2}}$

答案：D

解析：设当m_1到达碗最低点时速率为v_1，此时m_2的速率为v_2，由几何关系知$v_1\cos 45^\circ = v_2$，对m_1、m_2由机械能守恒定律得$m_1gR = m_2g\cdot\sqrt{2}R+\frac{1}{2}m_1{v_1}^2+\frac{1}{2}m_2{v_2}^2$，解得$v_1 = 2\sqrt{\frac{(m_1-\sqrt{2}m_2)gR}{2m_1+m_2}}$，D正确。

悟：此题是绳连接的系统机械能守恒模型。只存在系统内动能和势能的相互转化，系统机械能守恒。用转化观点列式，系统动能的增加量等于重力势能的减少量。小物体m_1下降，重力势能减小，小物体m_2上升，重力势能增加，系统重力势能的减小量为$\left|\Delta E_{P1}\right|-\left|\Delta E_{P2}\right|$，由系统机械能守恒的转化式列方程为$\frac{1}{2}m_1{v_1}^2+\frac{1}{2}m_2{v_2}^2 = m_1gh_1-m_2gh_2$，其中$h_1 = R$，$h_2=\sqrt{2}R$，小物体$m_1$、$m_2$绳连接，绳不可伸长$v_{1沿绳}=v_{2沿绳}$，小物体$m_2$的速度本身就在绳的方向上，小物体$m_1$“滑到碗最低点时”，速度方向水平向左，实际速度方向就是合速度方向。我们对小物体m_1的速度在沿绳方向与垂直绳的方向（垂直，正交，不相干，彼此在对方方向上的分量等于0的方向，两个方向具有独立性）分解，有$v_{1沿绳}=v_1\cos45^\circ$，联立有$\frac{1}{2}m_1{v_1}^2+\frac{1}{2}m_2{v_2}^2 = m_1gR-m_2g\cdot\sqrt{2}R$，解得$v_1 = 2\sqrt{\frac{(m_1-\sqrt{2}m_2)gR}{2m_1+m_2}}$，D正确。

四 功能关系 能量守恒定律

功能关系的应用

功能关系这一知识点具有两“多”的特点，一是涉及的定理、原理多：动能定理、功能原理、机械能守恒定律、能量守恒定律等；二是涉及的模型多：抛物线模型、圆弧轨道模型、机车启动模型、弹簧模型、传送带模型和板块模型等。处理此类问题的大体思路是分析物体的运动情况、受力及做功情况，应用动能定理、机械能守恒定律、功能原理、能量守恒定律等知识处理问题。

1. 七种功能关系

重力做功等于重力势能的减少量	$W_G = -\Delta E_{p重}$
弹簧弹力做功等于弹性势能的减少量	$W_{弹} = -\Delta E_{p弹}$
电场力做功等于电势能的减少量	$W_{电} = -\Delta E_{P电}$
感应电流克服安培力做的功等于产生的电能	$W_{克安} = \Delta E_{P电}$
合外力做功等于动能的增加量	$W_{合} = \Delta E_k$
除重力和弹簧弹力之外的其他力做功等于机械能的增加量	$W_{其他} = \Delta E_{机}$
滑动摩擦力与两物体间相对路程的乘积等于产生的内能	$F_f s_{相对} = \Delta E_{内}$

2. 功能分析

（1）必须分析物体运动过程中受哪些力，有哪些力做功，有哪些形式的能发生变化。

（2）分析与能量有关的力学综合问题，如果涉及功、能和位移时，一般选用动能定理、功能原理或能量守恒定律，题目中出现相对位移时，应优先选用功能原理。

3. 综合问题——“多过程”“多规律”的综合

（1）“多过程”——直线运动、平抛运动、圆周运动等多种运动形式的组合。

（2）“多规律”——牛顿运动定律、运动学公式、动能定理、机械能守恒定律、功能关系、能量守恒定律及动量守恒定律等规律的综合应用。

例 29. 如图，一轻弹簧原长为$2R$，其一端固定在倾角为37°的固定直轨道AC的底端A处，另一端位于直轨道上B处，弹簧处于自然状态。直轨道与一半径为$\frac{5}{6}R$的光滑圆弧轨道相切于C点，$AC = 7R$，A、B、C、D均在同一竖直平面内。质量为m的小物块P自C点由静止开始下滑，最低到达E点（未画出），随后P沿轨道被弹回，最高到达F点，$AF = 4R$。已知P与直轨道间的动摩擦因数$\mu = \frac{1}{4}$，重力加速度大小为g。（取$\sin37^\circ = \frac{3}{5}$，$\cos37^\circ = \frac{4}{5}$）。

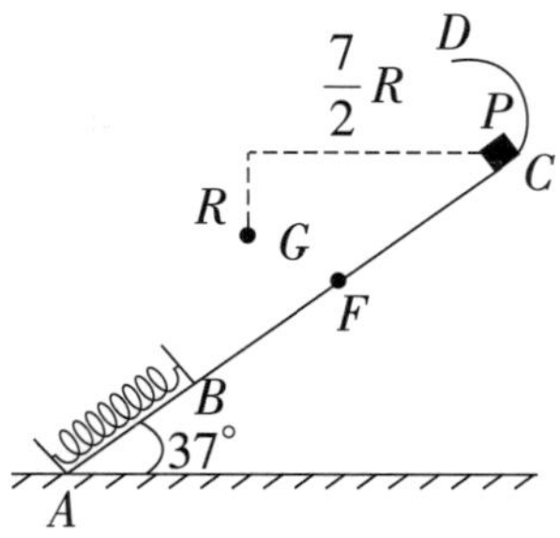

（1）求P第一次运动到B点时速度的大小；

（2）求P运动到E点时弹簧的弹性势能；

（3）改变物块P的质量，将P推至E点，从静止开始释放。已知P自圆弧轨道的最高点D处水平飞出后，恰好通过G点。G点在C点左下方，与C点水平相距$\frac{7}{2}R$、竖直相距R。求P运动到D点时速度的大小和改变后P的质量。

答案：（1）$2\sqrt{gR}$　（2）$\frac{12}{5}mgR$　（3）$\frac{3}{5}\sqrt{5gR}$　$\frac{1}{3}m$

解析：（1）根据题意知，B、C之间的距离l为

$l = 7R - 2R = 5R$，　①

设P到达B点时的速度为v_B，由动能定理得

$mgl\sin\theta - \mu mgl\cos\theta = \frac{1}{2}mv_B^2$，　②

式中$\theta = 37°$。联立①②式并由题给条件得

$v_B = 2\sqrt{gR}$。　③

（2）设$BE = x$。P到达E点时速度为零，设此时弹簧的弹性势能为E_p（等于从B到E的过程中克服弹力做的功$W_{克弹}$）。P由B点运动到E点的过程中，由动能定理有

$mgx\sin\theta - \mu mgx\cos\theta - E_p = 0 - \frac{1}{2}mv_B^2$，　④

E、F之间的距离l_1为

$l_1 = 4R - 2R + x = 2R + x$，　⑤

P到达E点后反弹，从E点运动到F点的过程中，由动能定理有

$E_p - mgl_1\sin\theta - \mu mgl_1\cos\theta = 0$，　⑥

联立③④⑤⑥式并由题给条件得

$x = R$，⑦

$E_p = \frac{12}{5}mgR$。⑧

（3）设改变后P的质量为m_1。D点与G点的水平距离x_1和竖直距离y_1分别为

$x_1 = \frac{7}{2}R - \frac{5}{6}R\sin\theta$，⑨

$y_1 = R + \frac{5}{6}R + \frac{5}{6}R\cos\theta$，⑩

式中，已应用了过C点的圆轨道半径与竖直方向夹角仍为θ的事实。

设P在D点的速度为v_D，由D点运动到G点的时间为t。

由平抛运动公式有

$y_1 = \frac{1}{2}gt^2$，⑪

$x_1 = v_D t$，⑫

联立⑨⑩⑪⑫式得

$v_D = \frac{3}{5}\sqrt{5gR}$，⑬

设P在C点速度的大小为v_C。在P由C点运动到D点的过程中机械能守恒，有

$\frac{1}{2}m_1 v_C^2 = \frac{1}{2}m_1 v_D^2 + m_1 g\left(\frac{5}{6}R + \frac{5}{6}R\cos\theta\right)$，⑭

P由E点运动到C点的过程中，由动能定理有

$E_p - m_1 g(x + 5R)\sin\theta - \mu m_1 g(x + 5R)\cos\theta = \frac{1}{2}m_1 v_C^2$，⑮

联立⑦⑧⑬⑭⑮式得

$m_1 = \frac{1}{3}m$。⑯

悟：此题要灵活地选取研究过程。（1）求P第一次运动到B点时速度的大小，研究从C到B点的过程就行，也可求出加速度后，利用运动学公式求解，$a = g\sin37° - \mu g\cos37° = \frac{2}{5}g$，$v_B = \sqrt{2 \times \frac{2}{5}g \cdot 5R} = 2\sqrt{gR}$；

求P运动到E点时弹簧的弹性势能，直接研究$C\rightarrow E$或$E\rightarrow F$，克服弹力做功及BE长度不知，两个未知量，列一个动能定理式都不能求解，我们可像“解析”一样，对两个过程分别列方程④和⑥式联立求解；我们也可以对$C\rightarrow E$再$\rightarrow F$的全程列一方程求解，弹簧对小物块P先做负功，再做等量正功，全程做功为0，小物块的初末动能都为0，对小物块用动能定理有：$mg\cdot s_{CF}\cdot\sin37^{\circ}-\mu mg\cdot s_{全}\cdot\cos37^{\circ}=0-0$，解得$s_{全}=9R$，由$s_{全}=s_{BC}+s_{BF}+s_{BE}=5R+2R+s_{BE}$，得$s_{BE}=R$。知道$BE$间距后，再求弹簧的弹性势能，可研究从$E$到$F$的过程列动能定理有$E_{\mathrm{p}}-mg\cdot3R\sin37^{\circ}-\mu mg\cdot3R\cdot\cos37^{\circ}=0-0$，$E_{\mathrm{p}}=\left(\frac{9}{5}+\frac{3}{5}\right)mgR=\frac{12}{5}mgR$；也可研究从$C$到$E$的过程列动能定理有$mg\cdot6R\sin37^{\circ}-\mu mg\cdot6R\cdot\cos37^{\circ}-E_{\mathrm{p}}=0-0$，也可得$E_{\mathrm{p}}=\left(\frac{18}{5}-\frac{6}{5}\right)mgR=\frac{12}{5}mgR$；第（3）问，从$D$到$G$点，新物块做平抛运动，利用水平、竖直位移，倒推得到平抛的初速度$v_D=\frac{3}{5}\sqrt{5gR}$，上面“解析”中先研究从$C$点到$D$点，再研究从$E$点到$C$点，分两个过程研究，也可合并成一个过程，直接研究从E点到D点的过程，由动能定理有，$E_{\mathrm{p}}-m_2g\left[(6R\sin37^{\circ}+\frac{5}{6}R(1+\cos37^{\circ})\right]-\mu m_2g\cdot6R=\frac{1}{2}m_2{v_D}^2-0$，$\frac{12}{5}mgR=m_2g\left(6R\cdot\frac{3}{5}+\frac{5}{6}R\cdot\frac{9}{5}+\frac{1}{4}\cdot6R\cdot\frac{4}{5}\right)+\frac{1}{2}m_2g\cdot\frac{9}{5}R$，得$m_2=\frac{1}{3}m$。

对多过程（有的还涉及多物体）、多规律问题的求解，要巧妙地选取研究对象，清楚待求量及已知量，对过程的分割与合并（对研究对象的隔离和整体），对规律运用后的结果有预判，对研究过程有选择，总之对“题理”要清晰。

第六单元 动量 动量守恒定律

一 动量定理

1．内容：物体在一个运动过程始末的动量变化量等于它在这个过程中所受合力的冲量。

2．公式：$mv' - mv_0 = F(t' - t_0)$或$p' - p_0 = I$

3．动量定理的理解

（1）动量定理反映了力的冲量与动量变化量之间的因果关系，即外力的冲量是原因，物体的动量变化量是结果。

（2）动量定理中的冲量是合力的冲量，而不是某一个力的冲量，它可以是合力的冲量，可以是各力冲量的矢量和，也可以是外力在不同阶段冲量的矢量和。

（3）动量定理表达式是矢量式，等号包含了大小相等、方向相同两方面的含义。

二 动量守恒定律

例 30. 如图所示，在光滑水平面上有一质量为m、长度为L的木板A，木板的右端点放有一质量为$3m$的物块B（可视为质点），木板左侧的水平面上有一物块C。当物块C以水平向右的初速度v_0与木板发生弹性碰撞后，物块B恰好不会从木板A上掉下来，且最终物块C与A的速度相同。不计物块C与木板A碰撞时间，三物体始终在一直线上运动，重力加速度为g，求：

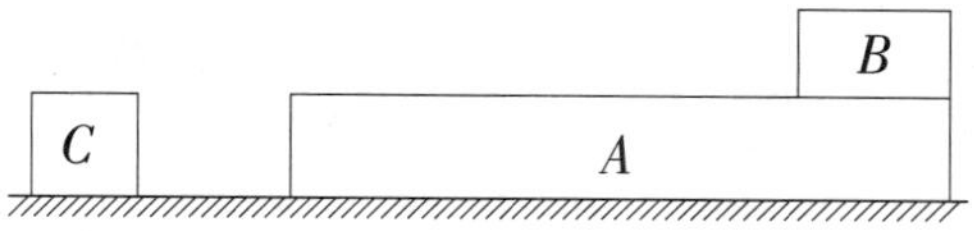

（1）物块C的质量m_C；

（2）木板A与物块B间的动摩擦因数μ。

答案：（1）$2m$　（2）$\dfrac{2{v_0}^2}{9gL}$

解析：（1）物块C与木板A发生碰撞的过程，以向右为正方向，由动量守恒定律与能量守恒定律得

$m_C v_0 = m_C v_C + m v_A$，

$\frac{1}{2}m_C {v_0}^2 = \frac{1}{2}m_C {v_C}^2 + \frac{1}{2}m {v_A}^2$，

木板A和物块B相互作用过程，由动量守恒定律得

$m v_A = 4mv'$。

由最终物块C与木板A的速度相同可知$v_C = v'$联立得$m_C = 2m$。

（2）木板A和物块B相互作用过程，由能量守恒得

$3\mu mgL = \frac{1}{2}m{v_A}^2 - \frac{1}{2}4mv'^2$，

解得$\mu = \dfrac{2{v_0}^2}{9gL}$。

悟：“不计物块C与木板A碰撞时间”，物块B不参与物块C与木板A发生的碰撞，物块C与木板A碰完后，木板A的速度与物块B的速度不同，通过摩擦交换动量。物块C与木板A发生弹性碰撞，由动量守恒定律与能量守恒定律列式，由①②联立得（实际是用二级结论解）$v_C = \dfrac{m_C - m}{m_C + m}v_0$，$v_A = \dfrac{2m_C}{m_C + m}v_0$。木板$A$和物块$B$相互作用过程，最后达到共速，相当于发生完全非弹性碰撞（注意：我们在应用时，往往不是先知道是完全非弹性碰撞，才满足共速；而是由于满足了共速，才可看作是完全非弹性碰撞），由动量守恒定律列式，得$v' = \dfrac{m}{m+3m}\cdot v_A = \dfrac{m_C}{2(m_C + m)}v_0$，联立求解；损失的动能转化为摩擦生成的热

能，生成的热能 $Q = f \cdot s_{相} = \mu \cdot 3mg \cdot L$，损失的动能 $\Delta E_{K损} = \frac{1}{2}mv_A^{\ 2} - \frac{1}{2}4mv'^2$，联立解得 $\mu = \frac{2v_0^{\ 2}}{9gL}$。

例 31.（多选）如图所示，小车的上面固定一个光滑弯曲圆管道，整个小车（含管道）的质量为 $2m$，原来静止在光滑的水平面上，今有一个可以看做质点的小球，质量为 m，半径略小于管道半径，以水平速度 v 从左端滑上小车，小球恰好到达管道的最高点后，然后从管道左端滑离小车，关于这个过程，下列说法正确的是（　　）

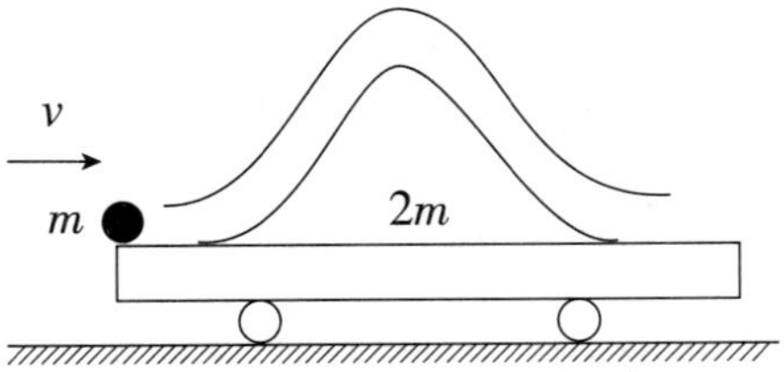

A. 小球滑离小车时，小车回到原来位置

B. 小球滑离小车时相对小车的速度为 v

C. 车上管道中心线最高点的竖直高度为 $\frac{v^2}{3g}$

D. 小球在滑上曲面到滑到最高点的过程中，小车的动量变化大小是 $\frac{mv}{3}$

答案： BC

解析： 小球与小车在水平方向上的合外力为零，故在水平方向上动量守恒，所以，小车的速度一直向右，小球滑离小车时，小车向右运动，不可能回到原来位置，故A错误；

由动量守恒可得：$mv = 2m \cdot v_{车} + m \cdot v_{球}$，由机械能守恒可得 $\frac{1}{2}mv^2 = \frac{1}{2}2mv_{车}^{\ 2} + \frac{1}{2}mv_{球}^{\ 2}$；所以，$v_{车} + 2v_{球} = 0$，那么，$v_{车} = \frac{2}{3}v$，$v_{球} = -\frac{v}{3}$，小球滑离小车时相对小车的速度 $v_{球} - v_{车} = -v$，故小球滑离小车时相对小车的速度大小为 v，所以B正确；

小球恰好到达管道的最高点后，则小球和小车的速度相同，故由动量守恒定理可得此时的速度 $v' = \frac{v}{3}$，由机械能守恒可得小球在最高点的重力势能 $E_p = \frac{1}{2}mv^2 - \frac{1}{2} \times 3m \cdot \left(\frac{v}{3}\right)^2 = \frac{1}{3}mv^2$，所以，车上管道中心线最高点的竖直高度$h=\frac{E_p}{mg}=\frac{v^2}{3g}$，所以C正确；

小球恰好到达管道的最高点后，则小球和小车的速度相同，故由动量守恒定理可得此时的速度$v'=\frac{v}{3}$，故小车的动量变化大小为$\frac{2}{3}mv$，故D错误。

所以BC项是正确的。

悟：根据小球在小车上运动时，小球和小车在水平方向上合外力为零，故水平方向上系统动量守恒；且小球和小车运动过程中只有重力做功，故机械能守恒。小球恰好到达管道的最高点，小球和小车共速，相当于发生了完全非弹性碰撞，系统动能损失，且损失的动能最大，损失的动能在此模型中完全转化为小球的重力势能（如果是压缩弹簧，就转化为弹簧的弹性势能）。即$E_p=\frac{1}{2}mv^2-\frac{1}{2}\times 3m\cdot\left(\frac{v}{3}\right)^2$，$mgh=E_p$，得$h=\frac{v^2}{3g}$。当小球从管道左端滑离小车时，重力势能又都减小为零，即完全转化为小球和小车的动能，系统的动能守恒了，可看作动碰静的弹性碰撞模型，可列$mv=2m\cdot v_{车}+m\cdot v_{球}$ ①，$\frac{1}{2}mv^2=\frac{1}{2}\times 2mv_{车}{}^2+\frac{1}{2}mv_{球}{}^2$ ②，此方程组不用现场求解，真要求解，没有三两分钟时间是解不出来的，由其二级结论公式，可直接得$v_{球}=\frac{m-2m}{m+2m}v=-\frac{v}{3}$，$v_{车}=\frac{2m}{m+2m}v=\frac{2}{3}v$。

若此题假设小球恰好到达管道的最高点后，然后从管道右端滑离小车。则小球上升时减小的动能转化成的重力势能，在下滑过程中又都转化为系统的动能，小球滑到低端，相当于小球和系统间发生了完全弹性碰撞，仍可列①、②两式。但此时小球的向右的速度显然应该大于小车的速度，上面的解不符合这一特征，那到底哪里出了问题呢？我们在解上面方程组的过程中，由①式可移项整理为$m(v-v_{球})=2mv_{车}$ ③，由②式移项整理为$m(v^2-v_{球}{}^2)=2mv_{车}{}^2$即$m(v-v_{球})(v+v_{球})=2mv_{车}\cdot v_{车}$ ④，③带入④式用$m(v-v_{球})$消去$2mv_{车}$后，得$(v+v_{球})=v_{车}$ ⑤，⑤与①联立可解出常规弹性碰撞结论$v_{车}=\frac{2}{3}v$，$v_{球}=-\frac{1}{3}v$。那从管道右端滑离小车的这种情况，在解方程组时，是哪里漏掉了“解”呢？数学上，用$m(v-v_{球})$消去$2mv_{车}$的前提是它们不能等于零，而这正是另一种解$v_{球}=v$，$v_{车}=0$，系统的速度与初态相同。

从管道左端滑离小车，对应着碰撞后又弹开的情景，从管道右端滑离小车，后半程与前半程具有对称性，“弹性穿过”，小球和小车速度恢复到初态的情景。

三 “子弹打木块”模型

1. 木块放在光滑水平面上，子弹水平打进木块，系统所受的合外力为零，因此动量守恒。

2. 两者发生的相对位移为子弹射入的深度$x_{相}$。

3. 根据能量守恒定律，系统损失的动能等于系统增加的内能。

4. 系统产生的内能$Q=F_f\cdot x_{相}$，即两物体由于相对运动而摩擦产生的热能（机械能转化为内能），等于摩擦力大小与两物体相对滑动的路程的乘积。

5. 当子弹速度很大时，可能射穿木块，这时末状态子弹和木块的速度大小不再相等，但穿透过程中系统的动量仍守恒，系统损失的动能为$\Delta E_k=F_f\cdot L$（L为木块的长度）。

例 32. 一质量为M的木块放在光滑的水平面上，一质量为m的子弹以初速度v_0水平打进木块并留在其中，设子弹与木块之间的相互作用力为F_f。则：

（1）子弹、木块相对静止时的速度是多少？

（2）子弹在木块内运动的时间为多长？

（3）子弹、木块相互作用过程中子弹、木块发生的位移以及子弹打进木块的深度分别是多少？

答案：（1）$\dfrac{m}{M+m}v_0$　（2）$\dfrac{Mmv_0}{F_f(M+m)}$

（3）$\dfrac{Mm(M+2m)v_0^2}{2F_f(M+m)^2}$　$\dfrac{Mm^2v_0^2}{2F_f(M+m)^2}$　$\dfrac{Mmv_0^2}{2F_f(M+m)}$

解析：（1）设子弹、木块相对静止时的速度为v，以子弹初速度的方向为正方向，由动量守恒定律得$mv_0=(M+m)v$，

解得$v=\dfrac{m}{M+m}v_0$。

（2）设子弹在木块内运动的时间为t，由动量定理得

对木块：$F_f t = Mv - 0$，

解得 $t = \dfrac{Mmv_0}{F_f(M+m)}$。

（3）设子弹、木块发生的位移分别为 x_1、x_2，如图所示，由动能定理得

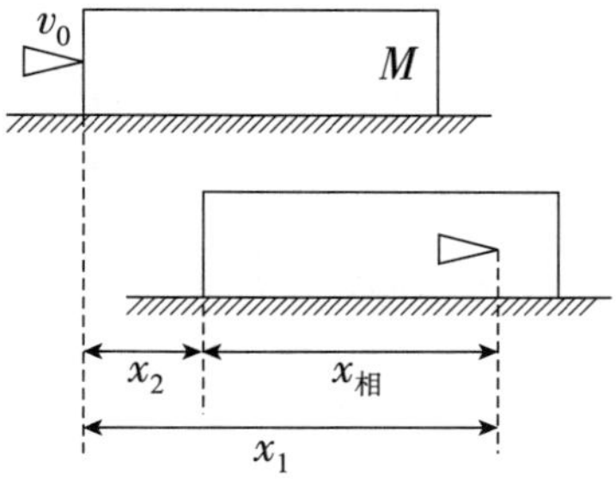

对子弹：$-F_f x_1 = \dfrac{1}{2}mv^2 - \dfrac{1}{2}mv_0{}^2$，

解得：$x_1 = \dfrac{Mm(M+2m)v_0{}^2}{2F_f(M+m)^2}$，

对木块：$F_f x_2 = \dfrac{1}{2}Mv^2$，

解得：$x_2 = \dfrac{Mm^2v_0{}^2}{2F_f(M+m)^2}$。

子弹打进木块的深度等于相对位移，即 $x_{相} = x_1 - x_2 = \dfrac{Mmv_0{}^2}{2F_f(M+m)}$

悟：子弹打进木块的深度，可以利用能量守恒产生的热量 $Q = F_f \cdot s_{相}$，产生的热量又等于系统“碰撞”过程中损失的动能，即 $F_f \cdot s_{相} = \dfrac{1}{2}mv_0{}^2 - \dfrac{1}{2}(m+M)\left(\dfrac{mv_0}{m+M}\right)^2$，解得 $s_{相} = \dfrac{mMv_0{}^2}{2F_f(m+M)}$。利用动力学知识也可以求解，$a_m = -\dfrac{F_f}{m}$，$a_M = \dfrac{F_f}{M}$，“留在”木块中，共速 $v_m = v_M$，$v_0 - \dfrac{F_f}{m}t = \dfrac{F_f}{M}t$，$t = \dfrac{mMv_0}{(m+M)F_f}$，利用位移公式 $x = v_0 t + \dfrac{1}{2}at^2$，可以求出子弹的位移，$x_m = v_0 t + \dfrac{1}{2}a_m t^2 = v_0\dfrac{mMv_0}{F_f(m+M)} - \dfrac{1}{2}\dfrac{F_f}{m}\dfrac{m^2M^2v_0{}^2}{F_f{}^2(m+M)^2} = \dfrac{mMv_0{}^2(2m+M)}{2F_f(m+M)^2}$，同理可求出

木块的位移$x_M=\frac{1}{2}a_Mt^2=\frac{1}{2}\frac{F_f}{M}\frac{m^2M^2{v_0}^2}{{F_f}^2(m+M)^2}=\frac{mM{v_0}^2(2m+M)}{2F_f(m+M)^2}$，位移差就是子弹打进木块的深度$x_{相}=x_m-x_M=\frac{mM{v_0}^2}{2F_f(m+M)}$，这种动力学方法不如用动能定理解题简单，动能定理不用追究中间过程，只看初末状态。

例 33.（多选）（2022·全国乙卷）质量为1 kg的物块在水平力F的作用下由静止开始在水平地面上做直线运动，F与时间t的关系如图所示。已知物块与地面间的动摩擦因数为0.2，重力加速度大小取$g=10\text{m/s}^2$。则（　　）

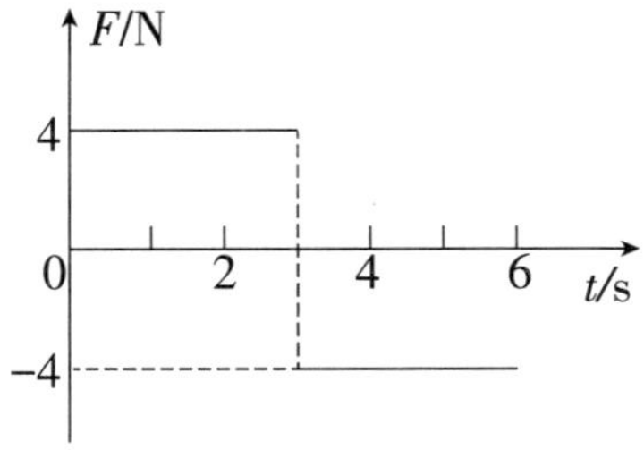

A. 4 s时物块的动能为零

B. 6 s时物块回到初始位置

C. 3 s时物块的动量为12 kg · m/s

D. 0~6 s时间内F对物块所做的功为40 J

答案： AD

解析： 物块与地面间的摩擦力为$f=\mu mg=2\text{N}$，

对物块从0~3 s内由动量定理可知$(F-f)t_1=mv_3$，

即，得$(4-2)\times3=1\times v_3$，

3s时物块的动量为$p=mv_3=6\text{ kg}\cdot\text{m/s}$，C错误；

设3s后经过时间t物块的速度减为0，由动量定理可得$-(F+f)t=0-mv_3$

即$-(4+2)t=0-1\times6$，

解得$t=1\text{s}$，

所以物块在4s时速度减为0，则此时物块的动能也为0，故A正确；

0~3s物块发生的位移为x_1，由动能定理可得$(F-f)x_1=\frac{1}{2}m{v_3}^2$，

即$(4-2)x_1=\frac{1}{2}\times1\times6^2$，

得 $x_1 = 9\text{m}$，

3s~4s过程中，对物块由动能定理可得 $-(F+f)x_2 = 0 - \frac{1}{2}mv_3^2$，

即 $-(4+2)x_2 = 0 - \frac{1}{2} \times 1 \times 6^2$，

得 $x_2 = 3\text{m}$，

4s~6s物块开始反向运动，物块的加速度大小为 $a = \frac{F-f}{m} = 2\text{m/s}^2$，

发生的位移为 $x_3 = \frac{1}{2} \times 2 \times 2^2\text{m} = 4\text{m} < x_1 + x_2$。

即6s时物块没有回到初始位置，故B错误；

D. 物块在6s时的速度大小为 $v_6 = 2 \times 2\text{m/s} = 4\text{m/s}$，

0~6s拉力所做的功为 $W = (4 \times 9 - 4 \times 3 + 4 \times 4)\text{J} = 40\text{J}$，故D正确。

故选AD。

悟：此题也可以利用常规的动力学方法求解。已知物体受力，根据牛顿第二定律，先求加速度，再利用运动学公式求解运动量。0 ~ 3s时间内，$F_1 - \mu mg = ma_1$，$a_1 = 2\text{m/s}^2$，3s时的速度 $v_3 = a_1t_1 = 2 \times 3\text{m/s} = 6\text{m/s}$。3s后，$F_2 - \mu mg = ma_2$，$-4 - 0.2 \times 1 \times 10 = 1 \times a_2$，$a_2 = -6\text{m/s}^2$，速度减小为0时有，$0 = v_3 + a_2t_2 = 6 + (-6) \cdot t_2$，$t_2 = 1\text{s}$，即4s时刻速度减小为0，见 $v-t$ 图像，动能为0，A正确；4 ~ 6s时间内，$F_2 + \mu mg = ma_3$，$(-4) + 0.2 \times 1 \times 10 = 1 \times a_3$，$a_3 = -2\text{m/s}^2$，6s时刻的速度 $v_6 = a_3t_3 = (-2)\text{m/s}^2 \times 2\text{s} = -4\text{m/s}$。0 ~ 3s时间内位移，$x_1 = \frac{1}{2}a_1t_1^2 = \frac{1}{2} \times 2 \times 3^2\text{m} = 9\text{m}$，3 ~ 4s时间内位移，$x_2 = v_3t_2 + \frac{1}{2}a_2t_2^2 = 6 \times 1 + \frac{1}{2} \times (-6) \times 1^2\text{m} = 3\text{m}$，4 ~ 6s时间内位移，$x_3 = \frac{1}{2}a_3t_3^2 = \frac{1}{2} \times (-2) \times 2^2\text{m} = -4\text{m}$，0 ~ 6s时间内合位移，$x_{0-6} = x_1 + x_2 + x_3 = 8\text{m}$，即6s时物块没有回到初始位置，B错误；3s时物块的动量为 $p_3 = mv_3 = 1\text{kg} \times 6\text{m/s} = 6\text{kg} \cdot \text{m/s}$，C错误；0 ~ 6s拉力 F 所做的功为 $W_F = W_1 + W_2 + W_3$，0 ~ 3s时间内做功，$W_1 = F_1x_1 = 4\text{N} \cdot 9\text{m} = 36\text{J}$，3 ~ 4s时间内做功，$W_2 = F_2x_2 = (-4)\text{N} \cdot 3\text{m} = -12\text{J}$，4 ~ 6s时间内做功，$W_3 = F_3x_3 = (-4)\text{N} \cdot (-4)\text{m} = 16\text{J}$，0 ~ 6s时间内 F 对物块所做的功为 $W_F = W_1 + W_2 + W_3 = 40\text{J}$，求 F 对物块所做的功，也可以先求其

他力（这里是摩擦力）做的功，再根据动能定理“间接”求F做的功。我们平时各种“途径”都验证了，考场上我们才可能直接找到最“简捷”的方法。

同学们可以自己验证一下[提示 $W_f=(-\mu mg)x_1+(-\mu mg)x_2+(-\mu mg)x_3=(-2\text{N})\times 9\text{ m}+(-2\text{N})\times 3\text{ m}+2\text{N}\times(-4\text{ m})=(-18)\text{J}+(-6)\text{J}+(-8)\text{J}=-32\text{J}$，$0\sim 6\text{s}$ 时间内动能变化量为 $\Delta E_k=\frac{1}{2}mv_6{}^2-0=8\text{J}$，由 $\Delta E_k=W_F+W_f$，$8\text{J}=W_F+(-32)\text{J}$，得 $W_F=40\text{J}$]。

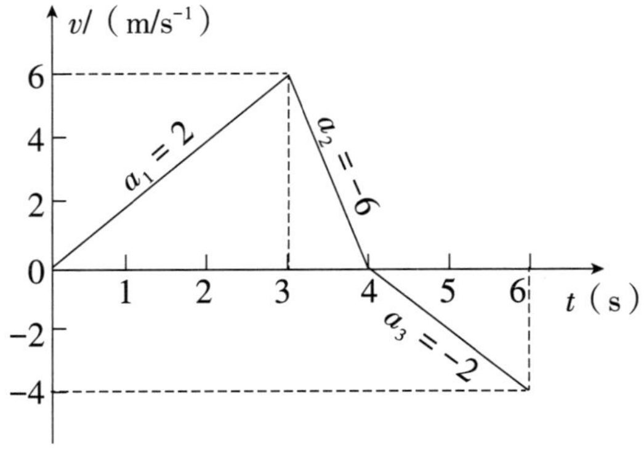

第七单元 静电场

一 电场力的性质

例 34. a、b、c三个点电荷仅在相互之间的静电力的作用下处于静止状态。已知a所带的电荷量为$+Q$，b所带的电荷量为$-q$，且$Q > q$，关于电荷c，下列判断正确的是（　　）

A. c一定带负电

B. c所带的电荷量一定大于q

C. c可能处在a、b之间

D. 如果固定a、b，仍让c处于平衡状态，则c的电性、电荷量、位置都将唯一确定

答案：B

解析：根据电场力方向来确定各自电性，从而得出“两同夹一异”，因此A、C错误。

同时根据库仑定律来确定电场力的大小，并由平衡条件来确定各自电量的大小，因此在大小上一定为“两大夹一小”，且ab两球间的距离大于bc两球间的距离，所以B正确；

“如果固定a、b，仍让c处于平衡状态”，则c的位置将唯一确定，与自身的电性、电荷量无关，只要带电就行。故D错误。

故选B。

悟：三个电荷要都平衡，必须三个电荷在一条直线上；要保证中间电荷受力反向，两侧电荷电性必然相同；同时，要保证两侧电荷的受力反向，中

间与两侧电荷的电性必然相反，即有“两同夹异”；外侧两个电荷相互排斥，与中间电荷相吸引，外侧两个电荷距离大，要平衡中间电荷的吸引力，必须外侧电荷量大于中间电荷量，即有“两大夹小”，且两侧离中间更远的电荷的电荷量更大。所以电荷c必须在b的右侧（排除法：左侧离大电荷更近，力大，排除；在中间，受力同向，亦排除），带正电，电荷量一定大于q。

题目中三个小球均处于平衡状态，故可分别对任意两球进行分析列出平衡方程，即可求得结果。左边电荷能静止，可知中间、右边两处的电荷电性相反，且$q_{右} > q_{中}$；右边电荷能静止，说明左边电荷和中间电荷电性相反，且$q_{左} > q_{中}$；中间电荷能静止，说明左边电荷和右边电荷电性相同，离得远的电荷的电量大。总结三个自由电荷的平衡规律是：

三点共线——三个电荷在同一条直线上；

两大夹一小——中间电荷的电荷量最小；

两同夹一异——两边是同种电荷，中间是异种电荷，近小远大。

我们也可简单说成“电荷平衡两夹攻，小荷异号放当中。”

D选项中，“如果固定a、b，仍让c处于平衡状态”，只需保证c平衡就可。a、b电性相反，c不能在其中间，否则二者对c的力不能反向；c在两侧，且离电荷量小的应近些，只能在小电荷侧，且距离的平方比正比于电荷量，位置是唯一确定的。c只要“站位”正确，就能保证自身平衡，这与自身的电性及电荷量无关，只要带电就行。c的电性及电荷量只会影响其他电荷受力后的状态。在D选项中，已经“固定a、b”，不需要考虑a、b受力情况，对c的电性及电荷量没有了限定。

看来，在多人场中，跟打篮球一样，自己的“站位”很关键。

例 35. 已知均匀带电球体在球的外部产生的电场与一个位于球心的、电荷量相等的点电荷产生的电场相同。如图所示，半径为R的球体上均匀分布着电荷量为Q的电荷，在过球心O的直线上有A、B两个点，O和B、B和A间的距离均为R。现以OB为直径在球内挖一球形空腔，若静电力常量为k，球的体积公式为$V = \frac{4}{3}\pi r^3$，则A点处检验电荷q受到的电场力的大小为（　　）

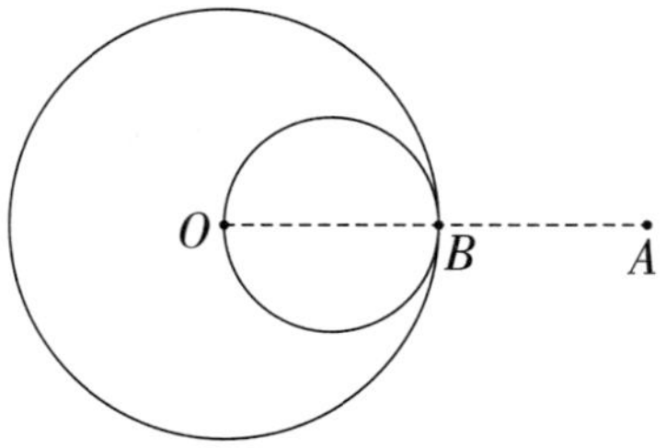

A. $\dfrac{5kqQ}{36R^2}$　　B. $\dfrac{7kqQ}{36R^2}$　　C. $\dfrac{7kqQ}{32R^2}$　　D. $\dfrac{3kqQ}{16R^2}$

答案：B

解析：实心大球对q的库仑力$F_1=\dfrac{kqQ}{4R^2}$，挖出的实心小球的电荷量$Q'=\dfrac{\left(\dfrac{R}{2}\right)^3}{R^3}Q=\dfrac{Q}{8}$，实心小球对$q$的库仑力$F_2=\dfrac{kq\dfrac{Q}{8}}{\left(\dfrac{3}{2}R\right)^2}=\dfrac{kqQ}{18R^2}$，则检验电荷$q$所受的电场力$F=F_1-F_2=\dfrac{7kqQ}{36R^2}$，B正确。

悟：本题用割补法，更确切的是先补再割。“现以OB为直径在球内挖一球形空腔”，在规则球体中挖去一块，剩下的部分不再是“均匀带电球体”，我们可以先补上一块，成为一个“均匀带电球体”，就可根据题中的已知条件“已知均匀带电球体在球的外部产生的电场与一个位于球心的、电荷量相等的点电荷产生的电场相同”来求解其场强为$E_1=\dfrac{kQ}{(2R)^2}$，再减去所补电荷产生的场强$E_2=\dfrac{k\left(\dfrac{Q}{8}\right)}{\left(\dfrac{3}{2}R\right)^2}$，即剩余电荷在$A$点产生的场强为$E_{余}=\dfrac{kQ}{(2R)^2}-\dfrac{k\left(\dfrac{Q}{8}\right)}{\left(\dfrac{3}{2}R\right)^2}=\left(\dfrac{1}{4}-\dfrac{1}{18}\right)\dfrac{kQ}{R^2}=\dfrac{7}{36}\dfrac{kQ}{R^2}$，B正确。本题通过先补再割的方法，把不规则的带电体的电场转变成两个规则的带电体的电场，把不能求解的问题转化为可解的问题。

例 36. 三个相同的金属小球1、2、3分别置于绝缘支架上，各球之间的距离远大于小球的直径。球1的带电量为q，球2的带电量为nq，球3不带电且离球1和球2很远，此时球1、2之间作用力的大小为F。现使球3先与球2接触，再与球1接触，然后将球3移至远处，此时1、2之间作用力的大小仍为F，方向不变。由此可知（　　）。

A. $n=3$　　B. $n=4$　　C. $n=5$　　D. $n=6$

答案： D

解析： 由于各球之间距离远大于小球的直径，小球带电时可视为点电荷。由库仑定律$F=k\frac{Q_1Q_2}{r^2}$知两点电荷间距离不变时，相互间静电力大小与两球所带电荷量的乘积成正比。又由于三个小球相同，则两球接触时平分总电荷量，故有$q\cdot nq=\frac{nq}{2}\cdot\frac{q+\frac{nq}{2}}{2}$，解得$n=6$，D正确。

悟： 问题求解：设1、2距离为L，根据库仑定律$F=k\frac{q_1\cdot q_2}{L^2}$，根据电荷守恒，3与2接触后，它们的带电量均为$+\frac{1}{2}nq$，继续3与1接触后，它们的带电量均为$+\frac{2+n}{4}q$，即$F'=k\frac{\frac{2+n}{4}q\cdot\frac{n}{2}q}{L^2}$，结合两式，可得$n=6$，故D正确。

综上所述，本题正确答案为D。其数据可见下表。

	球1	球2	球3	力
初态	$+q$	$+nq$	0	$F=k\frac{q\cdot nq}{L^2}$
3与2接触后	$+q$	$+\frac{1}{2}nq$	$+\frac{1}{2}nq$	
3与1接触后	$+\frac{2+n}{4}q$	$+\frac{1}{2}nq$	$+\frac{2+n}{4}q$	$F'=k\frac{\frac{2+n}{4}q\cdot\frac{n}{2}q}{L^2}$

由$F=F'$，得$q\cdot nq=\frac{n}{2}q\cdot\frac{2+n}{4}q$，解得$n=6$。

例 37. 如图所示，一均匀带电的球体半径为R，在球内有一点A，与球心距离为$\frac{R}{2}$，球外有一点B，与球心距离为$\frac{3R}{2}$，已知球体外场强与电荷全部集中在球心处的点电荷激发的场强相同，均匀带电球壳内部场强处处为零，则

A、B两点的场强比值为（　　）

A. 3∶1　　B. 1∶1　　C. 9∶8　　D. 9∶1

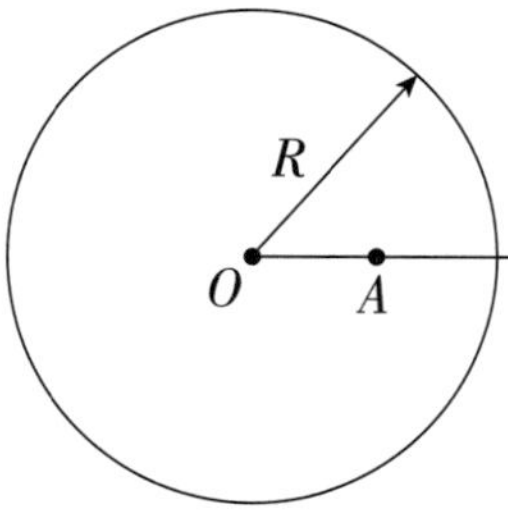

答案：C

解析：B点场强$E_B=\dfrac{kQ}{\left(\dfrac{3}{2}R\right)^2}=\dfrac{4kQ}{9R^2}$；根据“均匀带电球壳内部场强处处为零”，在均匀带电的球体中抠去一个半径为$\dfrac{R}{2}$的球体，根据填补法可知，$E_A=\dfrac{k\dfrac{Q}{8}}{\left(\dfrac{R}{2}\right)^2}=\dfrac{kQ}{2R^2}$，所以$A$、$B$两点的场强比值为9∶8，故C正确。

悟：本题中给了两个新信息，考查我们对新信息“现买现卖”的能力，信息（1）是“球体外场强与电荷全部集中在球心处的点电荷激发的场强相同”，根据这个信息，结合学过的“点电荷”的场强公式$E=\dfrac{kQ}{r^2}$，求解“带电球”在球外空间B点产生的电场。设带电球的整体带电量为Q，即可求$E_B=\dfrac{kQ}{\left(\dfrac{3}{2}R\right)^2}=\dfrac{4kQ}{9R^2}$；信息（2）是“均匀带电球壳内部场强处处为零”，这个规律运用的前提是找到“均匀”的带点球壳。图中A点处在以OA、OB为半径的球壳①内部（如图所示），球壳①这部分壳层内的电荷对A点不产生电场。A点处在以OA为半径的内球②外，信息（2）与（1）结合，可得A点的场强只是等于内球②上电荷集中于球心处产生的电场，再结合学过的“点电荷”场强公式$E=\dfrac{kQ}{r^2}$，求解“带电球”在球内A点产生的电场。设内球②的带电量为

Q'，则 $E_A=\dfrac{kQ'}{\left(\dfrac{R}{2}\right)^2}=\dfrac{4kQ'}{R^2}$，又 $\dfrac{Q'}{Q}=\dfrac{V'}{V}=\dfrac{\dfrac{4}{3}\pi\left(\dfrac{R}{2}\right)^3}{\dfrac{4}{3}\pi R^3}=\dfrac{1}{8}$，则 $\dfrac{E_A}{E_B}=\dfrac{\dfrac{4kQ'}{R^2}}{\dfrac{4kQ}{9R^2}}=\dfrac{9Q'}{Q}=\dfrac{9}{8}$。至于为什么 $\dfrac{Q'}{Q}=\dfrac{V'}{V}$，因为题中是“均匀带电的球体”，就是带的电量与体积成正比（比方说，我们把葡萄干均匀地混合在面里，蒸成均匀带葡萄干的糕，我们吃上一口，吃到嘴里的葡萄干与总的葡萄干的比一定等于咬的一口的体积与总体积的比）。注意这里不是均匀带电“球面”，而是“球体”，很多同学可能这种转化出现问题；另外注意 $V\neq\dfrac{4}{3}\pi\left(\dfrac{3}{2}R\right)^3$，而是 $V=\dfrac{4}{3}\pi R^3$，因为有电荷的只是这个半径为“R”的球。

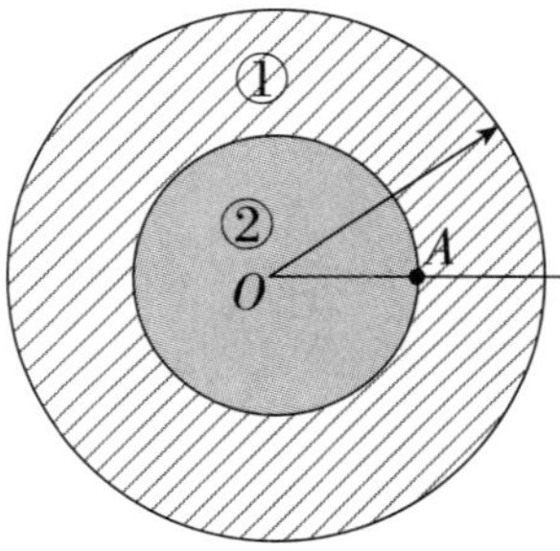

例 38.（改编题）如图所示，一均匀带电的球体半径为 R，在球内有一点 A，与球心距离为 $\dfrac{R}{3}$，球外有一点 B，与球心距离为 $2R$，已知球体外场强与电荷全部集中在球心处的点电荷激发的场强相同，均匀带电球壳内部场强处处为零，则 A、B 两点的场强比值为______。

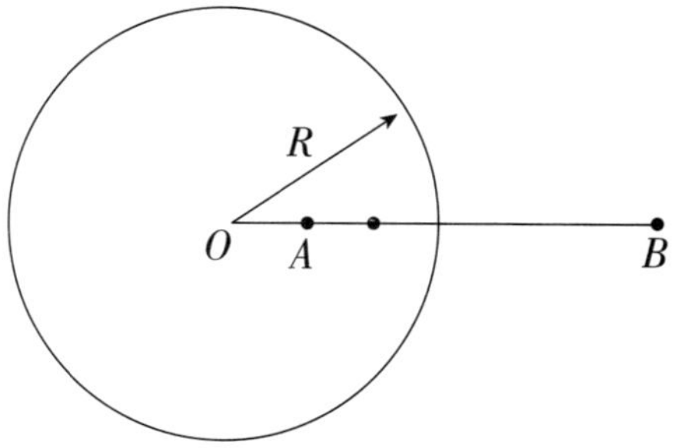

答案：$\dfrac{4}{3}$。

解析： $\dfrac{E_A}{E_B}=\dfrac{\dfrac{kQ'}{\left(\dfrac{R}{3}\right)^2}}{\dfrac{kQ}{(2R)^2}}=\dfrac{\dfrac{9kQ'}{R^2}}{\dfrac{kQ}{4R^2}}=\dfrac{36Q'}{Q}=\dfrac{36V'}{V}=\dfrac{36\times\dfrac{4}{3}\pi\left(\dfrac{R}{3}\right)^3}{\dfrac{4}{3}\pi R^3}=\dfrac{36}{27}=\dfrac{4}{3}$，注意$\dfrac{V'}{V}=\dfrac{\dfrac{4}{3}\pi\left(\dfrac{R}{3}\right)^3}{\dfrac{4}{3}\pi R^3}=\dfrac{1}{27}$，注意分母不是$V=\dfrac{4}{3}\pi(2R)^3$，因为有电荷的只是这个半径为“$R$”的“球”。

例 39.（2021年高考北京卷）如图所示的平面内，有静止的等量异号点电荷，M、N两点关于两电荷连线对称，M、P两点关于两电荷连线的中垂线对称。下列说法正确的是（　　）

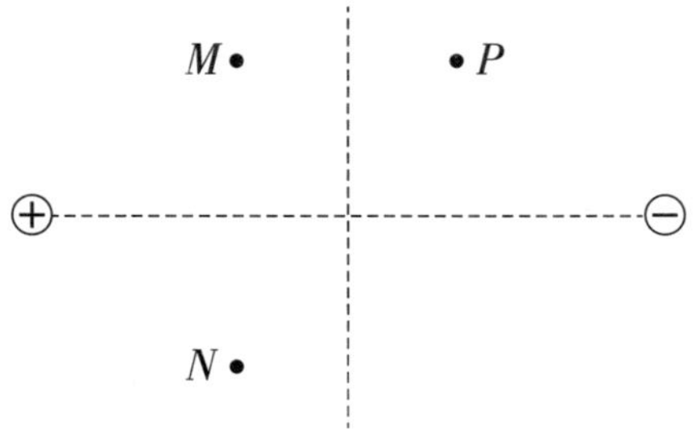

A. M点的场强比P点的场强大

B. M点的电势比N点的电势高

C. N点的场强与P点的场强相同

D. 电子在M点的电势能比在P点的电势能大

答案： C

解析： 根据等量异种点电荷的电场线分布得：

M点的场强与P点的场强大小相等，N点的场强与P点的场强大小相等，方向相同，故A错误，C正确；

根据等量异种点电荷的电势分布特点可知，M点的电势与N点的电势相等，M点的电势高于P点的电势，根据$E_p=\varphi q$可知，电子在M点的电势能比在P点的电势能小，故B、D错误。

故选C。

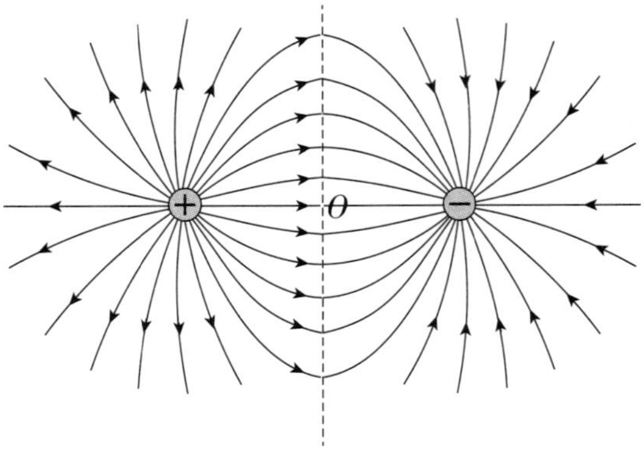

等量同种和异种点电荷的电场强度的比较

比较项目	等量异种点电荷	等量同种点电荷
电场线的分布图	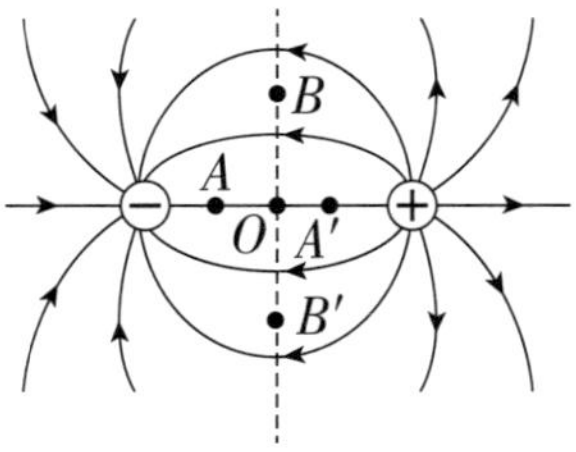	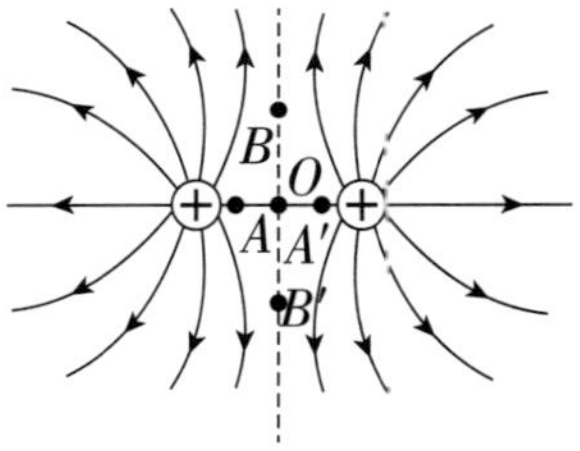
连线中点 O 处的场强	连线上 O 点场强最小，指向负电荷一方	为零
连线上的场强大小（从左到右）	沿连线先变小，再变大	沿连线先变小，再变大
沿连线的中垂线由 O 点向外场强大小	O 点最大，向外逐渐变小	O 点最小，向外先变大后变小
关于 O 点对称的 A 与 A'，B 与 B' 的场强	等大同向	等大反向

悟： 等量异种电荷连线的中点 O 的场强有两个之最，既是连线上场强最小的点（在连线上，中间电场线最稀疏），也是连线的中垂线上场强最大的点（在中垂线上，中间电场线最密集）。

二 平行板电容器的动态分析

1. 两类典型问题

（1）电容器始终与恒压电源相连，电容器两极板间的电势差U保持不变。

（2）电容器充电后与电源断开，电容器两极板所带的电荷量Q保持不变。

做这类题，一定要先看清是哪种类型。简单来说电容的变化看决定式$C=\frac{\varepsilon_r S}{4\pi kd}$，接着就要看是哪种类型了，如果是电容器始终与恒压电源相连的，那电容器两极板间的电势差U就保持不变，根据$Q=CU$推所带电荷量的变化。这好比盛水的容器始终与恒压的水源相连，容器就会充水到与水源的水压相同，或者说水位差相同。如果容器的“容水能力”变大了，比方说水容器的横截面积变大了，需要更多的水量，才能使容器内的水面与水源的水面向平，与地面有相同的水位差，或者叫“水压U”。当然电容器的“容纳电荷的能力”不只跟电容器极板的正对面积S有关，还和板间距d、板间介质的相对介电常数ε_r有关，即$C=\frac{\varepsilon_r S}{4\pi kd}$。

另一种类型，是“电容器充电后与电源断开，电容器两极板所带的电荷量Q保持不变”。断开水路开关，盛水容器中的水量Q保持一定，当水容器的盛水能力C减小时（比方说水桶变细），水位差就会变大，就要大于水源处的水压，如果水路开关导通，就会有水从水容器流向水源，如果水路开关一直断开，水就想流也流不动。

2. 动态分析思路

（1）U不变

①根据$C=\frac{\varepsilon_r S}{4\pi kd}$先分析电容的变化，再$Q=CU$分析$Q$的变化。

②根据$E=\frac{U}{d}$分析场强的变化。

③根据$U_{AB}=E\cdot d$分析某点电势变化。

（2）Q不变

①根据$C=\frac{Q}{U}=\frac{\varepsilon_r S}{4\pi kd}$先分析电容的变化，再分析$U$的变化。

②根据$E=\frac{U}{d}=\frac{4k\pi Q}{\varepsilon_r S}$分析场强变化。

例 40. 一平行板电容器两极板之间充满云母介质，接在恒压直流电源上。若将云母介质移出，则电容器（　　）

A. 极板上的电荷量变大，极板间电场强度变大

B. 极板上的电荷量变小，极板间电场强度变大

C. 极板上的电荷量变大，极板间电场强度不变

D. 极板上的电荷量变小，极板间电场强度不变

答案：D

解析：由$C=\frac{\varepsilon_r S}{4\pi kd}$可知，当将云母介质移出时，$\varepsilon_r$变小，电容器的电容$C$变小，因为电容器接在恒压直流电源上，故$U$不变，根据$Q=CU$可知，当$C$减小时，$Q$减小，再由$E=\frac{U}{d}$，由于$U$与$d$都不变，故电场强度$E$不变，D正确。

悟：做这类题，一定要先看清是哪种类型。“接在恒压直流电源上”，电容器两极板间的电势差U就保持不变；“将云母介质移出”，由电容C的决定式$C=\frac{\varepsilon_r S}{4\pi kd}$，相对介电常数$\varepsilon_r$减小，电容$C$减小，结合$U$不变、$C$减小，由公式$Q=CU$可知，$Q$减小。再由$E=\frac{U}{d}$，由于$U$与$d$都不变，故电场强度$E$不变。电容器的电容$C$是表示电容器容纳电荷本领大小的物理量，由电容器本身的物理条件（大小、形状、相对位置及电解质）决定，与怎样使用无关，即与电容器是否带电及电压无关。水容器的“容水能力”变小，假如水量不变，水容器中的“水位”就高于水源的水位，由于“电容器始终与恒压电源相连”，水容器中的水就会流回水源，以保持相同的水位差，这样水容器中“水量Q”就会减小。

例 41.（多选）如图所示，A、B为两块平行带电金属板，A带负电，B带正电且与大地相接，两板间P点处固定一负电荷，设此时两极板间的电势差为U，P点场强大小为E，电势为φ_P，负电荷的电势能为E_p，现将A、B两板水平错

开一段距离（两板间距不变），下列说法正确的是（　　）

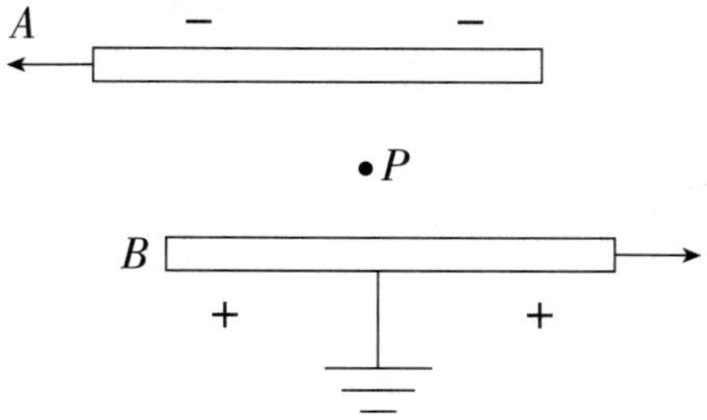

A. U变大，E变大　　B. U变小，φ_P变小

C. φ_P变小，E_p变大　　D. φ_P变大，E_p变小

答案： AC

解析： 根据题意可知两极板间电荷量保持不变，当正对面积减小时，则由$C=\dfrac{\varepsilon_r S}{4\pi kd}$可知电容减小，由$U=\dfrac{Q}{C}$可知极板间电压增大，由$E=\dfrac{U}{d}$可知，电场强度增大，故A正确；设$P$与$B$板之间的距离为$d'$，$P$点的电势为$\varphi_P$，$B$板接地，$\varphi_B=0$，则由题可知$0-\varphi_P=Ed'$是增大的，则$\varphi_P$一定减小，由于负电荷在电势低的地方电势能一定较大，所以可知电势能E_p是增大的，故C正确。

悟： 电容器没有与电源相连，电容器所带的电荷量Q保持不变。这就像断开开关的水路，盛水容器中的水量Q保持一定，“现将A、B两板水平错开一段距离”，正对面积S减小，电容器的电容C减小。好比水容器的盛水能力C减小时（类似于水桶变细），水位差就会变大，就要大于水源处的水压，如果水路开关导通，就会有水从水容器流回水源，如果水路开关一直断开，水就想流也流不动。再由$E=\dfrac{U}{d}$，由于U变大，d不变，故电场强度E变大。或由公式$E=\dfrac{U}{d}=\dfrac{Q}{dC}=\dfrac{Q\cdot 4\pi kd}{d\cdot\varepsilon_r S}=\dfrac{Q\cdot 4\pi k}{\varepsilon_r S}=\dfrac{Q}{S}\cdot\dfrac{4\pi k}{\varepsilon_r}$，$S$减小，单位面积上的电荷量变大，电荷变得更加密集，发生的电场线更密集，故场强E变大。$\varphi_P=-Edp$，d_p为P与B板之间的距离，保持不变，所以φ_P减小（电势是标量，正负表大小，其正（负）表示该点电势比零电势高（低）。电势能也是标量，$E_p=q\varphi$，电势能的正负可带入电荷q的正负与电势φ的正负，数学上判断。即正电荷在电势越高的地方电势能越大（正正得正），负电荷在电势越低的地方电势能越大（负负得正），所以可知电势能E_p是增大的。

三 用“等效法”处理带电粒子在电场和重力场中的运动

1. 等效重力法

将重力与电场力进行合成，如图所示，$F_合 = ma = mg'$，则$F_合$为“等效重力”，$g' = \frac{F_合}{m}$为“等效重力加速度”，$F_合$的方向就是“等效重力”的方向，就是等效重力场中“等效竖直向下”的方向。

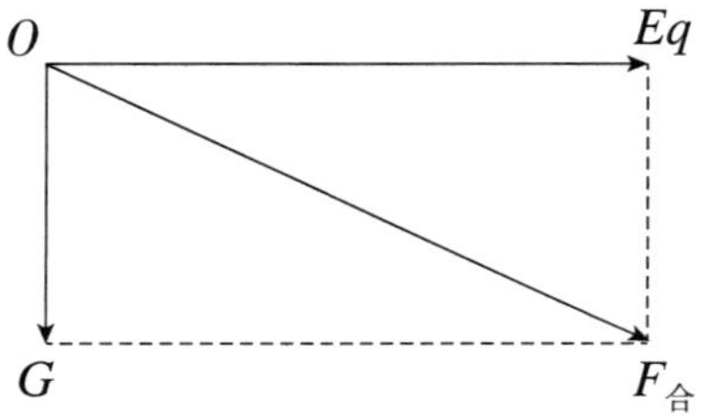

2. 物理最高点与几何最高点

在“等效力场”中做圆周运动的小球，经常遇到小球在竖直平面内做圆周运动的临界速度问题。小球能维持圆周运动的条件是能过最高点，而这里的最高点不一定是几何最高点，而应是物理最高点。几何最高点是圆轨道的最上端，即重力方向的最高点，是符合人眼视觉习惯的最高点。而物理最高点是物体在圆周运动过程中速度最小的点，是合力方向上的最高点，是“等效重力势能”的最高点，是通过最“困难”的点，能通过该点，代表能做完整的圆周运动。

例 42. 如图所示，水平地面上方存在水平向左的匀强电场，一质量为m的带电小球（大小可忽略）用轻质绝缘细线悬挂于O点，小球带电荷量为$+q$，静止时距地面的高度为h，细线与竖直方向的夹角为$\alpha = 37^\circ$，重力加速度为g。($\sin37^\circ = 0.6$，$\cos37^\circ = 0.8$)。求：

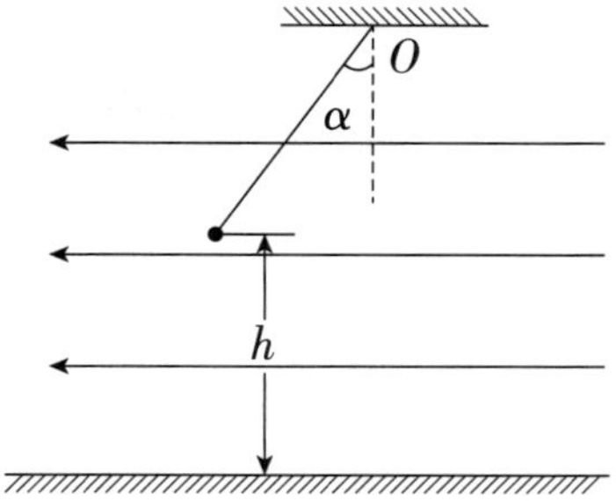

(1) 匀强电场的场强大小E;

(2) 现将细线剪断，小球落地过程中小球水平位移的大小;

(3) 现将细线剪断，带电小球落地前瞬间的动能。

答案:(1) $\frac{3mg}{4q}$ (2) $\frac{3}{4}h$ (3) $\frac{25}{16}mgh$

解析:(1) 小球静止时，对小球受力分析如图所示，

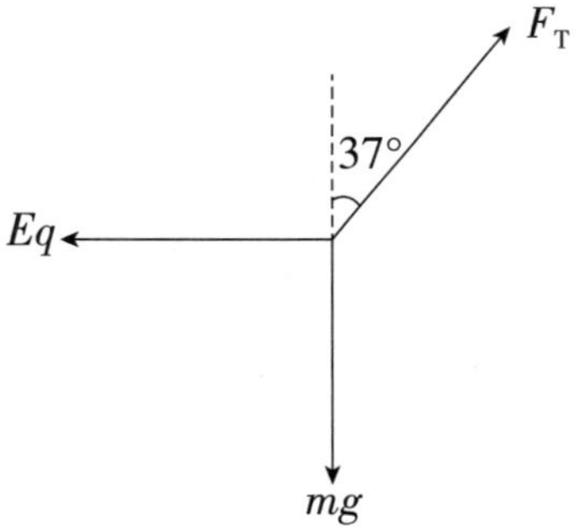

由$F_T\cos37° = mg$，$F_T\sin37° = qE$，解得：$E = \frac{3mg}{4q}$。

(2) 剪断细线，小球在竖直方向做自由落体运动，水平方向做加速度为a的匀加速运动，由$Eq = ma$，$x = \frac{1}{2}at^2$，$h = \frac{1}{2}gt^2$，联立解得$x = \frac{3}{4}h$。

(3) 从剪断细线到落地瞬间，由动能定理得$E_k = mgh + qEx = \frac{25}{16}mgh$。

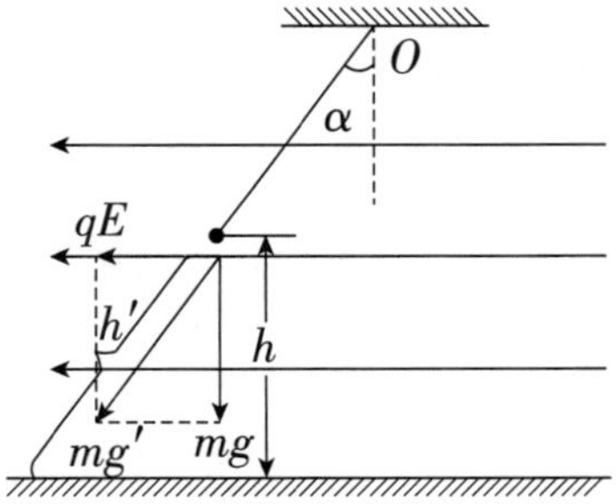

悟： 第（3）问，剪断细线落地瞬间的动能等于重力、电场力做功总和，等效重力是重力和电场力的合力，等效重力等效替代重力和电场力，等效重力做的功等效替代重力和电场力共同做的功，功是标量，等效重力做的功等于重力和电场力做功的代数和。恒力做功等于力与物体在力的方向上发生位移的乘积，重力做功 $W_g = mg \cdot h$，h 是物体在重力 mg 方向上的位移；电场力做功 $W_E = qE \cdot d = \frac{3}{4}mg \cdot \frac{3}{4}h = \frac{9}{16}mgh$，$d$ 是物体在电场力方向上的位移；同理，等效重力做功 $W_{g'} = mg' \cdot h' = \frac{5}{4}mg \cdot \frac{5}{4}h = \frac{25}{16}mgh$，$h'$ 是物体在等效重力方向上移动的位移。$W_{g'} = W_g + W_E$，看来求合外力做的功，可以先对各力矢量合成，再求合力做的功；也可以先求各力做的功，再求各力做功的代数和。我们用等效重力的观点处理某些问题时要简捷的多。

例 43. 如图所示，在沿水平方向的匀强电场中有一固定点 O，用一根长度为 $L = 0.4$ m 的绝缘细线把质量为 $m = 0.20$ kg，带有 $q = 6.0 \times 10^{-4}$ C 正电荷的金属小球悬挂在 O 点，小球静止在 B 点时细线与竖直方向的夹角为 $\theta = 37°$。已知 A、C 两点分别为细线悬挂小球的水平位置和竖直位置。（g 取 10 m/s^2，sin37° = 0.6，cos37° = 0.8）。求：

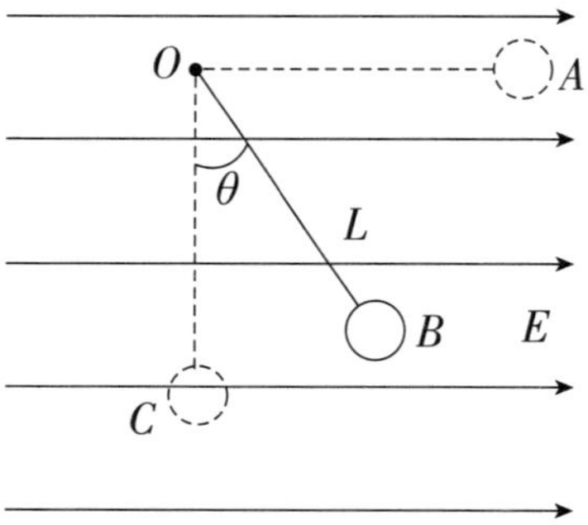

（1）A、B 两点间的电势差 U_{AB}；

（2）将小球拉至位置 A 使细线水平后由静止释放，小球通过最低点 C 时细线对小球的拉力 F 的大小；

（3）如果要使小球能绕 O 点做完整的圆周运动，则小球在 A 点时沿垂直于 OA 方向运动的最小速度 v_0 是多少？

答案：（1）−400 V　（2）3 N　（3）$\sqrt{21}$ m/s

解析：(1) 带电小球在B点静止受力平衡，根据平衡条件得：$qE = mg\tan\theta$，得$E = \frac{mg\tan\theta}{q} = \frac{0.20 \times 10 \times \tan 37^\circ}{6.0 \times 10^{-4}}$ V/m $= 2.5 \times 10^3$ V/m，

由$U = Ed$有$U_{AB} = -EL(1 - \sin\theta) = -2.5 \times 10^3 \times 0.4 \times (1 - \sin 37^\circ)$ V $= -400$ V。

(2) 设小球运动至C点时速度为v_C，则

$mgL - qEL = \frac{1}{2}mv_C^2$， ①

解得$v_C = \sqrt{2}$ m/s，

在C点，小球所受重力和细线的合力提供向心力

$F - mg = m\frac{v_C^2}{L}$，

联立解得$F = 3$ N。

(3) 分析可知小球做完整圆周运动时必须通过B点关于O点的对称点D，设在该点时小球的最小速度为v_D，则

$mg\cos\theta + qE\sin\theta = m\frac{v_D^2}{L}$， ②

$-mgL\cos\theta - qEL(1 + \sin\theta) = \frac{1}{2}mv_D^2 - \frac{1}{2}mv_0^2$， ③

联立解得$v_0 = \sqrt{21}$ m/s。

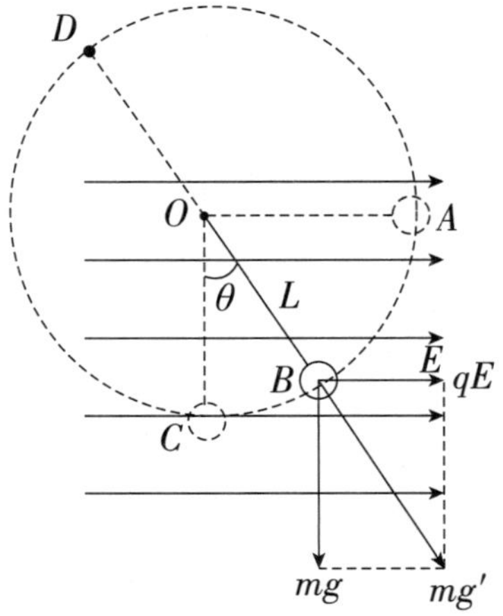

悟：以带电小球为研究对象，带电小球受到重力、细线的拉力和电场力

作用处于平衡状态，根据共点力的平衡条件，可以求解匀强电场的电场强度大小，再根据匀强电场中两点的电势差与电场强度的关系，即可求解A、B两点的电势差。我们把重力mg、电场力qE的合力用等效重力mg'代替，以后我们就只考虑mg'的效果，就不用再考虑其他的两个分力的效果了。除了等效重力、等效最高点，我们还可以想象到等效最低点、等效等势面、等效等高线等概念。

以带电小球由A至C的运动过程为研究过程，根据动能定理，重力与电场力对带电小球做的总功等于小球动能的变化，可以求解带电小球在C点的速度大小，再以在C点的带电小球为研究对象，它在竖直方向上受到重力与细线的拉力作用，二者合力提供带电小球做圆周运动的向心力，根据牛顿第二定律，可以求解细线对小球的拉力大小。小球从A到C的过程，求合力做功$W_{合}$，可先求各力做的功，再求各力做功的代数和，即$W_{合}=mgL-qEL$；也可直接求等效重力做功，即$W_{合}=mg'\cdot h'$，$mg'=\sqrt{(mg)^2+(qE)^2}=\frac{mg}{\cos37^\circ}=\frac{5}{4}mg$，位移$h'$为沿等效重力方向上移动的距离，分别过点$A$、$C$两点做$OB$的垂线，垂足分别为$A'$、$C'$，两垂足间的距离$A'C'$就是$A$、$C$两点在等效重力$mg'$方向上的距离$h'$：$h'=OC'-OA'=L(\cos37^\circ-\sin37^\circ)=\frac{1}{5}L$，列动能定理可得，$mg'\cdot h'=\frac{1}{2}mv_c{}^2$，联立得$\frac{5}{4}mg\cdot\frac{1}{5}L=\frac{1}{2}mv_c{}^2$，得$v_c=\sqrt{2}$ m/s。

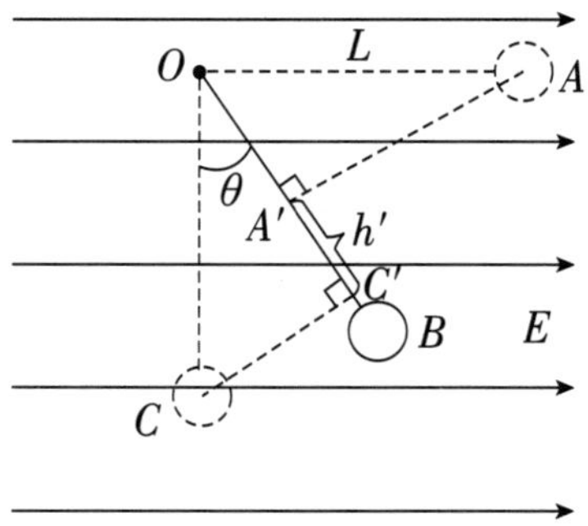

第（3）问，由于细线只能提供拉力，不能提供支持力，所以要使小球做完整的圆周运动，即在B点关于圆心O的对称点D处，小球受到的重力与电场力的合力提供向心力，此时小球有最小的运动速度，在D点列向心力方程有

$mg\cos\theta + qE\sin\theta = m\frac{v^2}{L}$。重力与电场力的合力看做等效重力，加速度记为 g'，能自由静止的 B 点叫作等效最低点，B 点关于圆心 O 的对称点 D，可称为等效最高点。如果要使小球能绕 O 点做完整的圆周运动，就要使小球在等效重力 mg'（$F_{合}$）的作用下通过等效最高点，所谓等效最高点就是沿等效重力方向的最高点。设在 D 点时小球的最小速度为 v_D，则根据牛顿第二定律有 $mg' = m\frac{{v_D}^2}{L}$，得 $v_D = \sqrt{\frac{5}{4}gL}$，对小球从 A 点到 D 点的过程运用动能定理 $-mg' \cdot d' = \frac{1}{2}m{v_D}^2 - \frac{1}{2}m{v_0}^2$，$d'$ 为从 A 点到 D 点沿等效重力 mg' 方向移动的距离，有 $d' = L(1+\sin37^\circ) = \frac{8}{5}L$，联立有 $-\frac{5}{4}mg \cdot \frac{8}{5}L = \frac{1}{2}m \cdot \frac{5}{4}gL - \frac{1}{2}mv_0^2$，解得 $v_0 = \sqrt{21}$ m/s。

两点沿某方向上的距离，就是过两点分别作该方向的垂线，两垂足间的距离就是两点在该方向上的距离；或者先过一点 A 作该方向的平行线，再过另一点 B 作该平行线的垂线，垂足为 B'（图中未画出），则 AB' 就是 A、B 两点在该方向上的距离，也是 A、B 的连线在该方向的投影距离。如 A、D 两点沿重力方向上的距离，$h = L\cos37^\circ$，A、D 两点沿电场力方向上的距离，$d = L(1+\sin37^\circ)$，A、D 两点沿等效重力方向上的距离，$d' = L(1+\sin37^\circ)$。

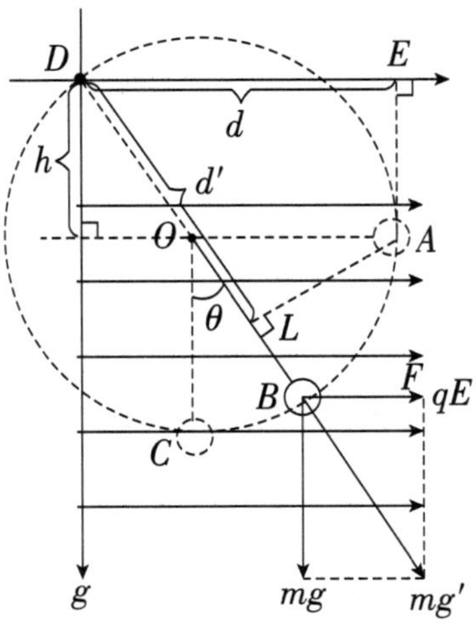

例 44. 如图，一质量为 $m_1 = 1$ kg，带电荷量为 $q = +0.5$ C 的小球以速度 $v_0 = 3$ m/s，沿两正对带电平行金属板（板间电场可看成匀强电场）左侧某位置水

平向右飞入，极板长0.6 m，两极板间距为0.5 m，不计空气阻力，小球飞离极板后恰好由A点沿切线落入竖直光滑圆弧轨道ABC，圆弧轨道ABC的形状为半径$R<3\ \text{m}$的圆截去了左上角127°的圆弧，CB为其竖直直径，在过A点竖直线OO'的右边界空间存在竖直向下的匀强电场，电场强度为$E=10\ \text{V/m}$。（取$g=10\ \text{m/s}^2$）求：

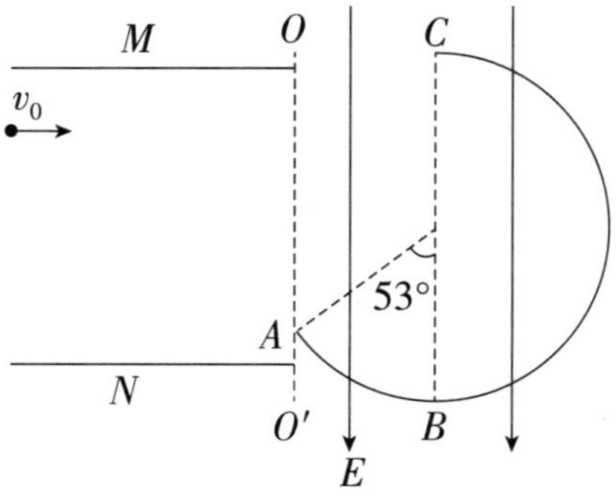

（1）两极板间的电势差大小U；

（2）欲使小球在圆弧轨道运动时不脱离圆弧轨道，求半径R的取值应满足的条件。

答案：（1）10 V　（2）$\frac{25}{18}\ \text{m}\leqslant R<3\ \text{m}$或$R\leqslant\frac{25}{63}\ \text{m}$

解析：（1）在A点，竖直分速度$v_y=v_0\tan 53^\circ=4\ \text{m/s}$，

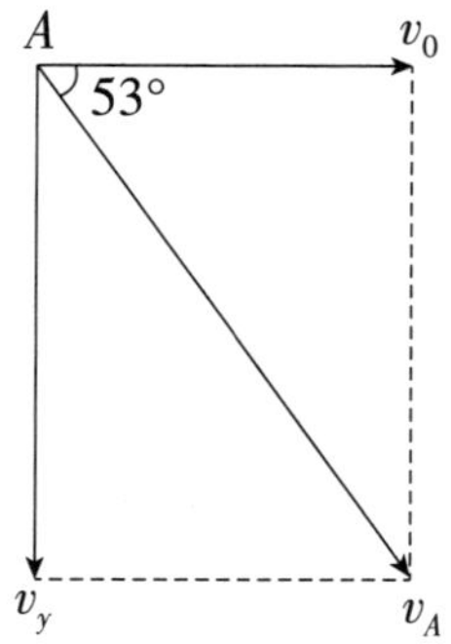

带电粒子在平行板中运动时间$t=\frac{L}{v_0}=0.2\ \text{s}$，

$v_y=at$，得$a=20\ \text{m/s}^2$，

又$mg+E'q=ma$，

$E'=\frac{U}{d}$，得$U=10\text{ V}$。

（2）在A点速度$v_A=\frac{v_0}{\cos53^\circ}=5\text{ m/s}$，

①若小球不超过圆心等高处，则有$\frac{1}{2}mv_A^2\leqslant(mg+qE)R\cos53^\circ$，

得$R\geqslant\frac{25}{18}\text{ m}$，

故$\frac{25}{18}\text{ m}\leqslant R<3\text{ m}$。

②若小球能到达最高点C，则有$\frac{1}{2}mv_A^2=(mg+qE)R\cdot(1+\cos53^\circ)+\frac{1}{2}mv_C^2$，

在C点：$mg+Eq\leqslant m\frac{v_C^2}{R}$，

可得$v_C\geqslant\sqrt{\frac{(mg+qE)R}{m}}$，

联立解得$R\leqslant\frac{25}{63}\text{ m}$。

故圆弧轨道半径R的取值条件为$\frac{25}{18}\text{ m}\leqslant R<3\text{ m}$或$R\leqslant\frac{25}{63}\text{ m}$。

悟：本题可把重力和电场等效成一个力$mg'=mg+qE$。“不脱离轨道”包含两种可能，第一种是能安全通过最高点C，速度足够大；第二种是最高不超过与圆心等高处。根据每种情况的临界条件，列状态方程，求出临界点的速度，再研究从A点到该临界点的过程方程，求半径R满足的条件。

例 45. 如图所示，一内壁光滑的绝缘圆管AB固定在竖直平面内。圆管的圆心为O，D点为圆管的最低点，AB两点在同一水平线上，$AB=2L$，圆环的半径为$r=\sqrt{2}L$（圆管的直径忽略不计），过OD的虚线与过AB的虚线垂直相交于C点。在虚线AB的上方存在水平向右的、范围足够大的匀强电场；虚线AB的下方存在竖直向下的、范围足够大的匀强电场，电场强度大小等于$\frac{mg}{q}$。圆心O正上方的P点有一质量为m、电荷量为$-q$（$q>0$）的绝缘小物体（视q为

质点），PC间距为L。现将该小物体无初速释放，经过一段时间，小物体刚好沿切线无碰撞地进入圆管内，并继续运动。重力加速度用g表示。

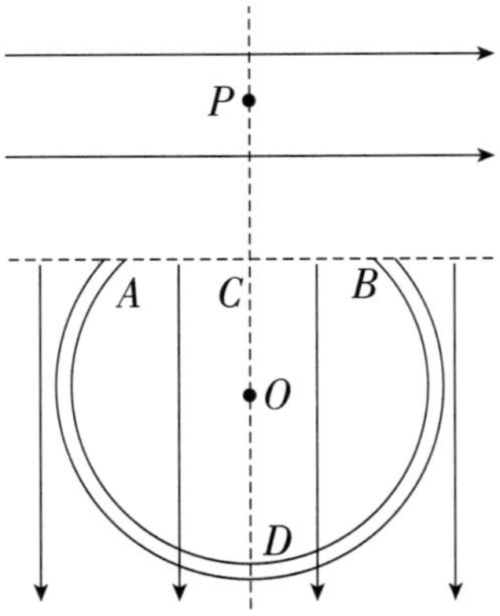

（1）虚线AB上方匀强电场的电场强度为多大？

（2）小物体从管口B离开后，经过一段时间的运动落到虚线AB上的N点（图中未标出N点），则N点距离C点多远？

（3）小物体由P点运动到N点的总时间为多少？

答案：（1）$\dfrac{mg}{q}$　（2）$7L$　（3）$\left(3+\dfrac{3}{4}\pi\right)\sqrt{\dfrac{2L}{g}}$

解法一：（1）小物体无初速释放后在重力、电场力的作用下做匀加速直线运动，小物体刚好沿切线无碰撞地进入圆管内，故小物体刚好沿PA连线运动，重力与电场力的合力沿PA方向，又$PC=AC=L$，故$\tan45°=\dfrac{mg}{qE_1}$，

解得$E_1=\dfrac{mg}{q}$。

（2）对小物体从P到A的运动由动能定理可得$mgL+qE_1L=\dfrac{1}{2}mv_A{}^2$，

解得：$v_A=2\sqrt{gL}$，

虚线AB的下方存在竖直向下的、范围足够大的匀强电场，电场强度大小等于$E_2=\dfrac{mg}{q}$，电荷量为$-q$（$q>0$）的绝缘小物体所受电场力$F_2=qE_2=mg$，方向竖直向上，与重力平衡，故小物体从A到B做匀速圆周运动，$v_B=v_A=$

$2\sqrt{gL}$，小物体从管口B离开后，经过一段时间的运动落到虚线AB上的N点，竖直方向：$t=\dfrac{2v_B\sin 45°}{g}$，解得$t=2\sqrt{\dfrac{2L}{g}}$［竖直方向上做竖直上抛运动，设上抛到最高点的时间为$t_{上}$，则$0=v_B\sin 45°-gt_{上}$，则$t_{上}=\dfrac{v_B\sin 45°}{g}=\dfrac{2\sqrt{gL}\cdot\frac{\sqrt{2}}{2}}{g}=\sqrt{\dfrac{2L}{g}}$，上升和下落的时间相等，$t=2t_{上}=2\sqrt{\dfrac{2L}{g}}$；也可利用回到同一水平面，竖直位移$y=0$来求，$0=v_B\cos 45°t-\dfrac{1}{2}gt^2=t\cdot\left(v_B\dfrac{\sqrt{2}}{2}-\dfrac{1}{2}gt\right)$，解得$t=\dfrac{2\sqrt{gL}\frac{\sqrt{2}}{2}}{\frac{1}{2}g}=2\sqrt{\dfrac{2L}{g}}$，或$t'=0$（舍去），这里求时间$t$，都是利用了竖直方向上的独立性，跟水平方向上的运动无关］

水平方向：$x_{BN}=v_B\cos 45°\cdot t+\dfrac{1}{2}a_x t^2$，其中$a_x=\dfrac{qE}{m}=g$，解得$x_{BN}=8L$，

N点距离C点：$x_{CN}=x_{BN}-L=7L$。

（3）小物体从P点到A点的时间t_1，则$\sqrt{2}L=\dfrac{v_A}{2}\cdot t_1$，解得$t_1=\sqrt{\dfrac{2L}{g}}$，

物体从A到B的时间t_2，则$t_2=\dfrac{3}{4}\cdot\dfrac{2\pi r}{v_A}=\dfrac{3}{4}\cdot\dfrac{2\pi\sqrt{2}L}{2\sqrt{gL}}=\dfrac{3\pi}{4}\sqrt{\dfrac{2L}{g}}$，

小物体由P点运动到N点的总时间$t_{总}=t_1+t_2+t=\left(3+\dfrac{3}{4}\pi\right)\sqrt{\dfrac{2L}{g}}$。

解法二：（2）小物体从管口B离开后，在虚线AB的上方做类平抛运动，等效重力加速度$g'=\dfrac{\sqrt{(mg)^2+(qE)^2}}{m}=\sqrt{2}g$，$v_B=v_A=\sqrt{2\cdot\sqrt{2}g\cdot\sqrt{2}L}=2\sqrt{gL}$，方向沿$B$点切线方向向左上方，恰好与等效重力加速度$g'$垂直，即恰好做类平抛运动（只是坐标系倾斜而已）。

“落到虚线AB上”，位移偏转角为45°。

故 $\tan 45° = \frac{y'}{x'} = \frac{0.5g't^2}{v_B t} = \frac{0.5\sqrt{2}\,gt^2}{2\sqrt{gL}\,t}$，解得 $t = 2\sqrt{\frac{2L}{g}}$，

则等效场中的合位移 $S_{BN} = \sqrt{x'^2 + y'^2} = \sqrt{(v_B t)^2 + \left(\frac{1}{2}\cdot g'\cdot t^2\right)^2} = 8L$，

其中等效水平位移 $x' = v_B \cdot t = 2\sqrt{gL}\cdot 2\sqrt{\frac{2L}{g}} = 4\sqrt{2}\,L$，

等效竖直位移 $y' = \frac{1}{2}\cdot g'\cdot t^2 = \frac{1}{2}\cdot\sqrt{2}\,g\cdot\left(2\sqrt{\frac{2L}{g}}\right)^2 = 4\sqrt{2}\,L$，

N 点距离 C 点：$x_{CN} = S_{BN} - L = 7L$。

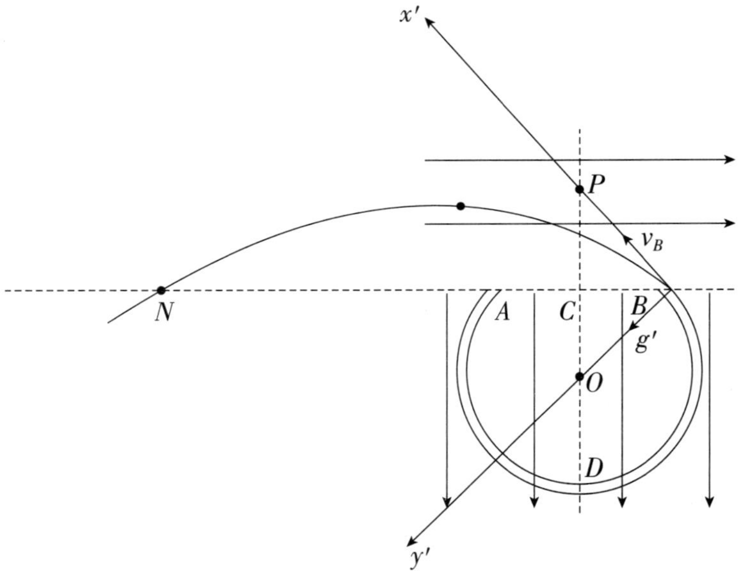

悟：“解法一”主要利用电场、重力场分开求，“解法二”是利用等效场来求。

匀变速的曲线运动的轨迹都是抛物线，加速度的方向就是对称轴的方向。在类平抛运动中，加速度不再是 g，可能是 $a = \frac{qE}{m}$，也可能是 $g' = \sqrt{g^2 + \left(\frac{qE}{m}\right)^2}$，或是……，方向也不一定是竖直向下。只要合力恒定，就是匀变速运动；合力可看成是等效重力 mg'，如果速度 v 与 g' 不共线，就是匀变速

曲线运动。我们把加速度的方向规定为等效y轴的方向，与其垂直的方向定义为等效x轴的方向；如果初速度v_0与g'垂直，就正好是半条抛物线，起点是抛物线的顶点，做类平抛运动。可设初速度v_0的方向为x'轴，加速度g'方向为y'轴，在x'轴方向不受力，做匀速直线运动，在y'轴方向上做初速度为零加速度为g'的匀加速直线运动，合运动为匀变速曲线运动，轨迹为抛物线的一部分。

例 46.（多选）如图，质量为m、带电荷量为$+q$的小金属块A以初速度v_0从光滑绝缘水平高台上飞出。已知在足够高的高台边缘右面空间中存在水平向左的匀强电场，场强大小$E=\dfrac{3mg}{q}$。则（　　）

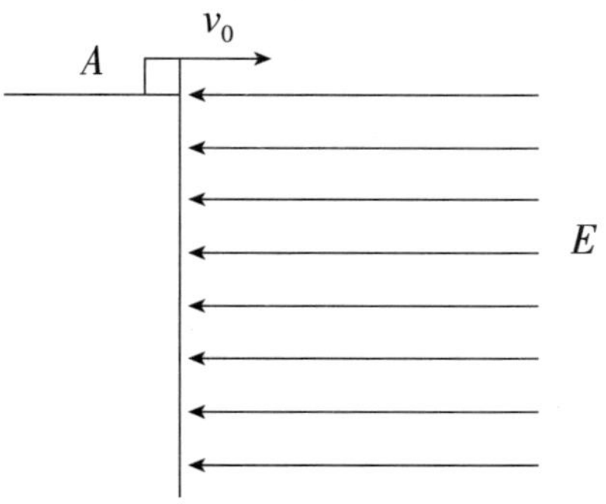

A. 金属块不一定会与高台边缘相碰

B. 金属块一定会与高台边缘相碰，相碰前金属块在做匀变速运动

C. 金属块运动过程中距高台边缘的最大水平距离为$\dfrac{v_0^2}{4g}$

D. 金属块运动过程的最小速度为$\dfrac{\sqrt{10}\,v_0}{10}$

答案： BD

解析： 小金属块水平方向先向右做匀减速直线运动，然后向左做匀加速直线运动，故一定会与高台边缘相碰，故A错误，B正确；小金属块水平方向先向右做匀减速直线运动，加速度大小为$3g$，根据速度位移关系公式，有$x_m=\dfrac{v_0^2}{2\times3g}=\dfrac{v_0^2}{6g}$，故C错误；小金属块水平方向向右做匀减速直线运动，分速度$v_x=v_0-3gt$；竖直方向做自由落体运动，分速度$v_y=gt$；

合速度$v=\sqrt{v_x{}^2+v_y{}^2}=\sqrt{(v_0-3gt)^2+(gt)^2}=\sqrt{10g^2t^2-6gtv_0+v_0{}^2}$，

根据二次函数知识，当$t=\dfrac{3v_0}{10g}$时，有极小值$\dfrac{\sqrt{10}\,v_0}{10}$，故D正确。

悟：本题关键是将小金属块的运动沿着水平方向和竖直方向正交分解，然后根据分运动的位移公式和速度公式列式求解；求“金属块运动过程中距高台边缘的最大水平距离”，运动具有独立性，只分析水平方向的运动，水平向右的初速度v_0，水平向左的加速度$a_{水平}=\dfrac{qE}{m}=3g$，向右的位移存在最大值，也就是离高台边缘的最远距离，有$x_m=\dfrac{v_0{}^2}{2a_{水平}}=\dfrac{v_0{}^2}{2\times 3g}=\dfrac{v_0{}^2}{6g}$，C错误；对于D选项，求“金属块运动过程的最小速度”，合加速度的大小$g'=\sqrt{g^2+(3g)^2}=\sqrt{10}\,g$，设与水平方向夹角为$\theta$，整体看运动，与$g'$共线的速度先减小到0后增大，与$g'$垂直的速度始终不变，金属块做等效“类斜上抛运动”，在等效最高点，速度最小，沿g'方向的速度为0，只有与g'垂直方向的速度，等于$v_\perp=v_0\sin\theta=v_0\dfrac{g}{\sqrt{10}\,g}=\dfrac{v_0}{\sqrt{10}}$，$\theta$为$g'$与$v_0$反向延长线的夹角，D正确。顺便还可验证，速度减小到最小，所需的时间$t=\dfrac{v_0\cos\theta}{g'}=\dfrac{v_0\cdot\dfrac{3}{\sqrt{10}}}{\sqrt{10}\,g}=\dfrac{3}{10}\dfrac{v_0}{g}$。

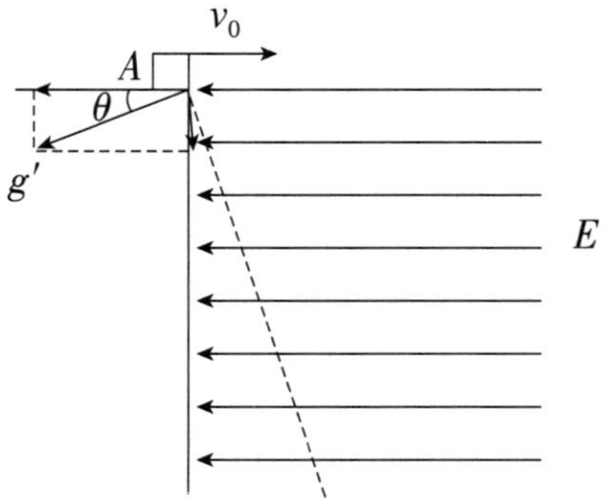

下题与上题类似，同学们可再独立地做一做。

例 47.（多选）质量为m、带电量为$+q$的小金属块A以初速度v_0从光滑水平高台上飞出。已知在高台边缘的右面空间中存在水平向左的匀强电场，场强大小$E=\frac{2mg}{q}$，图如上题。则（　　）

A. 金属块在做平抛运动

B. 经过足够长的时间金属块一定会与高台边缘相碰

C. 金属块运动过程中距高台边缘的最大水平距离为$\frac{{v_0}^2}{4g}$

D. 金属块运动过程的最小速度为$\frac{\sqrt{5}\,v_0}{5}$

答案：BCD

解析：

解法一：电场力$F=qE=q\cdot\frac{2mg}{q}=2mg$，向左，故小金属块水平方向做匀变速直线运动，竖直方向做自由落体运动，合运动不是平抛运动，加速度与初速度方向不垂直，也不是类平抛运动，故A错误；

小金属块水平方向先向右做匀减速直线运动，然后向左做匀加速直线运动，故一定会与高台边缘相碰，所以B正确；

小金属块水平方向先向右做匀减速直线运动，加速度为$-2g$，根据速度位移关系公式，有：$x_m=\frac{{v_0}^2}{2\times 2g}=\frac{{v_0}^2}{4g}$，所以C正确；

小金属块水平方向向右做匀减速直线运动，分速度$v_x=v_0-2gt$；

竖直方向做自由落体运动，分速度$v_y=gt$；

合速度$v=\sqrt{{v_x}^2+{v_y}^2}=\sqrt{(v_0-2gt)^2+(gt)^2}=\sqrt{5g^2t^2-4v_0gt+{v_0}^2}=\sqrt{5(gt-0.4v_0)^2+0.2{v_0}^2}$，根据二次函数知识，当$t=\frac{2v_0}{5g}$时，有极小值$\frac{\sqrt{5}\,v_0}{5}$，所以D正确；故选BCD。

悟：小金属块水平方向，先向右做匀减速直线运动，再向左做匀加速直线运动，竖直方向做自由落体运动;对水平分运动，根据速度位移公式求解距高台边缘的最大水平距离，即水平速度减小到0时的水平位移;求解出水平分速度和竖直分速度，再求合速度，运用二次函数的知识求解最小值。

解法二：电场力水平向左，大小为2 mg，与重力的合力向左下方，加速度$a=\sqrt{5}g$，与水平方向夹角为α，$\tan\alpha=\frac{1}{2}$，垂直加速度方向的速度始终不变，大小恒为$v_0\sin\alpha=\frac{\sqrt{5}v_0}{5}$，因此合速度的最小值为$\frac{\sqrt{5}v_0}{5}$。沿加速度$a$方向的分速度先反向减小，再同向增大，减小到0的时间$t=\frac{v_{0沿a}}{a}=\frac{v_0\cos\theta}{g'}=\frac{v_0\cdot\frac{2}{\sqrt{5}}}{\sqrt{5}g}=\frac{2}{5}\frac{v_0}{g}$。

例 48. 如图，一质量为m、电荷量为q（$q>0$）的液滴，在场强大小为$\frac{\sqrt{3}mg}{q}$、方向水平向右的匀强电场中运动，运动轨迹在竖直平面内。A、B为其运动轨迹上的两点，已知该液滴在A点的速度大小为v_0，方向与电场方向的夹角为60°；它运动到B点时速度方向与电场方向的夹角为30°。求A、B两点间的电势差。

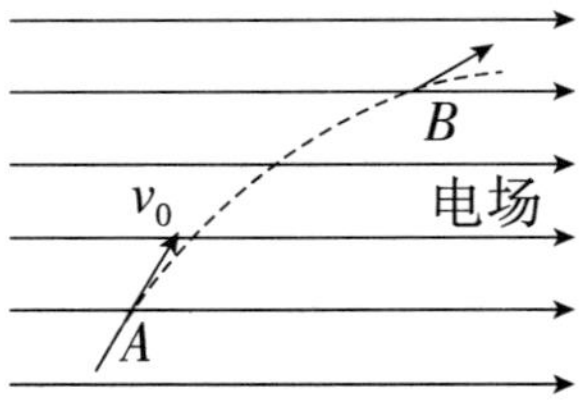

答案：$\frac{3mv_0^2}{8q}$

解析：

解法一：设运动到B点时速度为v，把运动分解

水平方向$v\cos30°=v_0\cos60°+\frac{qE}{m}t$，

竖直方向$v\sin30°=v_0\sin60°-gt$，

联立可得$v=\frac{2\sqrt{3}}{3}v_0$，$t=\frac{\sqrt{3}v_0}{6g}$，

由牛顿第二定律得水平方向加速度$a=\frac{qE}{m}=\sqrt{3}g$，

水平位移$x=v_0\cos60°\cdot t+\frac{1}{2}(\sqrt{3}g)t^2=\frac{\sqrt{3}v_0{}^2}{8g}$

$U_{AB}=E\cdot x=\frac{3mv_0{}^2}{8q}$。

解法二：设电场力与重力的合力方向与电场方向的夹角为θ，

则$\tan\theta=\frac{mg}{qE}=\frac{\sqrt{3}}{3}$，计算得出：$\theta=30°$；

电场力和重力的合力用等效重力mg'表示，$mg'=\sqrt{(mg)^2+\left(q\cdot\frac{\sqrt{3}mg}{q}\right)^2}=2mg$，$g'=2g$，液滴在$A$点的速度$v_0$方向与等效重力$mg'$的方向垂直，做类平抛运动，之后的运动过程中，液滴沿v_0方向的分速度不变，即$v\cos(60°-30°)=v_0$，计算得出：$v=\frac{2v_0}{\sqrt{3}}$；

设A、B两点沿电场方向的距离为x，液滴沿电场方向做匀加速运动，

加速度大小为$a_x=\frac{qE}{m}=\sqrt{3}g$，

根据位移速度关系可得$(v\cos30°)^2-(v_0\cos60°)^2=2ax$，

计算得出$x=\frac{\sqrt{3}v_0^2}{8g}$，

根据电势差与电场强度的关系可得$U_{AB}=Ex$，

计算得出$U_{AB}=\frac{3mv_0{}^2}{8q}$。

答：A、B两点间的电势差为$\frac{3mv_0{}^2}{8q}$。

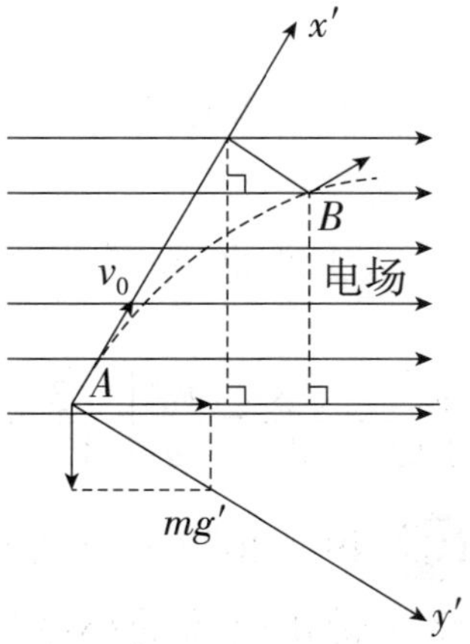

解法三：继续用“等效场”的观点，$mg'=\sqrt{(mg)^2+\left(q\cdot\frac{\sqrt{3}mg}{q}\right)^2}=2mg$，$g'=2g$，液滴在$A$点的速度$v_0$方向与等效重力$mg'$的方向垂直，做类平抛运动，设沿$v_0$方向为$x'$轴，液滴在该方向上做匀速直线运动，设等效重力$mg'$的方向为$y'$轴，液滴在该方

向上做初速度为0的匀加速直线运动，轨迹为抛物线，从A到B速度方向偏转了$60^\circ-30^\circ=30^\circ$，利用速度偏转角公式可求解时间$t$：$\tan30^\circ=\frac{v_{y'}}{v_{x'}}=\frac{g't}{v_0}=\frac{2gt}{v_0}$，解得$t=\frac{\sqrt{3}v_0}{6g}$，

解出时间后可用方法一，求出沿电场方向的位移，进而可解A、B两点间的电势差。

解法四：在解出$v=\frac{2\sqrt{3}}{3}v_0$后，由动能定理得$W_{AB}-W_{克重}=\frac{1}{2}mv^2-\frac{1}{2}m{v_0}^2$，其中克服重力做功$W_{克重}=mgh$，在竖直方向上有$h=\frac{{v_y}^2-{v_{y0}}^2}{-2g}=\frac{(\frac{1}{2}v)^2-(\frac{\sqrt{3}}{2}v_0)^2}{-2g}$，电场力做功$W_{AB}=q\cdot U_{AB}$，联立可得$U_{AB}=\frac{3m{v_0}^2}{8q}$。

悟：在求“时间t”时，解法三用等效场中速度偏转角一个方程就可求解，较简单，知道时间后，求沿电场方向移动的距离，只独立研究该方向上的运动，找到该方向上的初速度和加速度，运用分场的观点要简捷，直接就可以求解。如果仍然沿用等效场的观点，求出等效x'轴、y'轴方向上的位移x'、y'，再求沿电场方向的位移x，也可以求，只是比较烦琐，看来方法要根据问题的性质灵活选取，等效场、分场，交替运用，这省时省力的方法就要求考生对知识有灵敏的“嗅觉”。用等效场的后续求法简列在下面。

沿等效x'轴方向的位移$x'=v_0t=\frac{\sqrt{3}{v_0}^2}{6g}$，

沿等效y'轴方向的位移$y'=\frac{1}{2}g't^2=\frac{1}{2}\cdot2g\cdot\frac{{v_0}^2}{12g^2}=\frac{{v_0}^2}{12g^2}$，

则沿电场强度方向上的位移$x=x'\cdot\sin30^\circ+y'\cdot\cos30^\circ=\frac{\sqrt{3}{v_0}^2}{6g}\cdot\frac{1}{2}+\frac{{v_0}^2}{12g}\cdot\frac{\sqrt{3}}{2}=\frac{{v_0}^2}{g}\left(\frac{\sqrt{3}}{12}+\frac{\sqrt{3}}{24}\right)=\frac{\sqrt{3}}{8}\frac{{v_0}^2}{g}$，则$U_{AB}=E\cdot x=\frac{3m{v_0}^2}{8q}$。

例 49.（2022·全国甲卷）地面上方某区域存在方向水平向右的匀强电场，将一带正电荷的小球自电场中P点水平向左射出。小球所受的重力和电场力的

大小相等，重力势能和电势能的零点均取在P点。则射出后，(　　)

A. 小球的动能最小时，其电势能最大

B. 小球的动能等于初始动能时，其电势能最大

C. 小球速度的水平分量和竖直分量大小相等时，其动能最大

D. 从射出时刻到小球速度的水平分量为零时，重力做的功等于小球电势能的增加量

答案： BD

解析： 如图所示$Eq = mg$

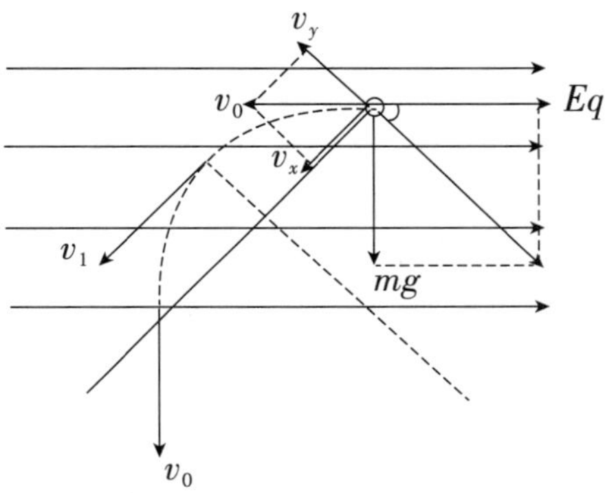

故等效重力G'的方向与水平方向成45°斜向右下方，记为等效y轴方向。

当$v_y = 0$时，到达等效最高点，速度最小为$v_{min} = v_1$，方向与水平方向成45°斜向左下方，记为等效x轴方向。由于此时v_1存在水平向左的分量，小球还能继续向左运动，电场力还可以做负功，故此时电势能不是最大，选项A错误；

水平方向上速度减小到0的时间设为t，有$0 = v_0 - \frac{qE}{m}t$

在竖直方向上$v_y = gt$

由于$qE = mg$，得$v_y = v_0$

如图所示，此时小球的动能等于初动能。由于此时速度没有水平分量，故电势能最大。由动能定理可知

$W_G + W_{Eq} = 0$

则重力做功等于小球电势能的增加量，故BD正确；

C. 当如图中v_1所示时，此时速度水平分量与竖直分量相等，动能最小，故C错误。

故选BD。

悟：用等效重力mg'的观点，理解起来简单、直接、有效。电场力与重力垂直且相等，$mg'=\sqrt{(mg)^2+(qE)^2}=\sqrt{2}mg$，$g'=\sqrt{2}g$，初速度$v_0$与$g'$成135°夹角，是类斜上抛运动。我们把图形顺时针旋转45°，使等效y轴方向竖直向下，等效x轴、等效y轴就“横平竖直”了，符合视觉及思维的习惯。在等效最高点（图中记作O'点）有速度$v_1\perp g'$，是动能的最小点，速度沿等效x轴的方向，与水平方向的夹角为45°，仍然有水平向左的分量，还能继续向左运动，电势能可继续增大，A错误；小球从抛出点O，到等效最高点O'，再到与等效x轴的交点A的轨迹，关于过O'点的y'轴对称，根据对称性，在A点的速度$v_A=v_0$，与等效x轴成45°，竖直向下，速度没有水平分量，A点是电势能的最大点，B正确；在等效最高点O'点，水平速度与竖直速度相等，动能最小，C错误；“从射出时刻到小球速度的水平分量为零时”，就是“小球从抛出点O，经过等效最高点O'后，再到与等效x轴的交点A”，动能先减小后增大到等大，动能不变，合外力做功为零，重力做的正功等于克服电场力做的功，即等于电势能的增加量，D正确。

利用等效重力场考查类平抛运动，破除思维定式，是高中物理的重要内容。我们从匀速直线运动、自由落体运动、平抛运动、类平抛运动，一路走来，知道平抛运动是在水平方向做匀速直线运动，竖直方向做自由落体运动的匀变速曲线运动。为了我们能更好地理解，为什么会这样，避免思维定式，在等效重力场中，这个更广阔的思维平台上，从本质上把握，什么是类平抛运动（初速度与加速度垂直，加速度大小方向一定），在初速度方向上没有加速度，做匀速直线运动，在加速度的方向上没有初速度，做类自由落体运动。这个合外力，可以是重力，也可以是其他恒定的合外力，我们把加速度的方向规定为等效y轴的方向，其垂直的方向定义为等效x轴的方向。

等效观点在运用中的难点在于，既要用等效的观点，看成类平抛运动，还要能回到水平竖直的原场当中，对各个方向独立求解，两种方法灵活切换，等效场与原场可以看做是场的整体与隔离。比如选项A、C，等效场成分多一些，选项B、D，原场多一些，选项A、B、C、D都涉及两种方法的综合。这对于训练思维多么重要呀！当我们能充分地理解了这些，我们的思维水平，考虑问题的层次，肯定已经上了一个大台阶。

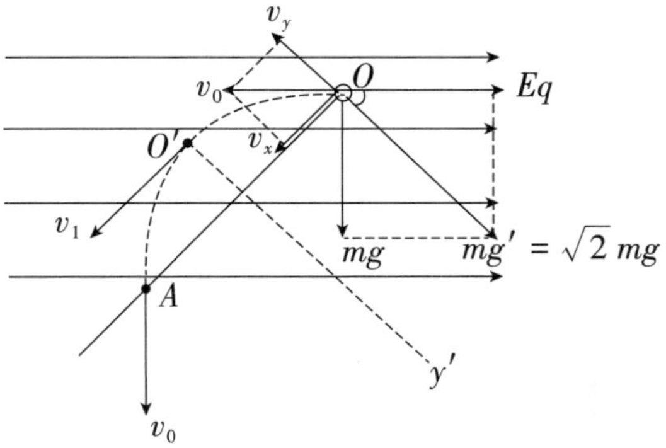

物理最高点与几何最高点是不同的，在“等效力场”中做圆周运动的小球，经常遇到小球在竖直平面内做圆周运动的临界速度问题。小球能维持圆周运动的条件是能过最高点，而这里的最高点不一定是几何最高点，而是物理最高点。几何最高点是圆轨道的最上端，即重力方向的最高点，是符合人眼视觉及思维习惯的最高点。而物理最高点是物体在圆周运动过程中，合力方向上的最高点，是速度最小的点，是“等效重力势能”的最高点，是通过最“困难”的点，能通过该点，代表能做完整的圆周运动。除了等效重力、等效最高点，我们还可以想象到等效最低点、等效等势面、等效等高线等概念。

这些题，不用“等效重力法”也能求解，只是求起来非常繁难，等效观点是规律本质之所在，是育人核心之所在，是命题人目的之所在，我们必须掌握。“等效重力法”可以把复杂的、难以下手的物理问题转化为简单的、熟悉的物理模型。

第八单元 恒定电流

一 电路的动态分析

例 50. 在如图所示电路中，闭合开关S，当滑动变阻器的滑动触头P向下滑动时，三个理想电表的示数都发生了变化，电表的示数分别用I、U_1、U_2表示，下列判断正确的是（　　）

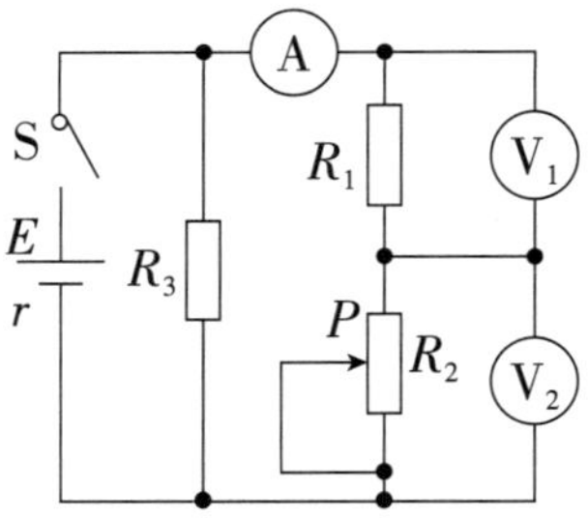

A．I减小，U_1增大　　　　B．I增大，U_2减小

C．I增大，U_1减小　　　　D．I减小，U_2增大

答案：D

解析：闭合开关S，当滑动变阻器的滑动触头P向下滑动时，变阻器接入电路的电阻增大，外电路总电阻增大，干路电流$I_{总}$减小，路端电压U增大，R_3两端的电压等于路端电压，则流过R_3的电流I_3增大。流过电流表的电流$I=I_{总}-I_3$，$I_{总}$减小，I_3增大，则I减小，R_1两端的电压减小，即电压表V_1的示数U_1减小，电压表V_2示数$U_2=U-U_1$，U增大，U_1减小，则U_2增大，故D正确，A、B、C错误。

悟：我们在食堂和同学们一排洗饭盆时，别的同学一开水龙头，我们的水会突然变弱；别的同学一关上他的水龙头，自己的水会突然变强，同在一个系统的各部分之间都存在着相互影响，“城门失火，殃及池鱼”也是这个道理，放到电路中，就是我们的电路动态分析问题。我们在家用热水器洗澡时，是否碰到过“洗着洗着，突然水变烫了”，这很有可能是浴室外有人在用冷水，使流到你这儿的冷水减少的缘故。如果外面有人突然用热水，流到你处的热水就会突然减小，混合出来的水会变凉。有没有办法，外面人用水，流到你处的水温基本不变的方法呢？方法肯定是有的，只要外面的人也按照冷热水一定的比例用水，流到你处的水量减少，但是水温可以基本不变。这个比例跟水管间的连接关系及空间的远近有关，而电路中主要跟它们的“物理远近”有关。

电路的动态分析，严谨的推理只有一条途径，当某个外电阻阻值发生变化→干路电流变化→内电压变化→路端电压变化→各用电器电流、电压、功率变化。首先从局部电阻的变化反馈到中央，再从中央下达到各处电流、电压的变化。某一部分的变化，根据自身结构的变化，结合欧姆定律进行判断，自身条件不足以解决的，只能寻求“邻居”根据串并联电路的特点求解。

在电源内阻不可忽略的条件下，可用“串反并同”的规律判断：电路中与变化电阻串联的用电器，其电流、电压、功率（或电流表、电压表示数，灯泡发光的亮度等）的变化均与电阻变化规律相反；而与变化电阻并联的用电器，其电流、电压、功率等的变化均与电阻变化规律相同。注意它的适用条件是，电源有内阻，假如电源内阻为0，与电源直接并联的各支路的电压、电流就互不影响了。题中电阻R_2阻值变大，由于“串联正比分压”，电阻R_2“分压”能力变大，与之串联的电阻R_1分得的电压就要减小，与之并联的电阻R_3分得的电压就要增大。

二 通过电表的改装看高中物理中悟性的培养

电表的改装是高中物理中的一个重要考点，我们实验室用的电流表和电压表都是用小量程电流表，即电流计改装而成的。电流计的满偏电流和满偏电压都很小。要想改装成能测大电流的电流表，就需要分走多余的电流；分流只能靠并联，并联才能分流；并联反比分流，要分掉大部分电流，就要并联一个小电阻；要分走$(n-1)$倍的电流就要并联$\frac{R_g}{n-1}$的小电阻；总电阻减小到$\frac{R_g}{n}$。要想改装成能测大电压的电压表，就要分走多余的电压；分压只能靠串联，串联才能分压；串联正比分压，要分掉大部分电压，就要串联一个大电阻；要分走$(n-1)$倍的电压，就要串联$(n-1)R_g$的大电阻；总电阻增大到nR_g。我们看下面这道经典例题。

例 51. 如图所示，四个相同的电流计分别改装成两个安培表和两个伏特表。安培表A_1的量程大于A_2的量程，伏特表V_1的量程大于V_2的量程，把它们按图接入电路，则安培表A_1的读数______安培表A_2的读数；安培表A_1的偏转角______安培表A_2的偏转角；伏特表V_1的读数______伏特表V_2的读数；伏特表V_1的偏转角______伏特表V_2的偏转角。（均填“大于”“小于”或“等于”）。

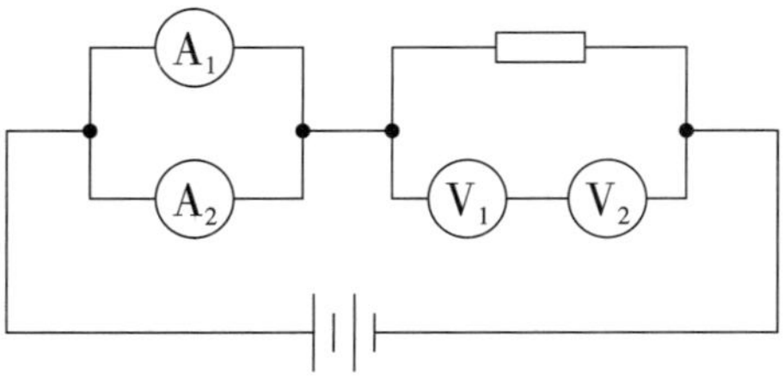

答案： 大于　等于　大于　等于

解析： 安培表由表头和分流电阻并联而成，两安培表A_1和A_2再并联，四个器件并联，两表头是并联关系，表头两端的电压相同，流过的电流相同，故指针偏角相同，但因A_1的量程大，相同的指针偏角在大量程下读数大，故A_1的读数大于A_2的读数。伏特表由表头和分压电阻串联而成，两伏特表V_1和V_2再串联，四个器件串联，两表头是串联关系，流过两表头的电流相同，故指针偏角相同，但因V_1的量程大，相同的指针偏角在大量程下读数大，故V_1的读数大于V_2的读数。如果一时不好看懂，请看下面的具体分析。

1. 电流表及其参数

（1）常用的电流表和电压表都是由一个共同的部件改装而成的，它叫作表头。就是通常所说的小量程电流表，也叫灵敏电流计，其符号为Ⓖ，由于其量程太小，一般情况下不能直接测量电流，而是用于检测有无电流和电流的方向，或作为改装量程较大的电流表和电压表的表头使用。

磁电式电流表

1. 最基本的是磁铁和线圈。
2. 铁芯、线圈和指针整体可以绕轴转动。

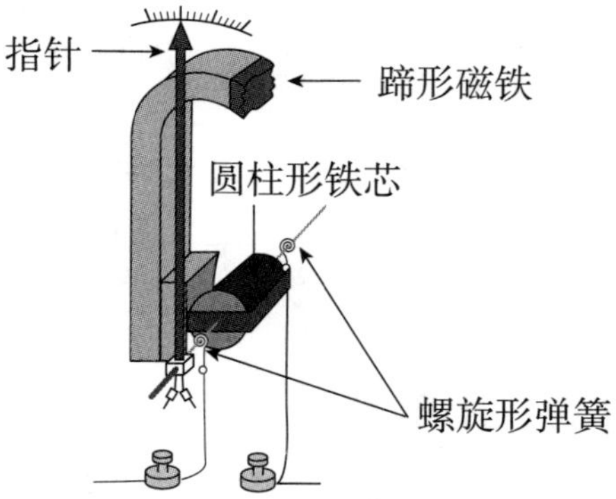

（2）主要参数：电流表的内阻 R_g；指针偏转到最大刻度时的电流叫作满偏电流 I_g，又叫作电流表的量程；指针偏转到最大刻度时，电流表两端的电压叫作满偏电压 U_g。由欧姆定律可得 $U_g = I_g R_g$。

思考：此电流表能否作为电压表来测量电压呢？若可以，请你试着来标记电压表的刻度盘。（已知内阻 $R_g = 100\ \Omega$）

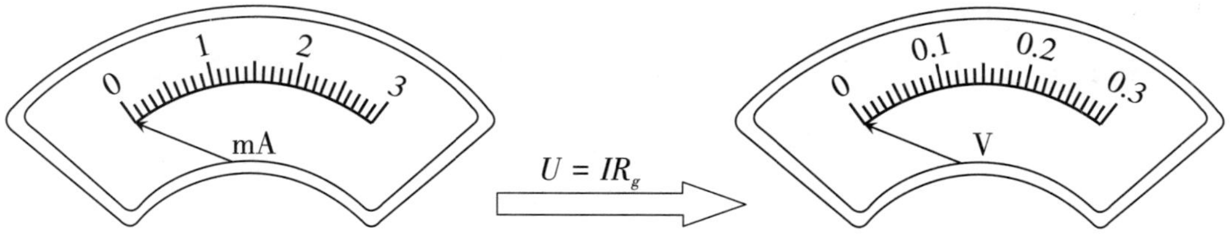

思考：用灵敏电流表来测电流或电压有什么局限性吗？该如何改进呢？

由于满偏电流和满偏电压都很小，不能测量较大的电流或电压。要想测量大电流或大电压就必须扩大量程。那么如何来扩大电表的量程呢？

2. 电压表的改装

（1）电压表的改装原理

将电流表的示数根据欧姆定律 $U_g = I_g R_g$ 转化为电压值，可以直接测量电压，由于量程太小，无法直接测量较大的电压，如果给小量程的电流表串联一个分压电阻，就可以测量较大的电压，因此电流表串联一个分压电阻后就成为电压表。

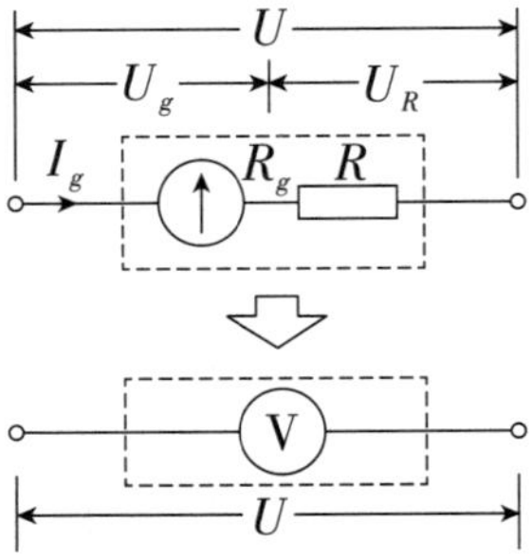

（2）分压电阻的计算

根据串联电路的分压原理有：$\dfrac{U_g}{R_g}=\dfrac{U-U_g}{R_{分压}}$

解得分压电阻：$R_{分压}=\left(\dfrac{U}{U_g}-1\right)R_g$

若n表示量程的放大倍数（即$n=\dfrac{U}{Ug}$），则$R_{分压}=(n-1)R_g$。

问题：一电流表G，内阻$R_g=100\ \Omega$，满偏电流$I_g=3\ \text{mA}$，如何把它改装成量程为3 V的电压表呢？

分析：直接把3 V电压加在表头两端显然是不行的，会烧毁电表。表头只能承担一小部分电压，多余的电压必须分配给其他元件来承担，所以可以连接一个电阻帮忙。电阻应当如何与表头连接呢？这里是需要分走多余的电压，什么样的电路具有分压作用呢？分压只能靠串联，试着画出如图所示的电路图。

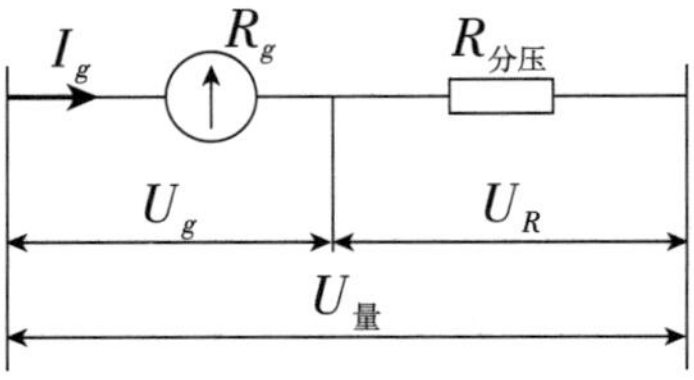

思考1：电压表的量程为3 V，怎么理解呢？

在电压表的两端加3 V电压时，指针恰好偏向最大刻度，也就是说流过表头的电流达到了满偏电流I_g。

思考2：你能求出分压电阻的阻值吗？

提示：以指针满偏的状态进行计算。$R_{分压}=\dfrac{U_量-U_g}{I_g}=\dfrac{U_量-I_gR_g}{I_g}=\dfrac{3-0.3}{3\times10^{-3}}\ \Omega=900\ \Omega$。

思考3：如果把扩大后的量程与满偏电压的比值叫作扩大倍数，即 $n = \frac{U_{量}}{U_g}$，则分压电阻可以怎么表示？

$R_{分压} = \frac{U_{量} - U_g}{I_g}$ 其中，$U_g = I_g R_g$，则

$R_{分压} = \frac{U_{量} - U_g}{U_g} R_g = (\frac{U_{量}}{U_g} - 1)R_g = (n - 1) R_g$，

本例中：$n = \frac{U_{量}}{U_g} = \frac{3}{0.3} = 10$。

$\therefore R_{分压} = (n - 1) R_g = 9 \times 100 = 900\,\Omega$，此方法便于口算。

思考4：把表头和串联的分压电阻封装起来，加上刻度盘就成了崭新的电压表了。这个崭新电压表的内阻是多少呢？

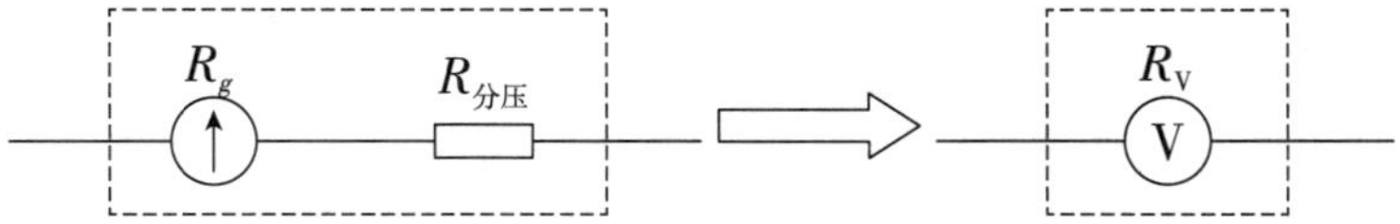

思考5：这个崭新电压表的刻度盘是均匀的吗？请你试着标记出它的刻度盘。

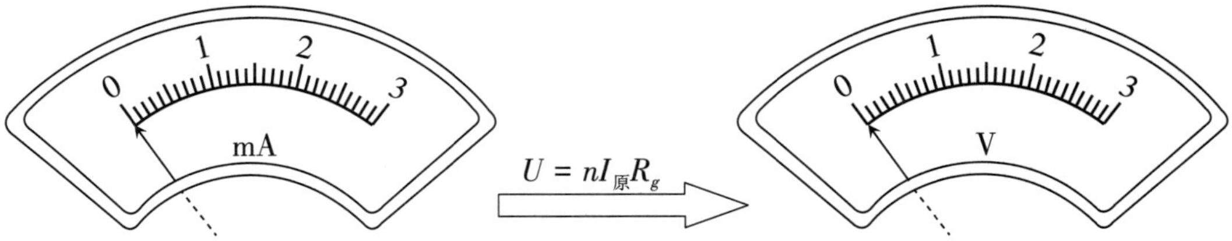

小结：

若要将内阻为 R_g 表头 G 改装成一个量程为满偏电压 U_g 的 n 倍的电压表 V，需要串联的分压电阻的阻值为 $R_{分压} = (n - 1) R_g$，改装后的电压表内阻为 $R_v = R_g + R_{分压} = R_g + (n - 1) R_g = nR_g$。

思考：将同一个表头改装成不同量程的电压表时，量程越大，则串联的分压电阻是越大还是越小？（答案：越大）

3. 电流表改装

（1）电流表的改装原理

小量程的电流表测量范围较小，直接串联在电路中有可能烧坏电流表，

因此需要并联一个分流电阻，就可以测量较大的电流，即扩大了电流表的量程。

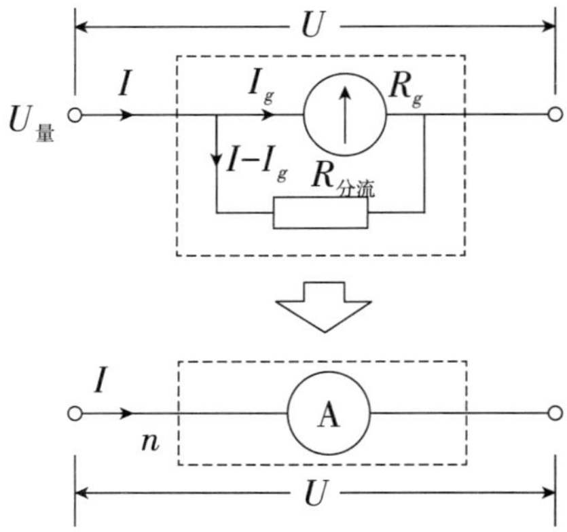

（2）分流电阻的计算

根据并联分流的原理有：$\dfrac{I_g}{I-I_g}=\dfrac{R_{分流}}{R_g}$，

解得应并联的分流电阻：$R_{分流}=\dfrac{I_g}{I-I_g}R_g$，

若用n表示量程的扩大倍数（即$n=\dfrac{I}{I_g}$），

则$R_{分流}=\dfrac{R_g}{n-1}$。

改装成的电流表的内阻为$R_A=\dfrac{R_g\cdot R_{分流}}{R_g+R_{分流}}=\dfrac{R_g\cdot\dfrac{R_g}{n-1}}{\dfrac{R_g}{n-1}+R_g}=\dfrac{R_g}{n}$。

问题：一电流表G，内阻$R_g=100\ \Omega$，满偏电流$I_g=3\ \text{mA}$，如何把它改装成量程为0.6 A的电流表呢？

分析：直接让0.6 A电流通过表头显然是不行的，会烧毁电流表。表头只能承担一小部分电流，多余的电流必须分配给其他电阻来承担，所以可以连接一个电阻帮忙。电阻应当如何与表头连接呢？这里是需要分走多余的电流，什么样的电路具有分流作用呢？分流只能靠并联，试

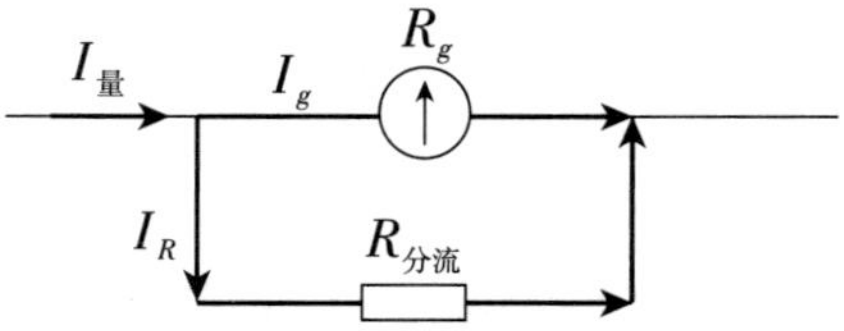

着画出如图所示的电路图。

思考1：电流表的量程为0.6 A，怎么理解呢？

当给电流表通过0.6 A的电流时，指针恰好偏向最大刻度，也就是说流过表头的电流达到了满偏电流I_g。

思考2：你能求出分流电阻的阻值吗？

$$R_{分流}=\frac{I_gR_g}{I_{量}-I_g}=\frac{3\times10^{-3}\times100}{0.6-3\times10^{-3}}\ \Omega=\frac{100}{199}\ \Omega\approx0.503\ \Omega。$$

思考3：如果把扩大后的量程与满偏电流的比值叫作扩大倍数，即$n=\frac{I_{量}}{I_g}$，则分流电阻可以怎么表示？

$$R_{分流}=\frac{I_gR_g}{I_{量}-I_g}=\frac{R_g}{\frac{I_{量}}{I_g}-1}=\frac{R_g}{n-1}。$$

本例中：

$$n=\frac{I_{量}}{I_g}=\frac{0.6}{3\times10^{-3}}=200,$$

$$\therefore\ R_{分流}=\frac{R_g}{n-1}=\frac{100}{199}\ \Omega。$$

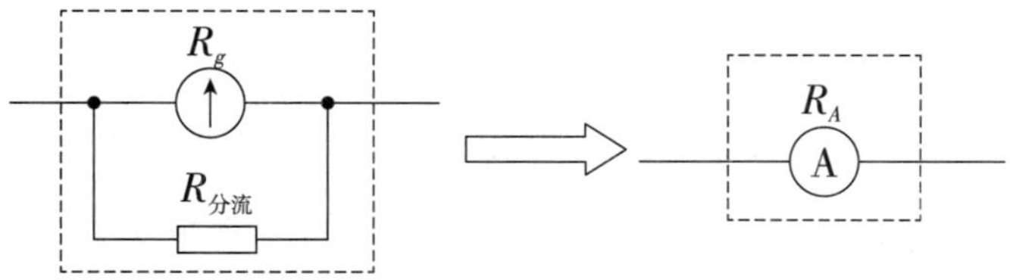

思考4：把表头和并联的分流电阻封装起来，加上刻度盘就成了崭新的电流表了。这个崭新电流表的内阻是多少呢？

思考5：这个崭新电流表的刻度盘是均匀的吗？请你试着标记出它的刻度盘。

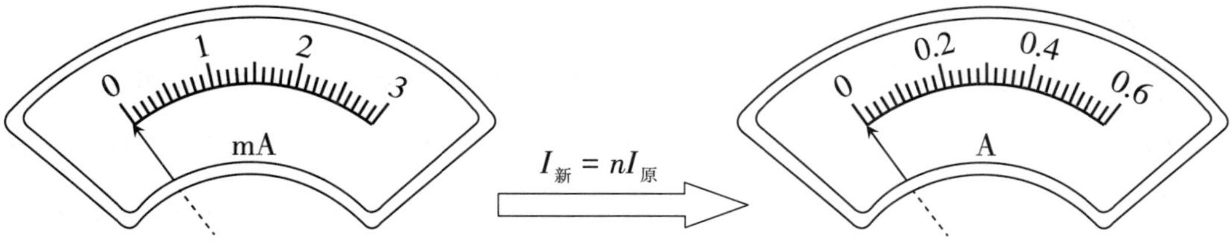

小结：

若要将电流表G改装成一个量程为满偏电流I_g的n倍的电流表A，需要并联的分流电阻的阻值为：$R_{分流}=\frac{R_g}{n-1}$，改装后电流表的内阻为：$R_A=\frac{R_g}{n}$。

思考：将同一个表头改装成不同量程的电流表时，量程越大，则并联的分流电阻是越大还是越小？（答案：越小）

练习：如图所示是有两个量程的电压表，当使用a、b两个端点时，量程为0 ~ 10 V，当使用a、c两个端点时，量程为0 ~ 100 V。已知电流表的内阻R_g为500 Ω，满偏电流I_g为1 mA，求电阻R_1、R_2的值。（答案：$R_1=9.5\times10^3\ \Omega$，$R_2=9.0\times10^4\ \Omega$）

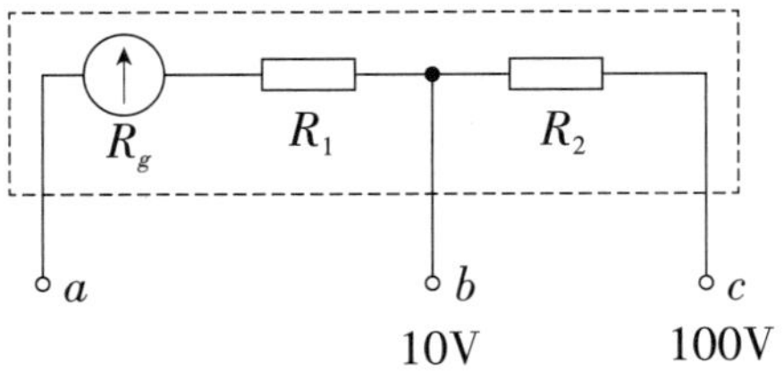

我们再回到最初的那道经典例题：

例 51. 如图所示，四个相同的电流计分别改装成两个安培表和两个伏特表。安培表A_1的量程大于A_2的量程，伏特表V_1的量程大于V_2的量程，把它们按图接入电路，则安培表A_1的读数______安培表A_2的读数；安培表A_1的偏转角______安培表A_2的偏转角；伏特表V_1的读数______伏特表V_2的读数；伏特表V_1的偏转角______伏特表V_2的偏转角。（均填“大于”“小于”或“等于”）。

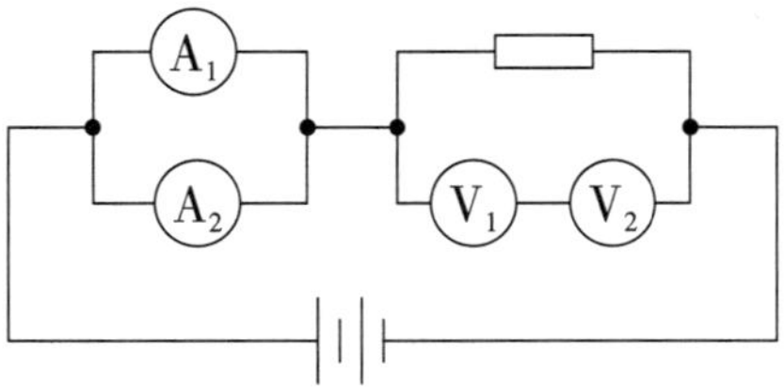

答案：大于　等于　大于　等于

解析：安培表由表头和分流电阻并联而成，两安培表A_1和A_2再并联，内部是四个器件并联，两表头是并联关系，流过的电流相同，故指针偏角相同，安培表A_1的量程大于A_2的量程，安培表A_1的分流电阻小于A_2的分流电阻，并联时电阻越小流过的电流越大，所以整个安培表A_1中的电流大于整个安培表A_2中的电流，故A_1的读数大于A_2的读数。或根据并联电路的电流分配关系，安培表A_1的内阻小，所以读数大。分配在A_1和A_2中的电流，即A_1和A_2读数之比等于两只电流表内阻的反比。

伏特表由表头和分压电阻串联而成，两伏特表V_1和V_2再串联，内部是四个器件串联，流过两表头的电流相同，故指针偏角相同，伏特表V_1的量程大于V_2的量程，伏特表V_1的分压电阻大于V_2的分压电阻，串联时电阻越大分得的电压越大，所以整个伏特表V_1的电压大于整个伏特表V_2的电压，故V_1的读数大于V_2的读数。或根据串联电路的电压分配关系，伏特表V_1的内阻大，所以读数大。分配在V_1和V_2两端电压，即V_1和V_2读数之比等于两只电压表的内阻之比。

我们改编一下，看你是否掌握到真谛：

例 52. 四个相同的电流计分别改装成两个安培表和两个伏特表。安培表A_1的量程大于A_2的量程，伏特表V_1的量程大于V_2的量程，把安培表A_1、A_2串联，伏特表V_1、V_2都与定值电阻并联，则安培表A_1的读数______安培表A_2的读数；安培表A_1的偏转角______安培表A_2的偏转角；伏特表V_1的读数______伏特表V_2的读数；伏特表V_1的偏转角______伏特表V_2的偏转角。（均填“大于”“小于”或“等于”）。

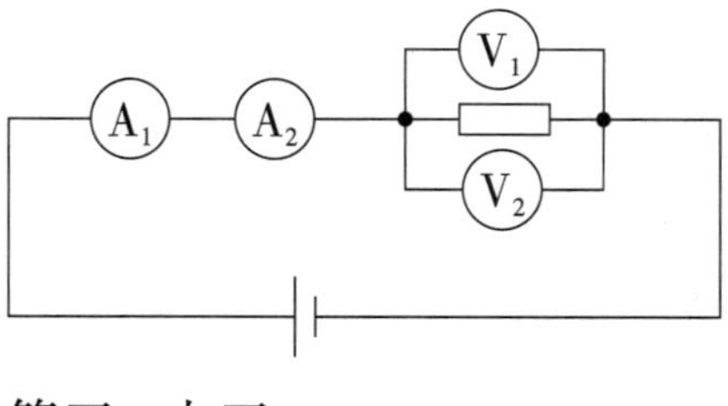

答案：等于 小于 等于 小于

解析：安培表A_1、A_2串联，则读数相同，量程大的指针偏角小；伏特表V_1、V_2并联，则读数相同，量程大的指针偏角小。更进一步分析，安培表A_1的量程大于A_2的量程，A_1的分流电阻小于A_2的分流电阻，电阻越小分流能力越强，改装后整体电流表流过的电流相同，A_1中的分流电阻分走的电流多，给表头剩下的电流小，故指针偏转角度小。伏特表V_1的量程大于V_2的量程，伏特表V_1的分压电阻大于V_2的分压电阻，电阻越大分压能力越强，改装后整体伏特表两端的电压相同，V_1中的分压电阻分走的电压多，给表头剩下的电压小，故指针偏转角度小。

总结可得出，两电流表并联，电压表串联，指针偏转角度相同，量程大的表读数大；两电流表串联，电压表并联，表的读数相同，量程大的表指针偏转角度小，量程小的表指针偏转角度大。

我们还可这样感悟：“读数是实际电流或电压，偏角是通过表头的电流。”

二 以测电阻为核心的实验

1. 电学仪器和电路的选择原则——安全、准确、方便

（1）电源的选择：一般可以根据待测元件的额定电流或额定电压选择符合需要的电源。

（2）电表的选择：一般根据电源电动势或待测元件的额定电压选择电压表，再估算待测电流的最大值选择电流表。注意测量时要使电表的指针偏转角度较大。

	电流表内接法	电流表外接法
电路	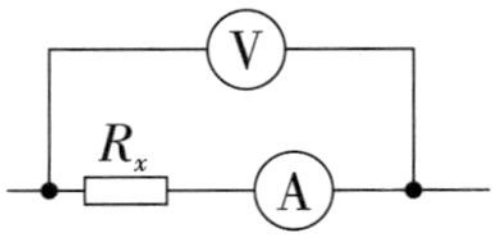	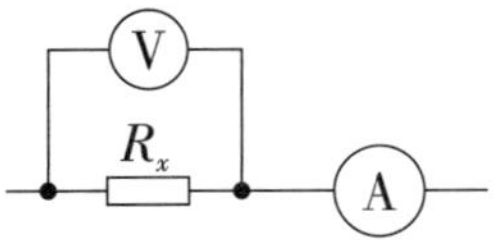
误差来源	电流表的分压	电压表的分流
测量结果	$R_{测} = R_x + R_A$，偏大	$R_{测} = \frac{R_x R_V}{R_x + R_V}$，偏小
适用条件	$R_x \gg R_A$（测大电阻）或R_A已知	$R_V \gg R_x$（测小电阻）或R_V已知
“三用电表”	如果知道电表的内阻，电流表、电压表就既可以测电流，也可以测电压，还要以作为定值电阻来用，即“一表三用”	

（3）变阻器的选择：在安全条件下，分压电路选最大阻值较小、额定电流较大的，限流电路选最大值与待测电阻差不多的。

<table>
<tr><th></th><th>分压电路</th><th>限流电路</th></tr>
<tr><td>电路</td><td>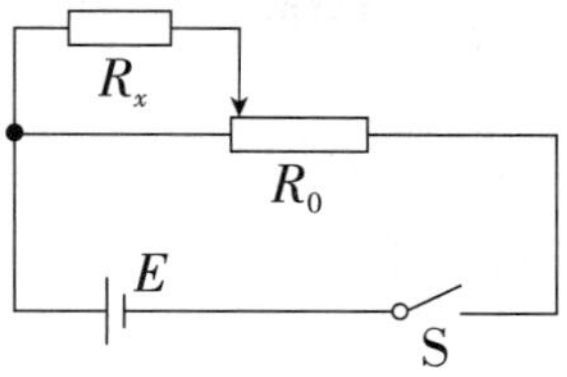</td><td>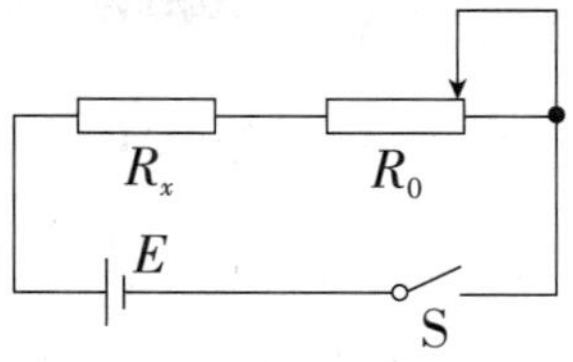</td></tr>
<tr><td>电压调节范围</td><td>$0 \leqslant U \leqslant E$</td><td>$\frac{R_x}{R_x+R_0}E \leqslant U \leqslant E$</td></tr>
<tr><td colspan="3">①要求待测电压或电流从0开始变化时，必须选择分压电路；
②若采用限流式接法不能控制电流（或电压）满足实验要求，即若滑动变阻器阻值调到最大时，待测电阻上的电流（或电压）仍超过电流表（或电压表）的量程，或超过待测电阻的额定电流（或电压），则必须选用分压式接法；
③若待测电阻的阻值比滑动变阻器总电阻大得多，以致在限流电路中，滑动变阻器的滑片从一端滑到另一端时，待测电阻上的电流或电压变化范围不够大，此时应改用分压式电路；
④其他情况优先选择限流电路（节能）</td></tr>
</table>

2. 实物图连线的4个注意事项

（1）各导线都应接在接线柱上。

（2）不应在导线中间出现分叉，且导线不能跨过仪器。

（3）连接电表应注意量程选用正确，正、负接线柱不要接错。

（4）开关要控制整个电路。

例 53. 现测定长金属丝的电阻率。

（1）某次用螺旋测微器测量金属丝直径的结果如图所示，其读数是__________mm。

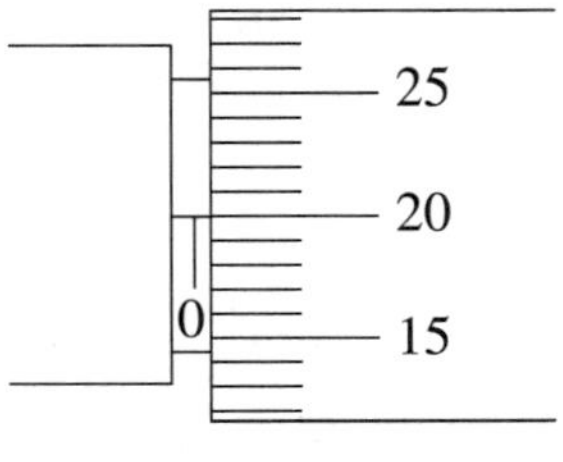

（2）利用下列器材设计一个电路，尽量准确地测量一段金属丝的电阻。这段金属丝的电阻R_x约为100 Ω，画出实验电路图，并标明器材代号。

电源E（电动势10 V，内阻约为10 Ω），

电流表A_1（量程0 ~ 250 mA，内阻$R_1 = 5\ \Omega$），

电流表A_2（量程0 ~ 300 mA，内阻约为5 Ω），

滑动变阻器R（最大阻值10 Ω，额定电流2 A），

开关S及导线若干。

（3）某同学设计方案正确，测量得到电流表A_1的读数为I_1，电流表A_2的读数为I_2，则这段金属丝电阻的计算式$R_x =$______。从设计原理看，其测量值与真实值相比__________（填“偏大”“偏小”或“相等”）。

答案：（1）0.200（0.196 ~ 0.204均可）　（2）见解析图　（3）$\dfrac{I_1R_1}{I_2-I_1}$　相等

解析：（1）$d = 0 + 20.0 \times 0.01\ \text{mm} = 0.200\ \text{mm}$。

（2）本题中测量金属丝的电阻，无电压表，故用已知内阻的电流表A_1充当电压表，由于电流表A_1的额定电压$U_{A1} = I_mR_1 = 1.25\ \text{V}$，比电源电动势小得多，故电路采用分压式接法，电路图如图所示。

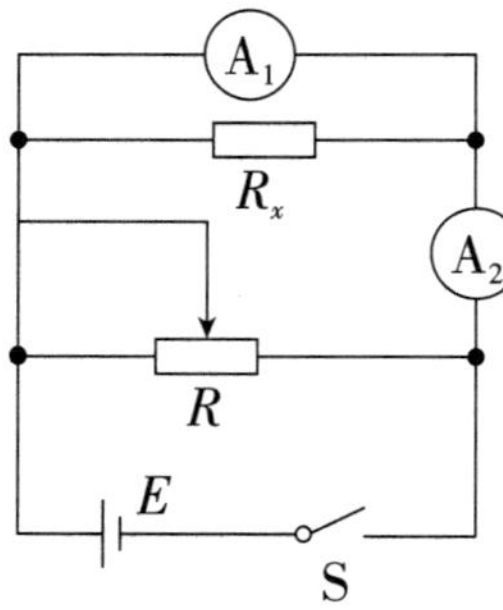

（3）当电流表A_1、A_2读数分别为I_1、I_2时，通过R_x的电流为$I = I_2 - I_1$，R_x两端电压$U = I_1 \cdot R_1$，故$R_x = \dfrac{U}{I} = \dfrac{I_1R_1}{I_2-I_1}$，不考虑读数误差，从设计原理看测量值等于真实值。

悟：测电阻，给出两个电流表，整体是“并联思维”，并联分流（若是两个电压表，一般用串联，串联才能分压，才能把电压分开）。两个支路电流I_1、I_2，连同干路电流I，$I = I_1 + I_2$，三种电流，只要测得两个，求出一个，就能

三个都知道。两个电流表测三个电流中的两个，是排列问题，一共有六种可能，如下表所示。在这多种可能当中，题中一般只给出一种是确实可行的，这其中的关键条件就是知道哪个电流表的内阻，内阻已知的才可用来计算。本题中电流表 A_1 内阻 $R_1 = 5\,\Omega$，阻值已知，可用来计算，电流表 A_2 内阻约为 $5\,\Omega$，不知道准确值，只能用来估算，选择量程，不可用于列式计算。A_2 是个电流表，"让其说话，但不能用其电阻参与计算"。那就让电流表 A_2 测干路的电流 I_2，用另一个电流表 A_1 与待测电阻 R_x 并联，通过待测电阻 R_x 的电流就是 $I - I_1$，列式得 $I_1 \cdot R_1 = (I_2 - I_1) \cdot R_x$，解得 $R_x = \dfrac{I_1 \cdot R_1}{I_2 - I_1}$。

可能性	1	2	3	4	5	6
电流表 A_1	I_1	I_2	I_1	I	I_2	I
电流表 A_2	I_2	I_1	I	I_1	I	I_{R2}

2. 半偏法

（1）实验原理（如图）：

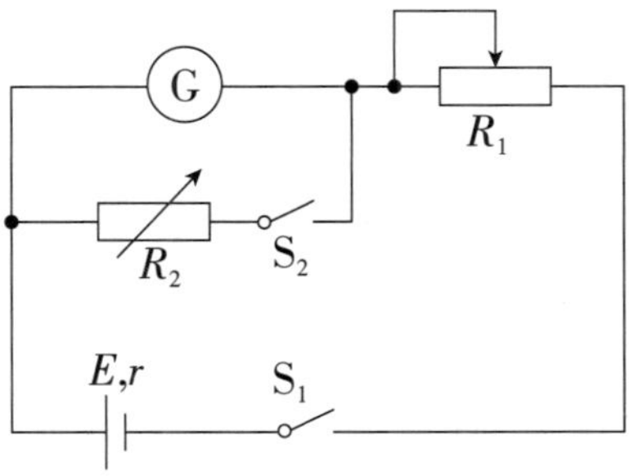

（2）实验步骤

①R_1 阻值调至最大，闭合 S_1，调节 R_1 的阻值使Ⓖ示数达满偏值。

②保持 R_1 阻值不变，闭合 S_2，调节 R_2 使Ⓖ示数达满偏值的一半，同时记录 R_2 的值。

③$R_{g测} = R_2$。

（3）误差分析

闭合 S_2 后，R_2 与 R_g 的并联值 $R_并 < R_g$，所以 $I_总 > I_g$，而此时Ⓖ的示数为

$\frac{I_g}{2}$，所以$I_{R2} > \frac{I_g}{2}$，所以$R_2 < R_g$，即$R_{g测} < R_g$。

只有当$R_1 \gg R_g$（$R_1 \gg R_2$）时，$R_{g测} \approx R_g$。

说明：$R_1 \gg R_g$、$R_1 \gg R_2$为选择器材提供了依据，即R_1应选阻值大的电阻；在安全范围内电源应选电动势大的。

例 54. 某探究小组为了用“半偏法”测电阻和改装电表，先用“半偏法”测量程为100 μA的电流表G的电阻，后将电流表G改装成电压表。

（1）首先采用如图甲所示的实验电路测量该电流表G的内阻R_g，图中R_1为滑动变阻器、R_2为电阻箱。他按电路图连接好电路，将R_1的阻值调到最大，闭合开关S_1后，他的正确操作的步骤应该是______。(选出下列必要的步骤，并将其序号排序)

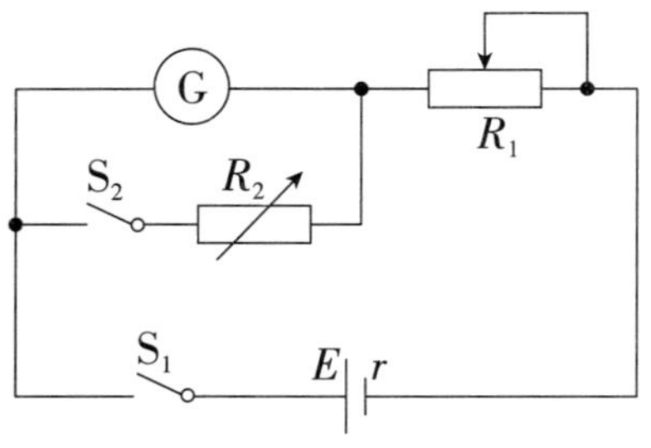

甲

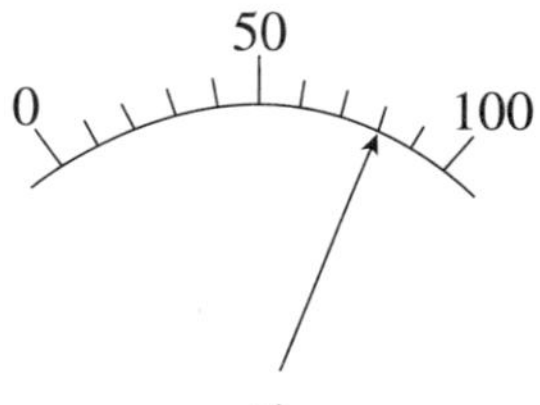

乙

A. 记下R_2的阻值

B. 调节R_1的阻值，使电流表的指针偏转到满刻度

C. 闭合S_2，调节R_1和R_2的阻值，使电流表的指针偏转到满刻度的一半

D. 闭合S_2，保持R_1不变，调节R_2的阻值，使电流表的指针偏转到满刻度的一半

（2）如果按正确操作步骤测得R_2的阻值为100 Ω，则R_g的阻值大小为______ Ω；与电流表内阻的真实值R_g'相比，R_g______R_g'（填“>”“=”或“<”）。

（3）将上述电流表G串联一个29 900 Ω的电阻，改装成电压表，则该电压表的量程是______ V。用它来测量电压时，表盘指针位置如图乙所示，此时电压表的读数大小为______ V。

答案：（1）BDA　（2）100　<　（3）3　2.4

解析：(1) 本题采用半偏法测电流表的内阻，故调节R_1的阻值，先使电流表的指针偏转到满刻度，然后再闭合S_2，保持R_1不变，调节R_2的阻值，使电流表的指针偏转到满刻度的一半，记下R_2的阻值，故操作顺序为BDA。

(2) 此时R_2的阻值与R_g的阻值相等，故R_g的阻值大小也为100 Ω。随着S_2的闭合，整个电路中的电流将会变大，但实际上我们仍然是按照电流不变时的电流来计算的，通过电阻箱R_2的电流将比通过G的电流要大，又因为R_2与G并联，电压一样，所以实际的电阻箱读数将小于电流表G的内阻，所以$R_g < R_g'$。

(3) $U = I_g(R_g + R) = 10^{-4} \times (100 + 29\,900)\text{ V} = 3\text{ V}$，此时指针所指示的电压为2.4 V。

悟：实验的操作步骤、仪器选择、数据处理、误差分析是一个整体，是相辅相成的。闭合S_1后再闭合S_2，给电流表并联电阻R_2，调节R_2使电流表Ⓖ示数达第一次电流值（满偏值）的一半，当干路电流认为不变时（要求干路电阻R_1非常大，$R_1 \gg R_g$，由于R_2的并入，$R_并$部分的电阻变化对干路电流几乎没有什么影响$I' = I$)，流过电阻R_2支路的电流就是剩下的另一半电流，即两支路电流相等，两支路电阻相等$R_{g测} = R_2$，这样就测出了电流表Ⓖ的电阻值。这是实验测量过程，后面还要进行误差分析，无论R_1阻值多么大，让R_2与R_g并联的电阻肯定要小于R_g单独的电阻，由于干路电阻减小，干路电流一定会增大的，只是增大多少的问题，只有$R_1 \gg R_g$，才可近似认为干路电流不变，所以R_1一定要选择一个大电阻，我们在进行误差分析时，就是要分析，并联R_2所带来的系统误差。“调节R_2使电流表Ⓖ示数达第一次电流值（满偏值）的一半”，那流过电阻R_2的电流$I_{R2} = I' - \frac{I}{2} > \frac{I}{2}$，所以$I_{R2} > \frac{I_g}{2}$，$R_2 < R_g$，$R_2$的值就是本实验方法下的测量值，即$R_{g测} < R_g$，由实验方法所带来的误差是系统误差，只要采用了半偏法，就一定会带来相应的误差。除了“半偏法”，还有“三分之一偏法”“五分之四偏法”，都可以称作广义上的“半偏法”。因此本实验的全称叫作“恒流”“半偏法”测电流表的内阻，根据名称，就能画出电路图，并说出实验步骤、仪器选择、测量结果、误差处理等事宜为好。

这是一副对联，有上联“恒流半偏法测电流表的内阻”，就有下联“恒压半偏法测电压表内阻”，如果能独立地设计出实验电路，并说出实验步骤、仪器选择、测量结果、误差处理等事宜才是正真理解了“半偏法”的精髓。

例 55. 有一只量程为0～3 V的电压表，内阻约为5～8 kΩ，某同学要精确地测量该电压表的内阻，设计的测量电路如图甲所示，其中R_2为最大电阻9 999 Ω的电阻箱，R_1为滑动变阻器，电源电动势为4.5 V，内阻很小。实验步骤如下：

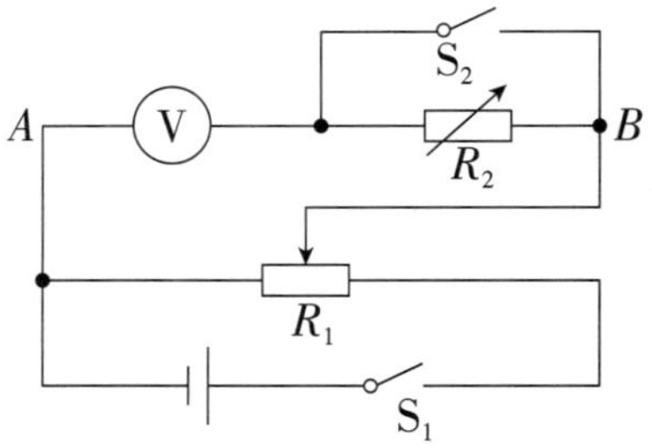

甲

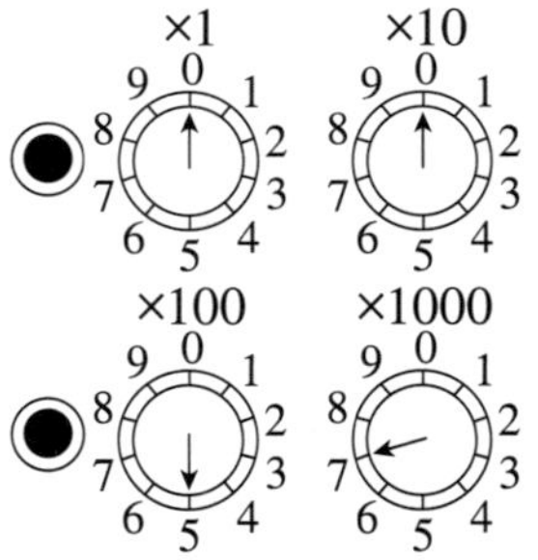

乙

①按电路图连接电路；

②闭合开关S_2；

③将滑动变阻器滑片调至最左端；

④闭合开关S_1；

⑤调节滑动变阻器，使电压表满偏；

⑥断开开关S_2，调节电阻箱，调至电压表半偏，并记下电阻箱的读数，并认为此时电阻箱的电阻为该电压表的内阻。

（1）乙图电阻箱的读数为______ kΩ。

（2）实验室中有两个滑动变阻器：A. 最大阻值为20 Ω，标定电流为1 A；B. 最大阻值为10 kΩ，标定电流为1 A。为了能精确测量电压表内阻，实验中应选择滑动变阻器______（填变阻器前的字母代号）。

（3）实验中开关S_2从闭合到断开（断开开关S_2之前，电阻箱置于9 999 Ω），断开后A、B两点间的电压U_{AB}______3 V（填“>”“<”或“=”）。

（4）实验中由于电路设计所存在的实验误差（系统误差），导致测量值______真实值（填“>”“<”或“=”）。

答案：（1）7.5　（2）A　（3）>　（4）>

解析：(1) 题图乙电阻箱的读数为$7\times1\,000\,\Omega+5\times100\,\Omega+0\times10\,\Omega+0\times0\,\Omega=7\,500\,\Omega=7.5\,k\Omega$。

(2) 为了使接入电阻箱后电路总电阻变化较小，需要选用最大阻值较小的滑动变阻器A。

(3) 开关S_2断开后，电路总电阻变大，由闭合电路欧姆定律知，干路电流减小，由$U_{AB}=E-I(R_{1串}+r)$知，U_{AB}增大，故$U_{AB}>3\,V$。

(4) 开关S_2断开后，$U_{AB}>3\,V$，故R_2两端的电压大于1.5 V，由串联电路中电压与电阻成正比知，$R_2>R_V$，故测量值大于真实值。

悟：这是"恒压半偏法测电压表内阻"的方法，为了保证恒压，滑动变阻器R_1应选用小电阻。$R_1\ll R_V$，在开关S_2断开时，由于电阻箱R_2的连入，对电路AB两点间的电压才几乎没有影响，此实验才具有合理性。在进行误差分析时，由于电阻箱R_2的连入，电路AB两点间的电压总要增大，只是滑动变阻器R_1电阻越小，越理想，电路AB两点间的电压增大得越少，越可以近似认为是"恒压"。"断开开关S_2，调节电阻箱，调至电压表半偏"，电压表的两端的电压变成一半，电路AB两点间的电压增大的那一点点都增大在电阻箱R_2两端，使电阻箱R_2两端的电压大于原来AB两点间的电压一半，大于此时电压表两端的电压，根据串联正比分压，电阻箱R_2的电阻大于电压表的电阻，电阻箱R_2的阻值就是电压表的测量值，即测量值大于真实值。

三 以测电源的伏安特性曲线为核心的实验

测电源的电动势和内阻

测定电源电动势和内阻	$E=U+Ir$	① 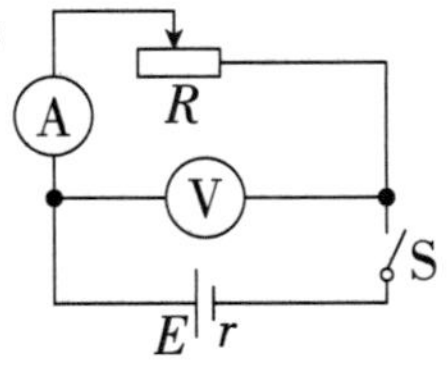	(1)电路设计 (2)误差分析 (3)公式法和图像法的应用
	$E=I(r+R)$	② 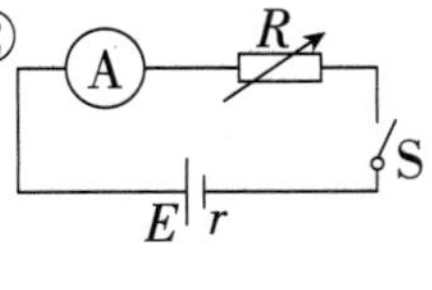	

续表

测定电源电动势和内阻	$E=\frac{U}{R}(r+R)$	③ 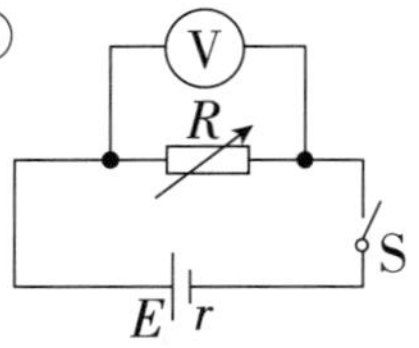	(1)电路设计 (2)误差分析 (3)公式法和图像法的应用

从测电源的基本方法伏安法出发，可以引申出伏阻法、安阻法、伏伏法、安安法。内阻已知的电压表可相当出电流表，内阻已知的电流表相当于电压表。

例 56. 某实验小组设计如图甲所示电路图来测量电源的电动势及内阻，其中待测电源电动势约为2 V、内阻较小；所用电压表量程为3 V，内阻非常大，可看作理想电压表。

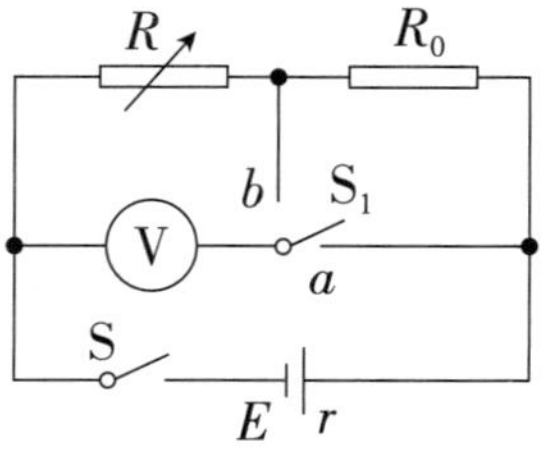

甲

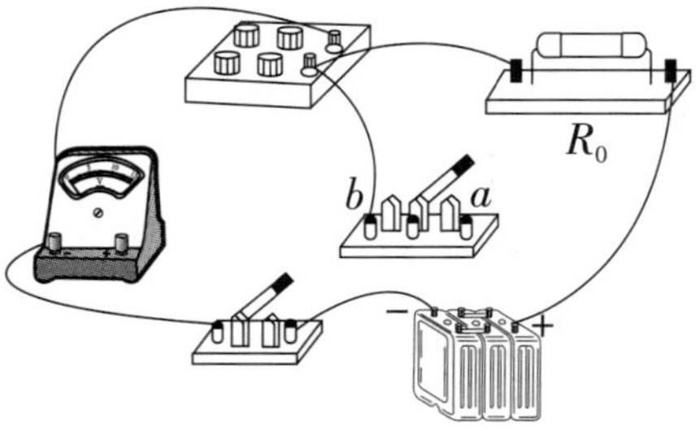

乙

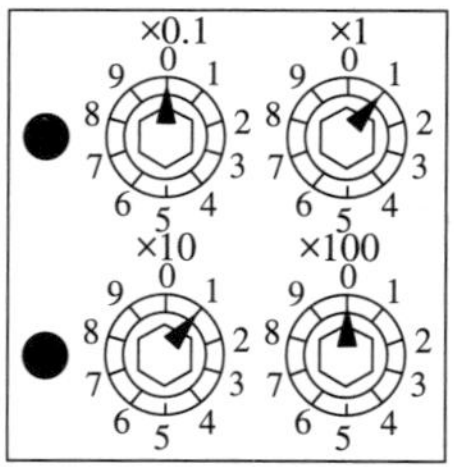

丙

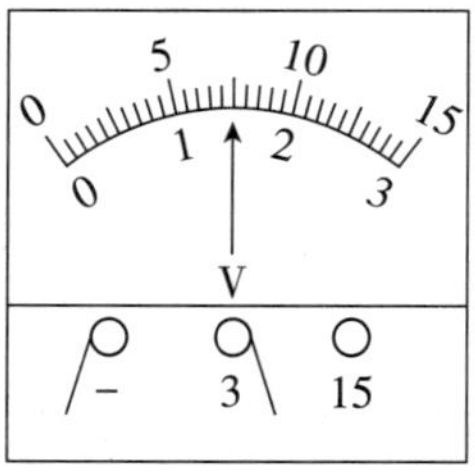

丁

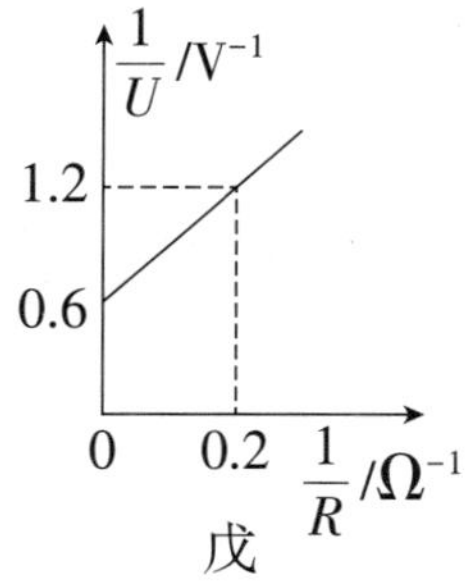

戊

（1）按实验电路图在图乙中补充完成实物连线。

（2）先将电阻箱电阻调至如图丙所示，则其电阻读数为______ Ω，闭合开关S，将S_1打到b端，读出电压表的读数为1.10 V；然后将S_1打到a端，此时电压表读数如图丁所示，则其读数为______ V。根据以上测量数据可得电阻R_0 =______ Ω。（计算结果保留两位有效数字）

（3）将S_1打到b端，读出电阻箱读数R以及相应的电压表读数U，不断调节电阻箱电阻，得到多组R值与相应的U值，作出$\frac{1}{U}-\frac{1}{R}$图如图戊所示，则通过图像可以得到该电源的电动势$E=$______V，内阻$r=$______Ω。（计算结果保留三位有效数字）

答案：（1）见解析图　（2）11.0　1.50　4.0　（3）1.67　1.00

解析：（1）电路连接如图所示。

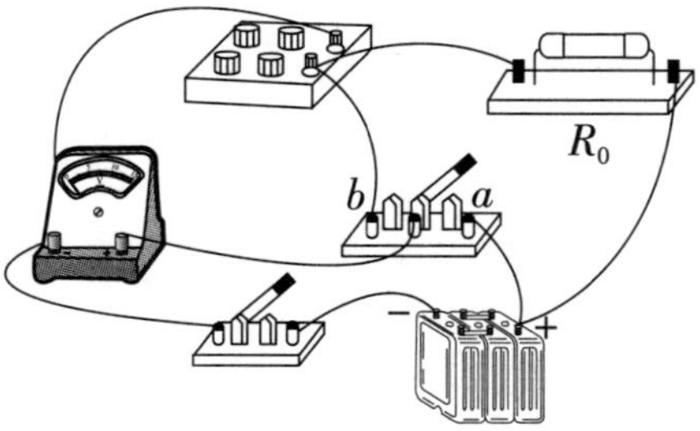

（2）先将电阻箱电阻调至如题图丙所示位置，则其电阻读数为$1\times10\ \Omega+1\times1\ \Omega=11.0\ \Omega$。电压表的读数为1.10 V；由欧姆定律可知，电流为$I=\frac{1.1}{11}\ \text{A}=0.1\ \text{A}$，然后将$S_1$打到$a$端，此时电压表读数如题图丁所示，电压表量程为3 V，最小分度为0.1 V，其读数为1.50 V。根据以上测量数据可得电阻为：$R_0=\frac{1.50}{0.1}\ \Omega-11.0\ \Omega=4.0\ \Omega$。

（3）在闭合电路中，电源电动势为：$E=U+I(r+R_0)=U+\frac{U}{R}(r+R_0)$，$\frac{1}{U}=\frac{1}{E}+\frac{r+R_0}{E}\cdot\frac{1}{R}$，

由题图戊所示图像可知，$b=\frac{1}{E}=0.6$，$E=1.67\ \text{V}$，

图像斜率$k=\frac{r+R_0}{E}=3.0$，

电源内阻为$r=kE-R_0=5.0\ \Omega-4.0\ \Omega=1.00\ \Omega$。

悟：考查测量电源的电动势及内阻的伏阻法。根据题图戊，利用数学知识，写出直线的方程$\frac{1}{U}=k\frac{1}{R}+b$，其中斜率$k=\frac{\Delta\left(\frac{1}{U}\right)}{\Delta\left(\frac{1}{R}\right)}=\frac{1.2-0.6}{0.2-0}\ \Omega/\text{V}=$

3.0 Ω/V，纵轴截距$b=0.6\ \mathrm{V}^{-1}$；根据闭合电路的欧姆定律，按照“数学图像所指明的方向，写出直线的方程，方程中应含有哪些物理量呢？应该包含数学图像x轴所含物理量——电阻箱电阻R、y轴所含物理量——电压表读数U，以及我们要求的物理量——电源电动势E、电源内阻r，也可以含上其他已知量，如已经求出的定值电阻R_0，除了这些坐标参量、待定量、已知量外，最好不要包含其他既不已知也不让求的物理量，如本电路中的电流及电源的两端电压等无关量。S_1打到b端，我们可以把电源与R_0看成等效电源，电压表可看做“等效电源”的路端电压$U'=U$，等效电源的电动势$E'=E$，等效电源的内阻$r'=r+R_0$，联结U'、R、E'、r'的关系式是$U=E'-I'r'=E-\frac{U}{R}(r+R_0)$，把此物理关系按照数学图像“所指明的方向进行定向整理”，有$\frac{1}{U}=\frac{1}{E}\left(1+\frac{r+R_0}{R}\right)=\frac{r+R_0}{E}\cdot\frac{1}{R}+\frac{1}{E}$，对比数学上的直线方程$\frac{1}{U}=k\frac{1}{R}+b$，可知斜率$\frac{r+R_0}{E}=k$，纵轴截距$\frac{1}{E}=b$，联立数学图像求出的$k$、$b$的值，可求得$E=\frac{1}{b}=\frac{1}{0.6}\ \mathrm{V}=1.67\ \mathrm{V}$，电源内阻$r=k\cdot E-R_0=3.0\times\frac{1}{0.6}\ \Omega-4.0\ \Omega=1.00\ \Omega$。这里带入$E=\frac{1}{0.6}$，而不能带入近似值1.67，中间用于计算的数据必须用准确值，否则用近似过的数据再经过近似…，其数据的误差特别大了，不可取。上面联立求解的过程，我经常简单地称作“数学物理联立，解得…”。这种利用数学图像来处理物理数据，在真正的科研中也是常用的方法，误差相对较小，必须掌握。

例 57.［考查测定电源的电动势和内阻（伏伏法）］

在“测定电源的电动势和内阻”的实验中，实验室备有如下器材：

A. 待测电池组（由两节干电池组成，每节电池电动势约为1.5 V、内阻为几欧姆）

B. 直流电压表V_1、V_2（量程均为3 V，内阻均约为3 kΩ）

C. 定值电阻R_0（阻值未知）

D. 滑动变阻器R（最大阻值为R_m）

E. 开关，导线若干

某同学设计了如图甲所示的电路，他利用该电路先测出定值电阻R_0的阻值，再测量待测电池组的电动势和内阻。步骤如下：

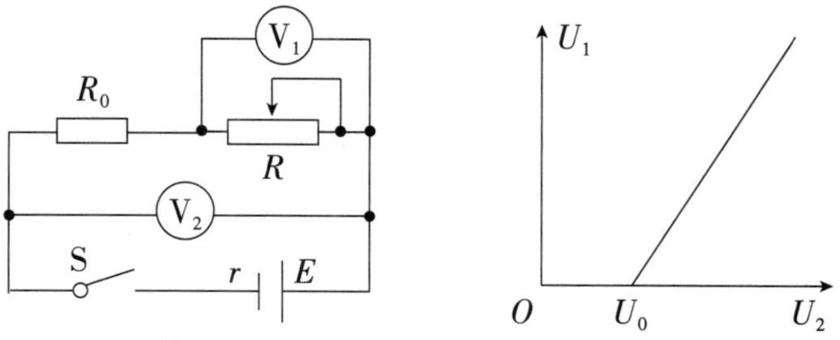

甲　　乙

（1）先把滑动变阻器R调到最大阻值R_m，再闭合开关S，读出电压表V_1和V_2的示数分别为U_{10}、U_{20}，则可求出定值电阻R_0的阻值为$R_0=$______（用U_{10}、U_{20}和R_m表示）。

（2）移动滑动变阻器的滑片，读出电压表V_1和V_2的多组数据U_1、U_2，描绘出U_1-U_2的关系图像如图乙所示。图中直线的斜率为k，直线与横轴的截距为U_0，则待测电池组的总电动势$E=$______，总内阻$r=$______（均用k、U_0、R_0表示）。

答案：（1）$\frac{(U_{20}-U_{10})R_m}{U_{10}}$　（2）$\frac{kU_0}{k-1}$　$\frac{R_0}{k-1}$

解析：（1）由题图甲所示电路图可知，定值电阻阻值

$$R_0=\frac{U_0}{I_0}=\frac{U_{20}-U_{10}}{\frac{U_{10}}{R_m}}=\frac{(U_{20}-U_{10})R_m}{U_{10}}。$$

（2）由题图甲所示电路图可知，电源电动势$E=U_2+Ir=U_2+\frac{U_2-U_1}{R_0}r$，

整理得$U_1=\frac{R_0+r}{r}U_2-\frac{ER_0}{r}$，

由题图所示U_1-U_2图像可知$U_0=\frac{ER_0}{R_0+r}$，$k=\frac{R_0+r}{r}$，

解得电源电动势$E=\frac{kU_0}{k-1}$，电源内阻$r=\frac{R_0}{k-1}$。

悟： 已知电阻R_0的电压为（U_2-U_1），可求出电流$I=\frac{U_2-U_1}{R_0}$。题图乙U_1-U_2的关系图像为直线，已知斜率为k，直线与横轴的截距为U_0，直线的方程设为$U_1=kU_2+b$的形式，斜率为k，直线与横轴的截距为U_0，则$0=kU_0+b$，解得$b=-kU_0$，即直线的方程为$U_1=kU_2-kU_0$。把这个物理规律按照数学图像横、纵坐标轴所指明的方向进行定向整理，即让U_1充当y轴，让U_2充当x轴，整理有$U_1=\frac{R_0+r}{r}U_2-\frac{ER_0}{r}$，与直线方程$U_1=kU_2-kU_0$对应有，$k=\frac{R_0+r}{r}$，解得$r=\frac{R_0}{k-1}$；$-kU_0=-\frac{ER_0}{r}$，解得$E=\frac{kU_0}{k-1}$。

若直线的方程设为$U_1=k(U_2-U_0)$。由公式$U=E-Ir$出发，联立$I=\frac{U_2-U_1}{R_0}$得$U_2=E-\frac{U_2-U_1}{R_0}\cdot r$，把这个物理规律按照数学图像横、纵坐标轴所指明的方向进行定向整理，即让U_1充当y轴，让U_2充当x轴，整理有$U_1=\frac{R_0+r}{r}U_2-\frac{ER_0}{r}=\frac{R_0+r}{r}(U_2-a)$，$a=\frac{\frac{R_0}{r}E}{\frac{R_0+r}{r}}=\frac{R_0}{R_0+r}E$，即$U_1=\frac{R_0+r}{r}(U_2-a)=\frac{R_0+r}{r}\left(U_2-\frac{R_0}{R_0+r}E\right)$，与直线方程$U_1=k(U_2-U_0)$对应有，$k=\frac{R_0+r}{r}$，解得$r=\frac{R_0}{k-1}$；$U_0=\frac{R_0}{R_0+r}E$，解得$E=\frac{kU_0}{k-1}$。

四 多用电表的原理及使用

1. 多用电表使用的几个注意事项

（1）电流的流向：由于使用多用电表时不管测量什么，电流都要从电表的“+”插孔（红表笔）流入，从“-”插孔（黑表笔）流出，所以使用欧姆挡时，多用电表内部电池的正极接的是黑表笔，负极接的是红表笔。

（2）要区分“机械零点”与“欧姆零点”：“机械零点”在表盘刻度左侧“0”位置，用表盘下边中间的指针定位螺丝调整；“欧姆零点”在表盘刻度的右侧电阻刻度“0”位置，用欧姆调零旋钮调整。

（3）测电阻时每变换一次挡位，都要重新进行欧姆调零。

（4）选倍率：测量前应根据估计阻值选用适当的挡位。由于欧姆挡的刻度不均匀，使用欧姆挡测电阻时，指针偏转过大或过小都有较大误差，通常只使用表盘中间的一段刻度范围。

（5）测电阻时要将电阻与其他元件断开，不要用手同时接触多用电表的两支表笔。

（6）多用电表使用完毕应将选择开关旋至“OFF”挡或交流电压最高挡。

2. 多用电表内部电路的常见考查形式

多用电表当欧姆表使用时内部有电源，往往会考查闭合电路欧姆定律、电动势和内阻的测定等，常涉及的变形有：

（1）与电压表串联形成闭合电路，则$E=U+\frac{U}{R_V}\cdot r$，从而计算得到E；

（2）与电流表串联形成闭合电路，则$E=I\ (R_A+r)$，从而计算得到E；

（3）将多用电表的选择开关拨到欧姆挡，红、黑表笔接到二极管的两极上，当黑表笔接二极管正极，红表笔接二极管负极时，测得的电阻较小，反之测得的电阻很大，由此可判断出二极管的正、负极。

例 58. 一多用电表的简化电路图如图甲所示。已知表头内阻为400 Ω，满偏电流为2 mA；电池$E=1.5$ V，$E'=15$ V。

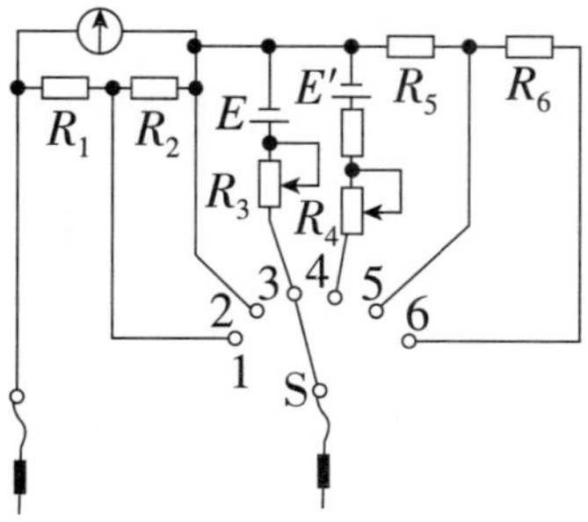

甲

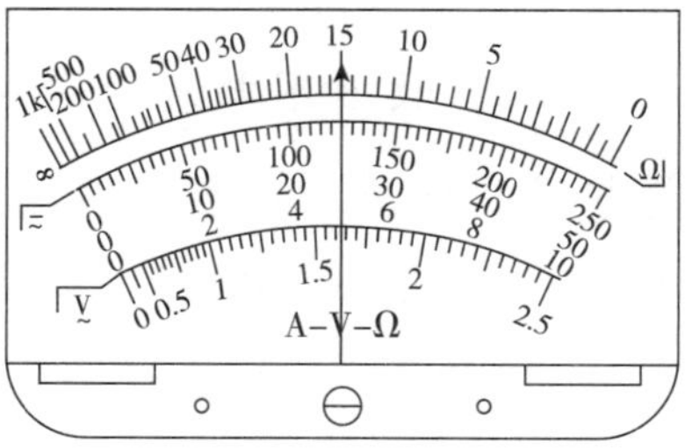

乙

（1）若$R_1=1\ \Omega$，$R_2=99\ \Omega$，当选择开关置于2时，多用电表测量的是______（填“电流”“电压”或“电阻”），其测量的最大值（量程）为______。

（2）在（1）的条件下，若$R_5=0.92\times10^3\ \Omega$，$R_6=9\times10^3\ \Omega$，当选择开关置于6时，多用电表测量的是______（填“电流”“电压”或“电阻”），其

测量的最大值（量程）为______。

（3）在（1）的条件下，当选择开关置于3时，多用电表测量的是______（填“电流”“电压”或“电阻”）。现要测量一个一千多欧的电阻，应当把选择开关置于______（填“1”“2”“3”“4”“5”或“6”），正确测量时多用电表指针如图乙所示，则所测电阻的阻值为______Ω。

答案：（1）电流　10 mA　（2）电压　100 V　（3）电阻　4　1 500

解析：（1）结合题图甲可知，多用电表选择开关置于2时，R_1、R_2串联后与表头并联，此时多用电表测量的是电流，量程为$2\ \text{mA}+\dfrac{400\ \Omega\times 2\ \text{mA}}{100\ \Omega}=10\ \text{mA}$。

（2）当选择开关置于6时，多用电表测量的是电压，此时表头与R_1、R_2可视为一个新表头（满偏电流为10 mA，内阻为80 Ω），量程为$10\ \text{mA}\times(80+920+9\ 000)\Omega=100\ \text{V}$，或根据串联关系：$U=U_g+\left(I_g+\dfrac{I_g\cdot R_g}{R_1+R_2}\right)(R_5+R_6)=0.8\ \text{V}+\left(2\ \text{mA}+\dfrac{2\ \text{mA}\times 400\ \Omega}{1\ \Omega+99\ \Omega}\right)(0.92\times10^3\ \Omega+9\times10^3\ \Omega)=100\ \text{V}$。

（3）当选择开关置于3时，多用电表内含电池，测量的是电阻，由第（2）问分析可知，此时新表头的满偏电流为10 mA，内阻为80 Ω，若测量一个一千多欧的电阻，由闭合电路欧姆定律可知电池的电动势应选15 V。题图乙中指针位于表盘刻度中央，此时所测电阻阻值等于多用电表的内阻，满偏电流为10 mA，电压为15 V，故多用电表的内阻即所测电阻的阻值为1 500 Ω。

悟：本题考查利用多用电表测电阻、电压和电流。在第（1）问中，当选择开关置于2时，$R_1+R_2=100\ \Omega$，是表头内阻的四分之一，并联时，流过电流是表头电流的四倍，干路电流增大为五倍（要使电流表的量程扩大为n倍，就要给表头并联$\dfrac{1}{n-1}$倍的电阻。并联才能分流，分流只能靠并联，所并电阻越小，能分走的电流越多，并联表头电阻$\dfrac{1}{k}$倍的小电阻，能分走k倍的大电流，量程（也就是干路中的电流）扩大为（$k+1$）倍。

第（2）问，当选择开关置于6时，等效表头内阻$r_g'=\dfrac{r_g\cdot(R_1+R_2)}{r_g+(R_1+R_2)}=$

$\frac{400\times100}{400+100}\Omega=80\,\Omega$，并联四分之一的电阻，等效电阻变为五分之一，满偏电压不变（要使电流表的量程扩大为n倍，就要给表头并联$\frac{1}{n-1}$倍的电阻，等效电阻变为$\frac{1}{n}$，即$r_g'=\frac{r_g\cdot\frac{r_g}{n-1}}{r_g+\frac{r_g}{n-1}}=\frac{r_g\cdot\frac{r_g}{n-1}}{n\cdot\frac{r_g}{n-1}}=\frac{r_g}{n}$，等效满偏电压不变，即$U_g=I_g\cdot R_g$，$U_g'=I_g'\cdot r_g'=nI_g\cdot\frac{1}{n}r_g=I_g\cdot r_g=U_g$）。改装后电压表的量程$U=I_g'\cdot(r_g'+R_5+R_6)=10\times10^{-3}(80+0.92\times10^3+9\times10^3)\,\text{V}=100\,\text{V}$。

第（3）问，“正确测量时”，欧姆表必须欧姆调零后才能测量，“多用电表指针如图乙所示”，指针指在中间，“中值电阻”等于欧姆表此量程下的内阻。

五 电学实验的迁移和创新

3. 实验分析与数据处理的变化

重视实验广度的拓展，主要体现为重视实验原理的拓展与变化和实验器材的有效重组。原理的变化是创新的热点，附带还会延伸数据处理的变化，以安阻法测量电源的电动势和内阻实验为例，就原理$E=I(R+r+R_A)$和数据处理而言，即可演变出很多精彩内容。

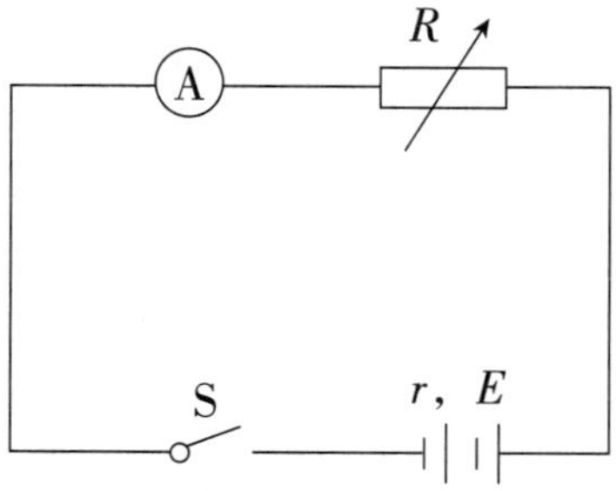

原理变化	数据处理	
$R+R_A=E\frac{1}{I}-r$	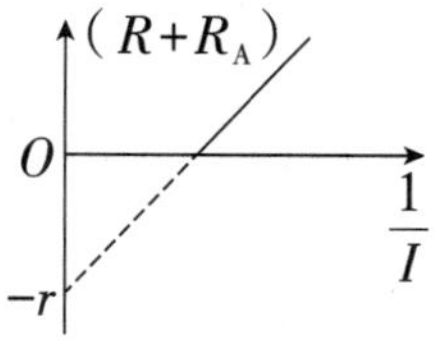	斜率为E 截距为r

续表

原理变化	数据处理	
$R=E\frac{1}{I}-(r+R_A)$	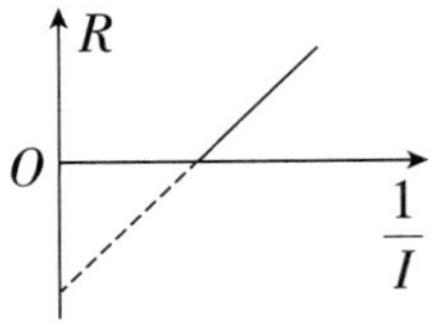	斜率为E 截距为$(r+R_A)$
$\frac{1}{I}=\frac{1}{E}R+\frac{r+R_A}{E}$	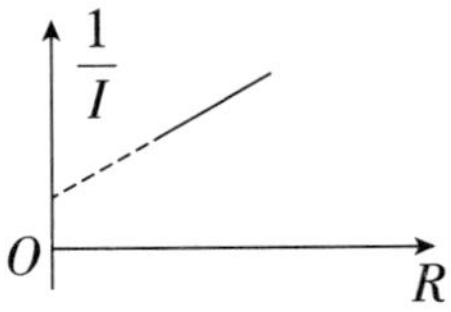	斜率为$\frac{1}{E}$ 截距为$\frac{r+R_A}{E}$
$\frac{1}{I}=\frac{1}{E}(R+R_A)+\frac{r}{E}$	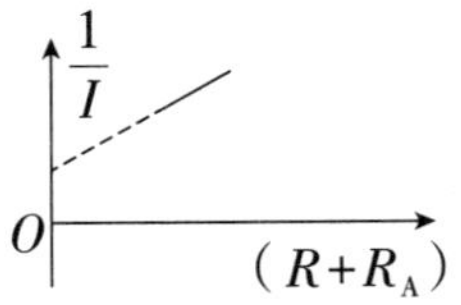	斜率为$\frac{1}{E}$ 截距为$\frac{r}{E}$

例 59. 如图甲所示，该电路在测量电源电动势和内阻的同时也能完成对未知电阻R_x的测量。实验室提供的器材如下：

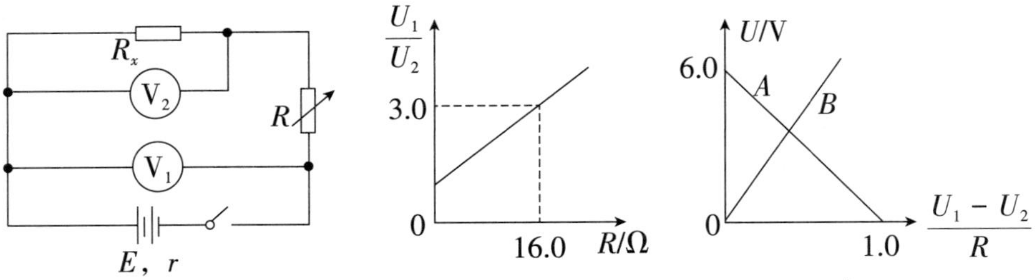

甲　　　　乙　　　　丙

A. 待测电阻R_x（约9 Ω）

B. 待测电源

C. 电阻箱（0 ~ 99.9 Ω）

D. 电压表V_1（量程6 V，可以视为理想电表）

E. 电压表V_2（量程3 V，内阻约4 kΩ）

（1）如果纵坐标表示两个电压表读数之比$\frac{U_1}{U_2}$，横坐标表示电阻箱的阻值R，实验结果的图像如图乙所示。则待测电阻R_x = ______ Ω（保留两位有效数字)。

(2) 在 (1) 问中，由于电压表V_2的分流，待测电阻R_x的测量值比真实值______（填“偏大”“偏小”或“不变”）。

(3) 如果纵坐标表示某电压表读数U，横坐标表示两个电压表读数之差与电阻箱阻值的比值$\frac{U_1-U_2}{R}$，实验结果的图像如图丙所示。其中能读出电源电动势和内阻的是______（填“A图像”或“B图像”）。两图像交点的横坐标为______ A，纵坐标为______ V（结果均保留两位有效数字）。

答案: (1) 8.0 (2) 偏小 (3) A图像 0.43 3.4

解析: (1) 根据串联电路的分压原理可知：$\frac{U_2}{R_x}=\frac{U_1}{R+R_x}$，故$\frac{U_1}{U_2}=\frac{R_x+R}{R_x}=1+\frac{R}{R_x}$，所以纵轴截距为1，根据图像斜率$k=\frac{1}{R_x}=\frac{3.0-1.0}{16.0}\ \Omega^{-1}=\frac{1}{8.0}\ \Omega^{-1}$，解得$R_x=8.0\ \Omega$。

(2) 由于电压表V_2的分流，待测电阻R_x测量值比真实值偏小。

(3) A图像反映的是电源的特性，可知电动势为6.0 V，内阻$r=\frac{6.0}{1.0}\ \Omega=6.0\ \Omega$，$B$图像反应的是阻值为8.0 Ω的定值电阻的$U-I$关系，两图像交点反应的是电源与定值电阻直接串联时的情况，交点的横坐标$I=\frac{E}{R_x+r}=\frac{6.0}{8.0+6.0}\ \text{A}\approx 0.43\ \text{A}$，纵坐标$U=E-Ir=6.0\ \text{V}-0.43\times 6.0\ \text{V}\approx 3.4\ \text{V}$。

悟: 第 (1) 中，利用题图乙求解，从数学角度看，图像为一直线，函数表达式是$y=kx+b$的形式，即$\frac{U_1}{U_2}=kR+b$，从图像上求不出b、k的值。从物理角度看，找到相关量的表达式，表达式中应该含有哪些物理量呢？这是个根本问题，必须搞清楚。我们要找的物理表达式中，必须含有U_1、U_2、R这些坐标轴参量，只有包含这些参量的表达式，才有可能利用数学图像的斜率k、截距b的意义去求解包含在k、b中的物理量，另外，我们要找的物理表达式最好要包含着待定的物理量——待测电阻R_x，如果实在找不到这样的关系，就只能先求一些中间量，继而再求该待定的物理量，这就属于较难的题了，大部分实验题，都能找到直接含有待定物理量的表达式。也就是说，我们要找的物理表达式，一定含图像坐标轴的所有参量U_1、U_2、R，最好要含有待定的物理量R_x，也可含、可不含上其他已知量，最好不要含既不“待定”，也不“已知”的物理量，如本题中各处的电流等无关量。

本题中含有U_1、U_2、R、R_x的物理表达式，很容易找到，利用串联分压有，$\frac{U_1-U_2}{R}=\frac{U_2}{R_x}$，“把该物理表达式按照数学图像所指明的方向进行定向整理”，整理成$\frac{U_1}{U_2}=kR+b$的形式，只要方向明确，整理过程并不难，且结果是唯一的。整理好的表达式中，其k和b不含有坐标轴参量，只含有待定量和其他已知的物理量，就可以结合数学图像中k和b的数据来求解了。整理本题有$\frac{U_1}{U_2}=\frac{R}{R_x}+1=\frac{1}{R_x}\cdot R+1$，对比数学图像的表达式$\frac{U_1}{U_2}=kR+b$，有，$k=\frac{1}{R_x}$、$b=1$。此题与一般题的不同之处在于，知道$b=1$后，回到数学图像，可以求得图像的斜率$k=\frac{3.0-1.0}{16.0}\,\Omega^{-1}=\frac{1}{8.0}\,\Omega^{-1}$，再回到物理数学联立后的关系式$k=\frac{1}{R_x}$，解得$R_x=8.0\,\Omega$。此题要边分析、边计算；边计算，边分析，多轮滚动。“边数学，边物理；边物理，边数学，多次结合”。此题出得非常美，我们可以站在命题人的角度体会一下。

在第（2）问中，由于电压表V_2的分流，待测电阻R_x的测量值代表的是电压表V_2与未知电阻R_x并联的等效电阻，小于R_2的值，即$R_{测}=R_{并}=\frac{R_x\cdot R_{V2}}{R_x+R_{V2}}<R_x=R_{真}$。

第（3）问“横坐标表示两个电压表读数之差与电阻箱阻值的比值”等于电流I，即$\frac{U_1-U_2}{R}=I$（相当于电流表的作用），纵坐标如果是电压表V_1的读数，就是电源的伏安特性曲线，对应A图像（只要是这个电源，接入不同的用电器，就会形成不同的路端电压和电流，它们的（U、I）坐标都在该电源的伏安特性曲线上；或者说，只要在该电源的伏安特性曲线上，其电源的电动势和内阻就是唯一确定的）；纵坐标如果是电压表V_2的读数，就是定值电阻R_x的伏安特性曲线，对应B图像（只要是这个定值电阻R_x，接在电动势E、内阻r不同的电源上，就会形成不同的路端电压和电流，它们的（U、I）坐标都在该定值电阻的伏安特性曲线上；或者说，只要在该定值电阻的伏安特性曲线上，其电阻的阻值就是唯一确定的）。电路由电源和外电阻两部分用导线连接而成，两图像交点，在数学上表示既满足该电源图像，又满足该定值电阻图像的“解”，在物理上表示既满足电源是该电源的一个状态，又满足外电阻是该定值电阻的一个状态。在数学上两图像相交，对应物理上把电源与该定值电阻直接串联在一起，那个状态是唯一确定的状态，就是它们的“工作点”。交点的横坐标 $I=\dfrac{E}{R_x+r}=\dfrac{6.0}{8.0+6.0}$ A≈0.43 A，纵坐标 $U=E-Ir=6.0\text{ v}-0.43\times6.0\text{ v}\approx3.4\text{ v}$。

都与伏安图像上的一个点对应，都与伏安图像上的一个点对应，无论外电路接入任何阻值R不同的用电器，其工作点，都在该电源的伏安特性曲线上 无论接在任何一个电动势E、内阻r不同的电源上，其工作点，都在该电阻的伏安特性曲线上。

六 游标卡尺和螺旋测微器的使用

1. 游标卡尺和螺旋测微器的读数

游标卡尺的读数应注意以下几点

（1）看清精确度；

（2）主尺上的单位应为厘米，主尺上标识的1、2、3等数字的单位是图中标识的单位，通常是指厘米，读数时应将毫米和厘米分清，游标卡尺主尺上的最小刻度是1 mm；

（3）区分零刻度与标尺最前端。

例 60.（1）读数。

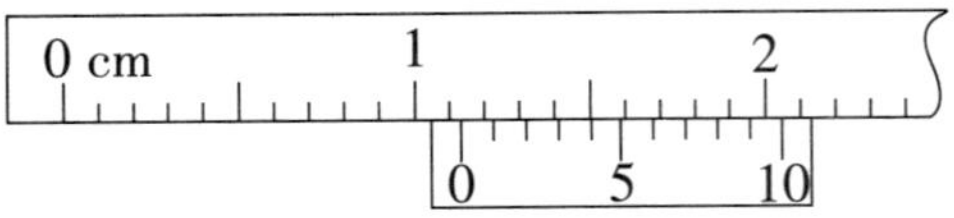

甲

答案： 11.4 mm

解析： 游标卡尺不需要估读，易错成 11 mm + 4 × 0.10 mm = 11.40 mm，后面不能随意加零或去零。

悟： 游标卡尺有10分度（如图甲）、20分度（图丙），还有50分度等不同种类。10分度的，游标尺上10个格的总长度为9 mm；20分度的，游标尺上20个格的总长度为19 mm，即20格 = 19 mm；50分度的，游标尺上50个格的总长度为49 mm，即50格 = 49 mm。10分度的，即10格 = 9 mm，1格 = $\frac{9}{10}$ mm，下面的游标尺上的每一个格比上面的1 mm短 $\frac{1}{10}$ mm，即1 mm − 1格 = $\frac{1}{10}$ mm，在图乙中物体的长度比11 mm多，不到12 mm，我们就是要精确读出比11毫米多的这一部分 Δl 的精确值。如图乙中，是上下刻度“犬齿交错”，下面标尺上的第4格与上面的某一毫米刻度线对齐，从对齐的位置看齐，下面的4格比上面的4 mm短，短的长度就是我们要精确待定的 Δl，即箭头所指的这一部分，有 Δl = 4 mm − 4格 = 4 × $\frac{1}{10}$ mm。则物体的总长度= 11 mm + Δl = 11 mm + 4 × $\frac{1}{10}$ mm = 11.4 mm。理解了这个道理，不但能理解我们读数的法则的合理性，也能规避很多不必要的错误，迅速、准确、果敢的读出结果。

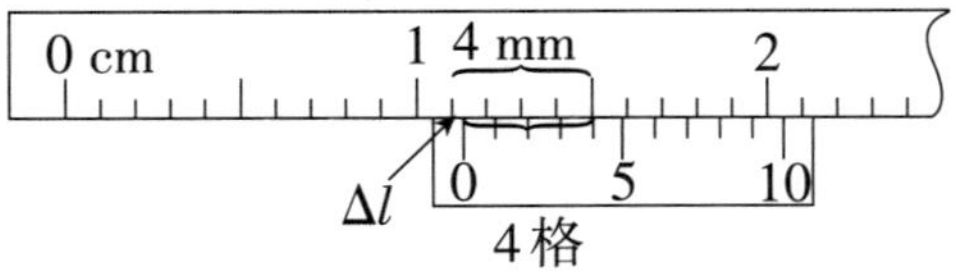

乙

（2）读数______。

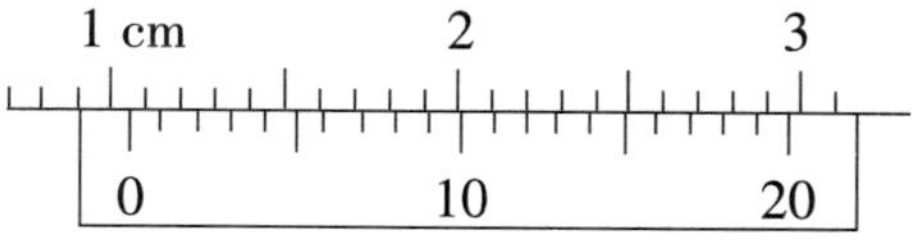

丙

答案： 10.60 mm

解析： 易错成 10 mm + 12 × 0.05 mm = 10.6 mm。

悟：20分度的，游标尺上20个格的总长度为19 mm，即20格 = 19 mm，1格 = $\frac{19}{20}$ mm，下面的游标尺上的每一个格比上面的1 mm短$\frac{1}{20}$ mm，差几个格对齐，就差几个$\frac{1}{20}$ mm，下面标尺上的第12格与上面的某一毫米刻度线对齐。从对齐的位置看齐，下面的12格比上面的12 mm短，短的长度就是我们要精确待定的Δl，有Δl = 12 mm − 12格 = 12 × $\frac{1}{20}$ mm = 0.60 mm。则物体的总长度 = 10 mm + Δl = 10 mm + 12 × $\frac{1}{20}$ mm = 10.60 mm。这里10.60的最后一个数字是“0”，并不是“无缘无故”加上去的，而是计算出来的，假如对齐的是13格，则13 × $\frac{1}{20}$ mm = 0.65 mm，这样最后一个数字就是“5”，当对齐格数是偶数个，20分度的游标尺，求出来读数的最后一位就是“0”，这里的“0”也只是普通的一个数字而已，我们不能“厚5而薄0”，偏心眼呀!总之，读数后面不能随意加零或去零。

第九单元 磁场

一 带电粒子在有界匀强磁场中的圆周运动

	基本思路	图例	说明
圆心的确定	①与速度方向垂直的直线过圆心 ②弦的垂直平分线过圆心 ③轨迹圆弧与边界切点的法线过圆心	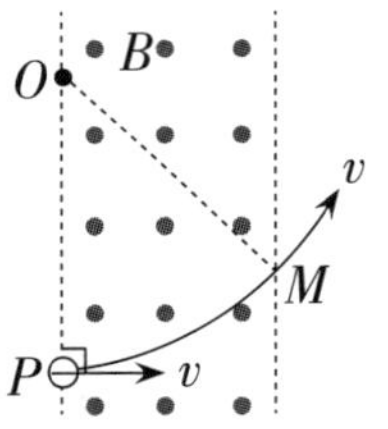	P、M点速度垂线交点
		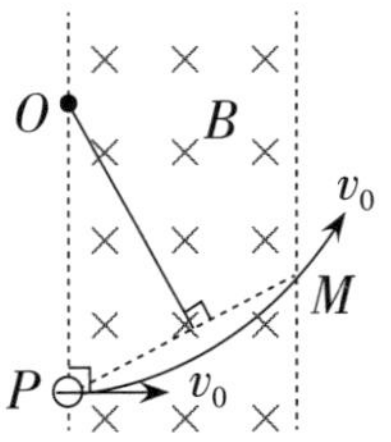	P点速度垂线与弦的垂直平分线交点
		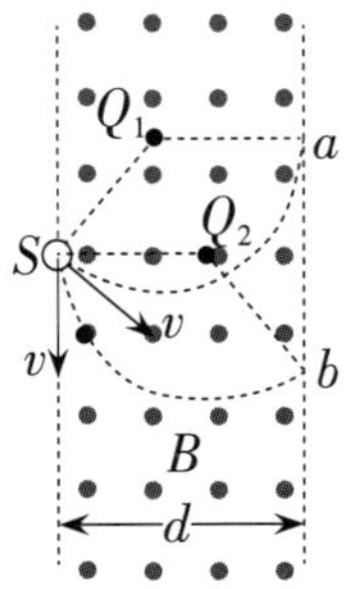	某点的速度垂线与切点法线的交点

续表

	基本思路	图例	说明
半径的确定	利用平面几何知识求半径	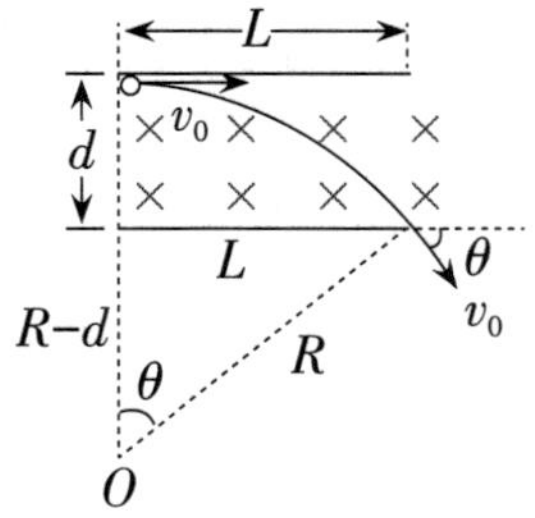	常用解三角形法：例：（左图）$R=\dfrac{L}{\sin\theta}$ 或由 $R^2=L^2+(R-d)^2$ 求得 $R=\dfrac{L^2+d^2}{2d}$
运动时间的确定	利用轨迹对应圆心角 θ 或轨迹长度 L 求时间 ① $t=\dfrac{\theta}{2\pi}T$ ② $t=\dfrac{L}{v}$	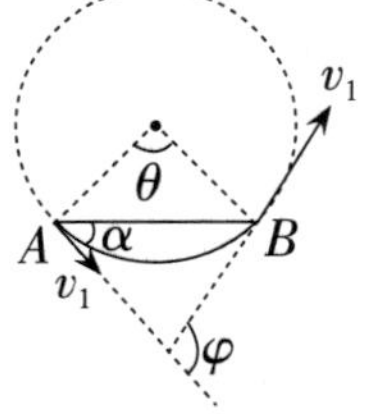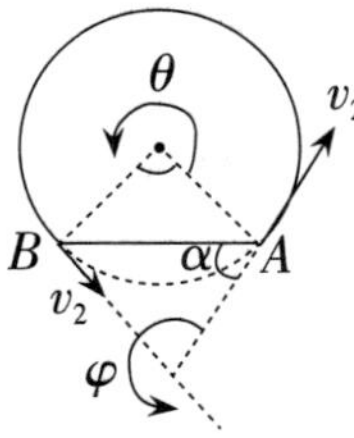	（1）速度的偏转角 φ 等于 $\overset{\frown}{AB}$ 所对的圆心角 θ （2）偏转角 φ 与弦切角 α 的关系：$\varphi<180^\circ$ 时，$\varphi=2\alpha$；$\varphi>180^\circ$ 时，$\varphi=360^\circ-2\alpha$

1. 模型1：直线边界磁场

直线边界，粒子进出磁场具有对称性（如图所示）

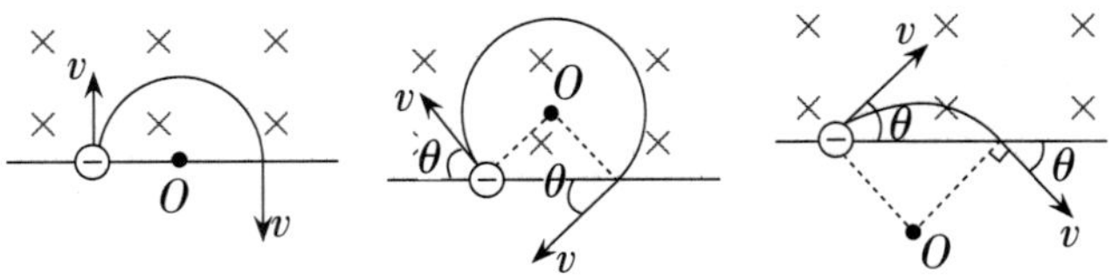

a　　b　　c

图 a 中粒子在磁场中运动的时间 $t=\dfrac{T}{2}=\dfrac{\pi m}{Bq}$

图 b 中粒子在磁场中运动的时间 $t=\left(1-\dfrac{2\theta}{2\pi}\right)T=\left(1-\dfrac{\theta}{\pi}\right)\dfrac{2\pi m}{Bq}=\dfrac{2m(\pi-\theta)}{Bq}$

图c中粒子在磁场中运动的时间$t=\dfrac{\theta}{\pi}T=\dfrac{2\theta m}{Bq}$

2. 平行边界磁场

平行边界存在临界条件（如图所示）

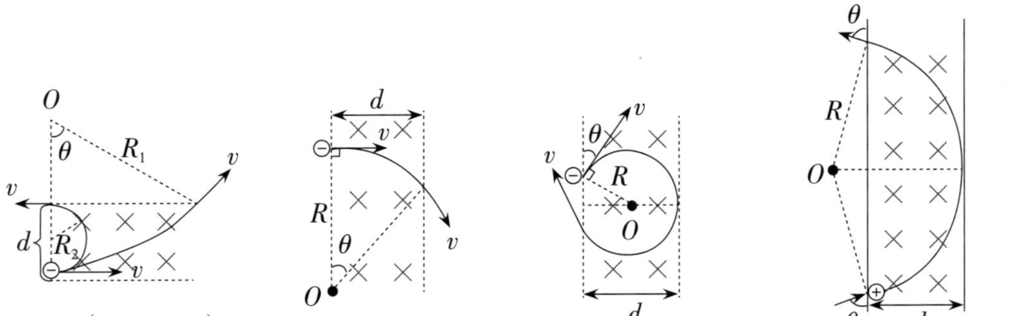

$d=R_1(1-\cos\theta)$
$d=2R_2$
a

$d=R\sin\theta$
b

$d=R(1+\cos\theta)$
c

$d=R(1-\cos\theta)$
d

图a中粒子在磁场中运动的时间$t_1=\dfrac{\theta m}{Bq}$，$t_2=\dfrac{T}{2}=\dfrac{\pi m}{Bq}$

图b中粒子在磁场中运动的时间$t=\dfrac{\theta m}{Bq}$

图c中粒子在磁场中运动的时间$t=\left(1-\dfrac{\theta}{\pi}\right)T=\left(1-\dfrac{\theta}{\pi}\right)\dfrac{2\pi m}{Bq}=\dfrac{2m(\pi-\theta)}{Bq}$

图d中粒子在磁场中运动的时间$t=\dfrac{\theta}{\pi}T=\dfrac{2\theta m}{Bq}$

3. 圆形边界磁场

沿径向射入圆形磁场的粒子必沿径向射出，运动具有对称性(如图所示)

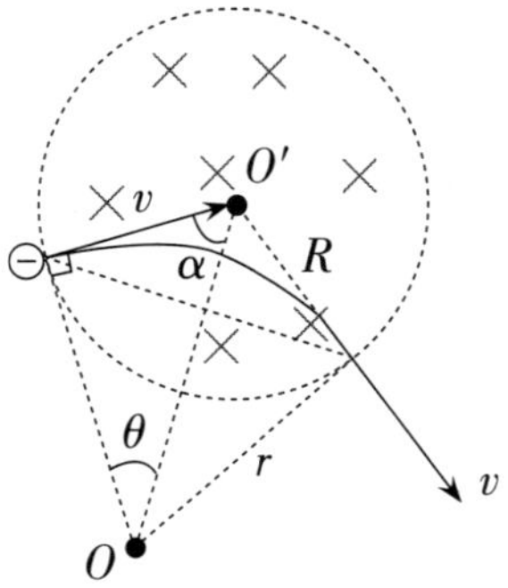

粒子做圆周运动的半径$r = \frac{R}{\tan\theta}$

粒子在磁场中运动的时间$t = \frac{\theta}{\pi}T = \frac{2\theta m}{Bq}$，$\theta + \alpha = 90^{\circ}$

二 带电粒子在叠加场中的运动

1. 带电粒子在叠加场中无约束情况下的运动

（1）洛伦兹力、重力并存

①若重力和洛伦兹力平衡，则带电粒子做匀速直线运动。

②若重力和洛伦兹力不平衡，则带电粒子将做复杂的曲线运动，因洛伦兹力不做功，故机械能守恒，由此可求解问题。

（2）电场力、洛伦兹力并存（不计重力的微观粒子）

①若电场力和洛伦兹力平衡，则带电粒子做匀速直线运动。

②若电场力和洛伦兹力不平衡，则带电粒子将做复杂的曲线运动，因洛伦兹力不做功，可用动能定理求解问题。

（3）电场力、洛伦兹力、重力并存

①若三力平衡，一定做匀速直线运动。

②若重力与电场力平衡，一定做匀速圆周运动。

③若合力不为零且与速度方向不垂直，将做复杂的曲线运动，因洛伦兹力不做功，可用能量守恒定律或动能定理求解问题。

2. 带电粒子在叠加场中有约束情况下的运动

带电粒子在叠加场中受轻杆、轻绳、圆环、轨道等约束的情况下，常见的运动形式有直线运动和圆周运动，此时解题要通过受力分析明确变力、恒力做功情况，并注意洛伦兹力不做功的特点，运用动能定理、能量守恒定律结合牛顿运动定律求解。

三 带电粒子在组合场中的运动

1. 组合场：电场与磁场各位于一定的区域内，并不重叠，电场、磁场交替出现。

2. 分析思路

(1) 划分过程：将粒子运动的过程划分为几个不同的阶段，对不同的阶段选取不同的规律处理。

(2) 找关键：确定带电粒子在场区边界的速度(包括大小和方向)是解决该类问题的关键。

(3) 画运动轨迹：根据受力分析和运动分析，大致画出粒子的运动轨迹图，有利于形象、直观地解决问题。

四 回旋加速器的原理和分析

1. 构造：如图所示，D_1、D_2是半圆形金属盒，D形盒处于匀强磁场中，D形盒的缝隙处接交流电源。

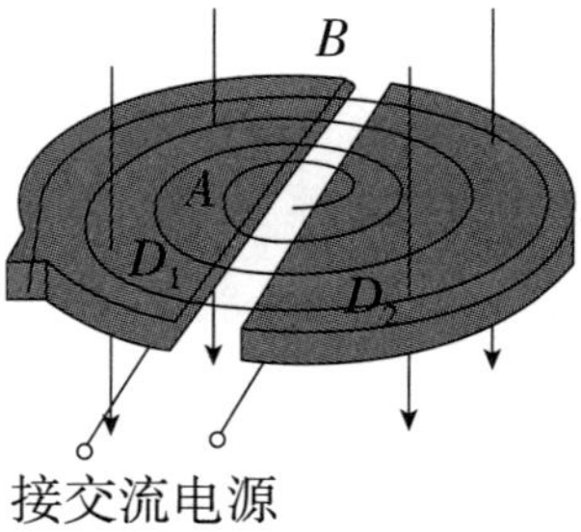

2. 原理：交流电周期和粒子做圆周运动的周期相等，使粒子每经过一次D形盒缝隙，粒子被加速一次。

3. 粒子获得的最大动能：由$qv_mB=\frac{mv_m^2}{R}$、$E_{km}=\frac{1}{2}mv_m^2$得$E_{km}=\frac{q^2B^2R^2}{2m}$，粒子获得的最大动能由磁感应强度$B$和盒半径$R$决定，与加速电压无关。

4. 粒子在磁场中运动的总时间：粒子在磁场中运动一个周期，被电场加速两次，每次增加动能qU，加速次数$n=\frac{E_{km}}{qU}$，粒子在磁场中运动的总时间$t=\frac{n}{2}T=\frac{E_{km}}{2qU}\cdot\frac{2\pi m}{qB}=\frac{\pi BR^2}{2U}$。

例 61.（2018·重庆市上学期期末抽测）如图所示，在$0\leqslant x\leqslant 3a$的区域内存在与xOy平面垂直的匀强磁场，磁感应强度大小为B。在$t=0$时刻，从原点

O发射一束等速率的相同的带电粒子，速度方向与y轴正方向的夹角分布在$0^\circ \sim 90^\circ$范围内。其中，沿y轴正方向发射的粒子在$t = t_0$时刻刚好从磁场右边界上$P(3a,\sqrt{3}a)$点离开磁场，不计粒子重力，下列说法正确的是（　　）

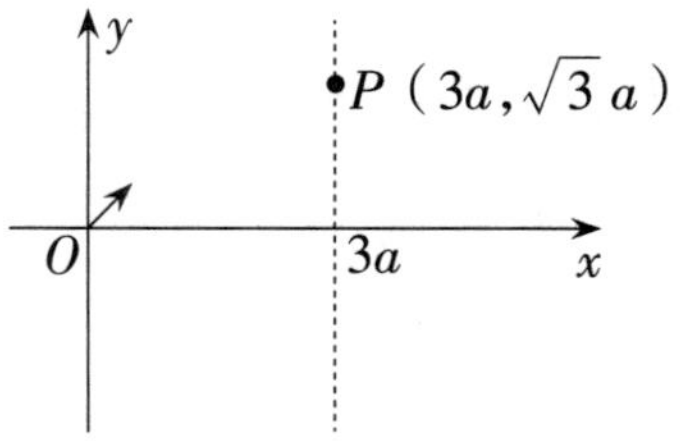

A. 粒子在磁场中做圆周运动的半径为$3a$

B. 粒子的发射速度大小为$\frac{4\pi a}{t_0}$

C. 带电粒子的比荷为$\frac{4\pi}{3Bt_0}$

D. 带电粒子在磁场中运动的最长时间为$2t_0$

答案： D

解析： 根据题意作出沿y轴正方向发射的带电粒子在磁场中做圆周运动的运动轨迹如图所示，圆心为O'，根据几何关系，可知粒子做圆周运动的半径为$r = 2a$，故A错误；沿y轴正方向发射的粒子在磁场中运动的圆心角为$\frac{2\pi}{3}$，运动时间$t_0 = \frac{\frac{2\pi}{3} \times 2a}{v_0}$，解得：$v_0 = \frac{4\pi a}{3t_0}$，选项B错误；沿$y$轴正方向发射的

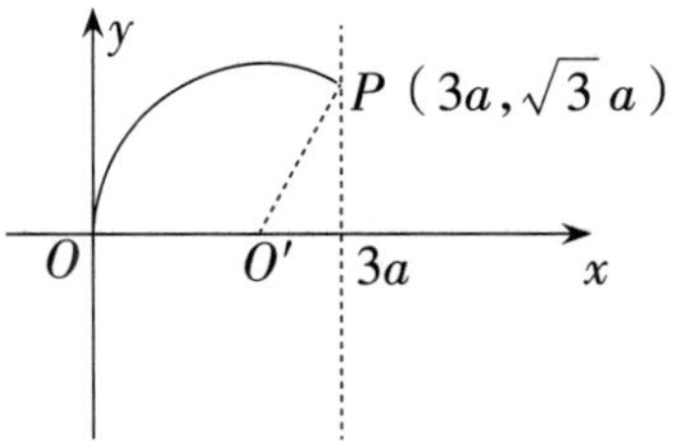

粒子在磁场中运动的圆心角为$\frac{2\pi}{3}$，对应运动时间为t_0，所以粒子运动的周期为$T = 3t_0$，由$Bqv_0 = m(\frac{2\pi}{T})^2 r$，则$\frac{q}{m} = \frac{2\pi}{3Bt_0}$，故C错误；在磁场中运动时间最长的粒子的运动轨迹如图所示，

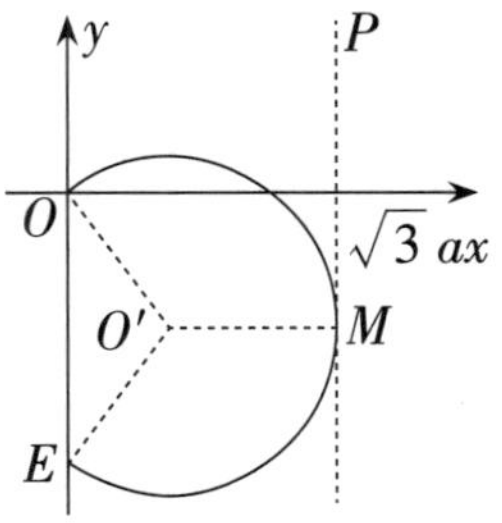

由几何知识得该粒子做圆周运动的圆心角为$\frac{4\pi}{3}$，在磁场中的运动时间为$2t_0$，故D正确.

悟：在有界磁场中构建带电粒子的运动轨迹，是一个“边分析，边计算；边计算，边分析；再分析，再计算……”的过程。一般方法可按：一“找”圆心，二“定”半径，三“求”时间。不同的图形关系，会影响半径、周期等大小的计算，不同的半径、周期大小，也会影响空间构图。这是一个相互印证，逐步清晰，不断拟合出运动轨迹的过程。在这里一个特别有效的方法是“变指哪打哪，为打哪指哪”，即类似于用枪瞄准物体射击时，把“指到哪里就打到哪里”的问题，转化为“打了哪里就指出哪里”，使问题难度降低。用枪射击气球的游戏中，前面有好多小气球，指定一个气球要求去射中，瞄准是很难的；但是要先放枪，先把子弹打出去，再指出打中的是哪个气球就要简单得多。带电粒子在磁场中运动的轨迹肯定是圆周或部分圆周。在有界磁场中去构建这部分圆周是有较大难度的，我们可以先画出这个圆周，再在圆周上找出哪里是入射点，哪里相切，哪里是出射点，就要简单得多，确定粒子在磁场中运动的轨迹，擦掉多余的圆弧，即“变指哪打哪，为打哪指哪”。

A选项“沿y轴正方向发射的粒子”“从磁场右边界上$P(3a,\sqrt{3}a)$点离开磁场”，做出圆周运动的轨迹图，此时半径大小未知，如何确定空间关系呀！我们可以先画出一个圆，“沿y轴正方向发射的粒子”，轨迹肯定与左边界相切，右边界在哪呢？从入射点O到出射点P，水平距离为$3a$，竖直距离为$\sqrt{3}a$，水平距离大于竖直距离，不可能在第一个四分之一圆周上，只能在第二个四分之一圆周上，半径$r<3a$，做出图像，设轨迹圆圆心为O'，根据直角三角形中的几何关系，运用勾股定理有$r^2=(3a-r)^2+(\sqrt{3}a)^2$，解此方程得$r=2a$，A选项错误；B选项求“粒子的发射速度”，知道半径，求速度，带人半径公式$r=\dfrac{mv_0}{qB}$，但比荷未知，还不能确定速度。题中还有其他什么已知条件吗？“在$t=t_0$时刻刚好”离开，知道运动时间，“跟时间有关的问题用周期度量，跟空间有关的问题用半径度量”。通过运动轨迹图，转过的圆心角为120°，$t_0=\dfrac{T}{3}$，带入周期公式有$t_0=\dfrac{1}{3}\dfrac{2\pi m}{qB}$，得荷质比$\dfrac{q}{m}=\dfrac{2\pi}{3Bt_0}$，选项C错误；

带回半径公式有 $2a=\frac{mv_0}{qB}=\frac{3Bt_0}{2\pi}\frac{v_0}{B}=\frac{3t_0v_0}{2\pi}$，得 $v_0=\frac{4\pi a}{3t_0}$，选项B错误；D选项，“带电粒子在磁场中运动的最长时间”，要重新寻找运动轨迹图像，在所有可能的状态中找到此定态，这里以发散思维为主，通过各个方面，契合出我们想要的轨迹，当然也要用到聚合思维，有定态计算的过程。直接在有界磁场中确定轨迹是比较难的，进入磁场速度的方向未知，轨迹不定，哪种情况下在磁场中运动的时间最长呢？粒子和直线边界的临界状态是相切，带点粒子在磁场中的运动轨迹肯定是圆周的一部分，我们先画出这个圆周，“变指哪打哪，为打哪指哪”。带电粒子顺时针转动，若从右边界飞出后，就没有了之后的圆周运动，顶多是个“劣弧”，圆心角小于180°；若没有从右边界飞出，从 x 轴的上方飞到下方，与右边界相切时，留在磁场中的圆弧最长，“在磁场中运动”的时间最长。在圆周的右端点画出相切的右边界，左右边界相距 $3a$，找到左边界，左右边界所夹的圆弧就是在磁场中运动的轨迹，擦掉多余的圆弧。由几何知识，得该粒子做圆周运动的圆心角为 $\frac{4\pi}{3}$，结合 $T=3t_0$，在磁场中的运动时间为 $\frac{2}{3}T=\frac{2}{3}3t_0=2t_0$，故D正确。

例 62. （2022·湖北）在如图所示的平面内，分界线 SP 将宽度为 L 的矩形区域分成两部分，一部分充满方向垂直于纸面向外的匀强磁场，另一部分充满方向垂直于纸面向里的匀强磁场，磁感应强度大小均为 B，SP 与磁场左右边界垂直。离子源从 S 处射入速度大小不同的正离子，离子入射方向与磁场方向垂直且与 SP 成30°角。已知离子比荷为 k，不计重力。若离子从 P 点射出，设出射方向与入射方向的夹角为 θ，则离子的入射速度和对应 θ 角的可能组合为（　　）

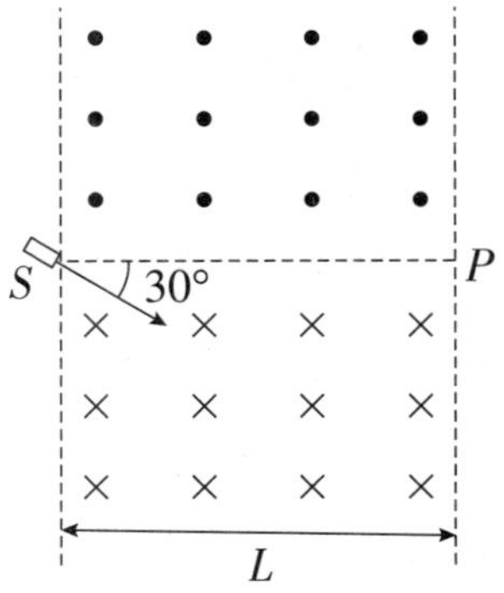

A. $\frac{1}{3}kBL$，0°　　B. $\frac{1}{2}kBL$，0°　　C. kBL，60°　　D. $2kBL$，60°

答案：BC

解析： 若粒子通过下部分磁场后直接到达P点，如图

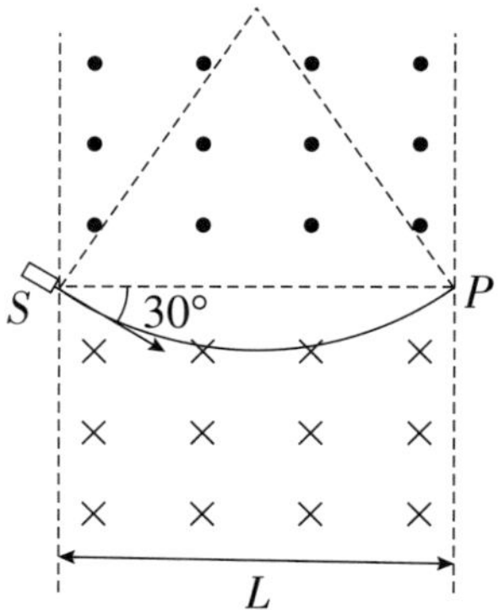

根据几何关系则有$R=L$，$qvB=m\frac{v^2}{R}$，

可得$v=\frac{qBL}{m}=kBL$

根据对称性可知出射速度与SP成30°角向上，故出射方向与入射方向的夹角为$\theta=60^\circ$。

当粒子上下均经历一次时，如图

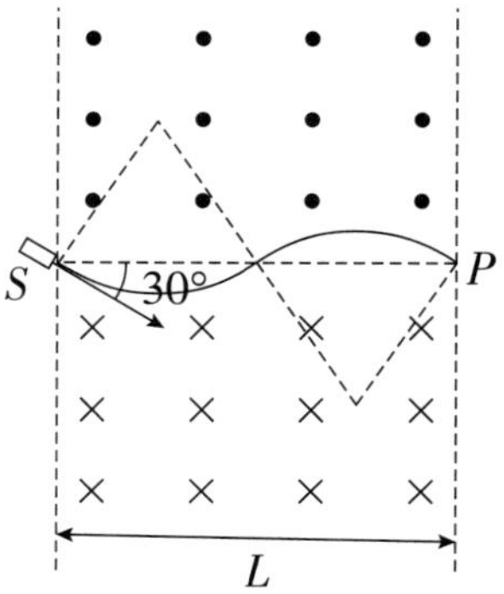

因为上下磁感应强度均为B，则根据对称性有$R=\frac{1}{2}L$

根据洛伦兹力提供向心力有$qvB=m\frac{v^2}{R}$

可得$v=\frac{qBL}{2m}=\frac{1}{2}kBL$

此时出射方向与入射方向相同，即出射方向与入射方向的夹角为$\theta=0^\circ$。

通过分析可知，当粒子经过奇数段圆弧后从P点射出，

有$nR=L$（n为奇数），解得$v=kBR=kB\frac{L}{n}=\frac{1}{n}kBL$（$n$为奇数），可知C正确；

当粒子经过偶数段圆弧后从P点射出，

有$nR=L$（n为偶数），解得$v=kBR=kB\frac{L}{n}=\frac{1}{n}kBL$（$n$为偶数），可知B正确；

故选BC。

悟： 离子的运动可以分为两类：一类是经过1、3、5等奇数段圆弧后从P点射出，速度方向改变了$\theta=60^\circ$；另一类是经过2、4、6等偶数段圆弧后从P点射出，速度方向改变了$\theta=0^\circ$。首先要明确“从S处射入速度大小不同的正离子”，在“磁感应强度大小均为B”的上下两磁场中，某一离子的半径一定相等，“速度大小不同”只是半径可以变化。“离子入射方向与SP成30°角”，当粒子经过奇数段圆弧后从P点射出，速度方向改变60°角，可知C正确，A错误；当粒子经过偶数段圆弧后从P点射出，速度方向改变0°角，可知B正确。D项还不能充分说明是错误的，假如D项正确，$v=2kBR$，则有$R=\frac{mv}{qB}=\frac{m\cdot 2kBL}{qB}=2L$，通过画过程图知，不可能存在$R=2L$从$P$点射出的情况，所

以，选项D错误。

例 63. 如图甲所示，在xOy平面内存在均匀、大小随时间周期性变化的磁场和电场，变化规律分别如图乙、丙所示（规定垂直纸面向里为磁感应强度的正方向、$+y$轴方向为电场强度的正方向）。在$t=0$时刻由原点O发射初速度大小为v_0，方向沿$+y$轴方向的带负电粒子（不计重力）。其中已知v_0、t_0、B_0，且$E_0=\frac{B_0v_0}{\pi}$，粒子的比荷$\frac{q}{m}=\frac{\pi}{B_0t_0}$，$x$轴上有一点$A$，坐标为$\left(\frac{48v_0t_0}{\pi},\ 0\right)$。

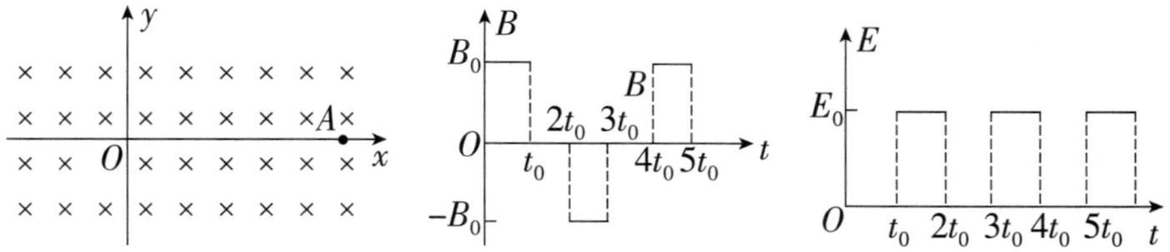

甲　　乙　　丙

（1）求$\frac{t_0}{2}$时带电粒子的位置坐标；

（2）粒子运动过程中偏离x轴的最大距离；

（3）粒子经多长时间经过A点。

答案：（1）$\left(\frac{v_0t_0}{\pi},\frac{v_0t_0}{\pi}\right)$　（2）$1.5v_0t_0+\frac{2v_0t_0}{\pi}$　（3）$32t_0$

解析：（1）在$0\sim t_0$时间内，粒子做匀速圆周运动，根据洛伦兹力提供向心力可得：$qB_0v_0=m\frac{4\pi^2}{T^2}r_1=m\frac{{v_0}^2}{r_1}$，得：$T=\frac{2\pi m}{qB_0}=2t_0$，$r_1=\frac{mv_0}{qB_0}=\frac{v_0t_0}{\pi}$

则在$\frac{t_0}{2}$时间内转过的圆心角$\alpha=\frac{\pi}{2}$，所以在$t=\frac{t_0}{2}$时，粒子的位置坐标为：$\left(\frac{v_0t_0}{\pi},\frac{v_0t_0}{\pi}\right)$。

（2）在$t_0\sim 2t_0$时间内，粒子经电场加速后的速度为v，粒子的运动轨迹如图所示。

$v=v_0+\frac{E_0q}{m}t_0=2v_0$，

运动的位移：$x=\frac{v_0+v}{2}t_0=1.5v_0t_0$，

在$2t_0 \sim 3t_0$时间内，粒子做匀速圆周运动，半径$r_2 = 2r_1 = \frac{2v_0 t_0}{\pi}$，

故粒子偏离x轴的最大距离$h = x + r_2 = 1.5v_0 t_0 + \frac{2v_0 t_0}{\pi}$。

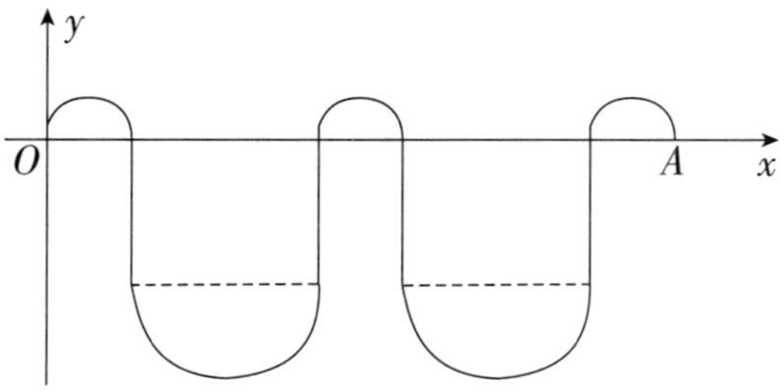

（3）粒子在xOy平面内做周期性运动的运动周期为$4t_0$，

一个周期内向右运动的距离$d = 2r_1 + 2r_2 = \frac{6v_0t_0}{\pi}$，$AO$间的距离为$\frac{48v_0t_0}{\pi} = 8d$。

所以，粒子运动至A点的时间为：$t = 32t_0$。

悟：磁场和电场交替出现，属于组合场问题，在任何时刻都只受到一种场的力，前一过程的末态，就是后一过程的初态。我们按照时间、空间逐场判断推演就行。首先要找到初始时刻的位置及运动状态，根据所受的力、边界条件、临界条件逐一进行推断。这是一个边推理、边计算，边计算、边推理，定性和定量相互结合的过程。

分析物理的受力及运动过程，对于带电粒子在磁场中的运动，可以首先求出半径和周期。物理的根本问题是“时空”问题，求空间，就用半径去度量，求时间，就用周期去度量。本题中在$t = 0$时刻，带负电的离子由原点O以初速度大小为v_0，方向沿$+y$轴方向出发。可求周期$T = 2t_0$，知$\frac{t_0}{2} = \frac{T}{4}$，在第一个$\frac{t_0}{2} = \frac{T}{4}$时间内，离子转过的圆心角为$90°$，结合受力判断旋转方向，确定粒子的位置坐标为($r$、$r$)，带入数据坐标为$\left(\frac{v_0 t_0}{\pi}, \frac{v_0 t_0}{\pi}\right)$。第（2）问，求粒子运动过程中偏离$x$轴的最大距离，根据场的变化，推演粒子的运动过程，边分

析，边计算，确定粒子的轨迹，边计算，边分析，粒子偏离x轴的最大距离：$h = x + r_2$，展开求解。第（3）问，求“粒子经多长时间经过A点”，观察带电粒子的运动过程，分析运动规律，发现粒子做的是周期性运动，周期为$T' = 4t_0$，计算出一个周期内向右运动的距离：$d = 2r_1 + 2r_2 = \frac{6v_0 t_0}{\pi}$，粒子运动到$A$点需要运动$\frac{48v_0 t_0}{\pi} = 8d$，时间需要$8T' = 8 \times 4t_0 = 32t_0$。按周期性运动计算是关键。

例 64. 在现代科技中，人们常常利用电场、磁场和重力场来控制带电微粒的运动。如图所示，直角坐标系位于竖直平面内，y轴上的A点有一带正电的小球，小球的质量为m、电荷量为q，$\frac{q}{m} = \frac{1}{\sqrt{3}}$ C/kg。若将小球从A点由静止释放，小球在x轴下方场强为E_1、方向平行于坐标平面的匀强电场和重力场的作用下沿直线做匀加速运动到x轴上的B点。在x轴的上方，小球在场强为E_2、磁感应强度为$B = \sqrt{10}\ T$的磁场和重力场作用下做匀速圆周运动，轨迹关于y轴对称，已知A、B两点坐标分别为A（0，－1）、B（$\sqrt{3}$，0），g取10 m/s^2，求：

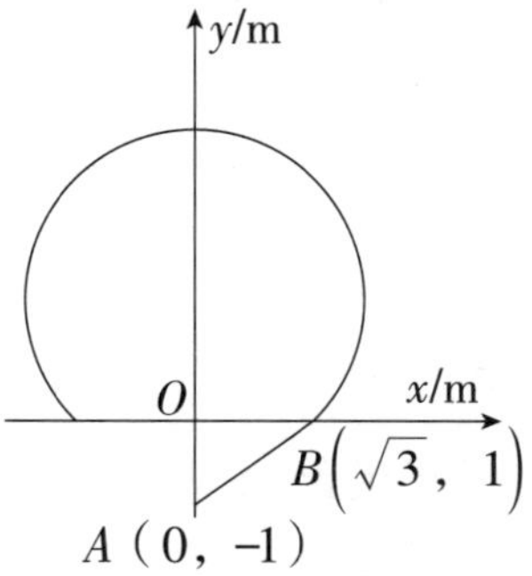

（1）场强E_2的大小和方向；

（2）场强E_1的大小和方向。（结果可以保留根式）

答案：（1）$10\sqrt{3}$ N/C　方向竖直向上

（2）30 N/C　与x轴正方向成60°角斜向上

解析：（1）小球在x轴上方做匀速圆周运动，所以洛伦兹力充当向心力，电场力和重力平衡，$qE_2 = mg$，

解得$E_2 = 10\sqrt{3}$ N/C，方向竖直向上。

（2）在$\triangle AOB$中，$\angle ABO = 30°$，设小球在x轴上方做匀速圆周运动的轨道半径为R，圆心为O_1，半径O_1B与x轴成60°，所以$R\cos 60° = OB$，

解得$R = 2\sqrt{3}$ m，

根据牛顿第二定律，粒子做圆周运动时有 $qvB = \dfrac{mv^2}{R}$，

解得 $v = 2\sqrt{10}$ m/s，

从 A 到 B 做匀加速直线运动，则 $v^2 = 2ax$，

解得 $a = 10$ m/s^2，

根据平行四边形定则

有 $qE_1 = 2mg\cos 30^\circ$，

解得 $E_1 = 30$ N/C，与 x 轴正方向成 60° 角斜向上。

悟：“若将小球从 A 点由静止释放，小球在 x 轴下方场强为 E_1、方向平行于坐标平面的匀强电场和重力场的作用下沿直线做匀加速运动到 x 轴上的 B 点”，我们根据这些条件并不能确定电场强度 E_1 的大小和方向，只能根据“沿直线做匀加速运动”知道合外力沿此直线向上，电场力方向、大小不能确定。我们要先根据后面的运动，知道半径，求出速度，这个速度大小就是前一过程的末速度。回到第一个过程，知道末速度，初速度和位移，求出加速度，根据合力，再求电场力，典型的逆向思维。

例 65.（2019·合肥二模）如图甲所示，竖直挡板 MN 左侧空间有方向竖直向上的匀强电场和垂直纸面向里的匀强磁场，电场和磁场的范围足够大，电场强度 $E = 40$ N/C，磁感应强度 B 随时间 t 变化的关系图像如图乙所示，选定磁场垂直纸面向里为正方向。$t = 0$ 时刻，一带正电的微粒，质量 $m = 8\times10^{-4}$ kg、电荷量 $q = 2\times10^{-4}$ C，在 O 点具有方向竖直向下、大小为 0.12 m/s 的速度 v，O' 是挡板 MN 上一点，直线 OO' 与挡板 MN 垂直，取 $g = 10$ m/s^2。求：

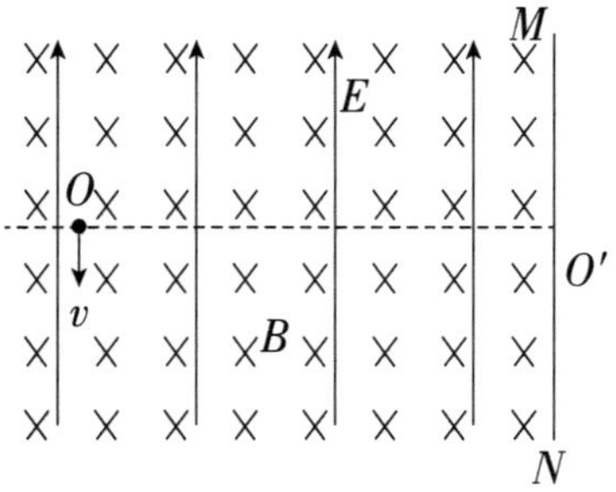

甲

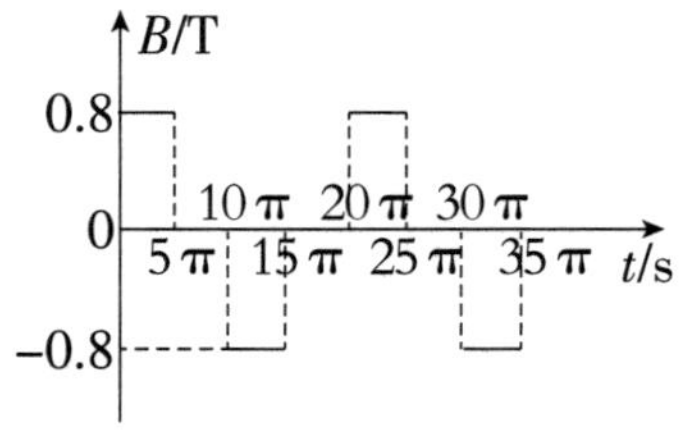

乙

（1）微粒再次经过直线 OO' 时与 O 点的距离；

（2）微粒在运动过程中离开直线 OO' 的最大距离；

（3）水平移动挡板，使微粒能垂直射到挡板上，挡板与 O 点间的水平距离应满足的条件。

答案：（1）1.2 m （2）2.48 m （3）（$2.4n+0.6$）m（$n=0$，1，2，3，…）或（$2.4n+1.8$）m（$n=0$，1，2，3，…）

解析：（1）由题意可知，微粒所受的重力为 $G=mg=8\times10^{-3}$ N，

电场力的大小为 $F=Eq=8\times10^{-3}$ N，

$Eq=mg$，因此重力与电场力平衡，

微粒在洛伦兹力作用下做匀速圆周运动，根据牛顿第二定律有 $qvB=m\dfrac{v^2}{R}$，

代入数据解得 $R=0.6$ m，

由公式 $T=\dfrac{2\pi R}{v}$ 可解得 $T=10\pi$ s，

则微粒在 $0\sim5\pi$ s 内转过半个圆周，再次经过直线 OO' 时与 O 点的距离 $l=2R=1.2$ m。

（2）微粒运动半个周期后向上匀速运动，运动的时间为 $t=5\pi$ s，轨迹如图所示，位移大小 $s=vt$，

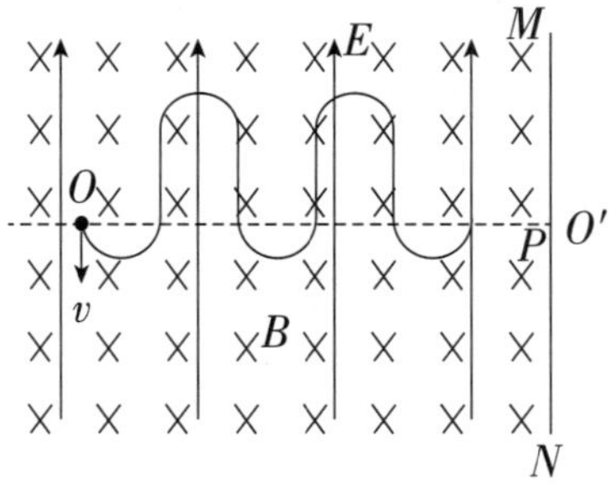

解得 $s\approx1.88$ m。

因此，微粒离开直线 OO' 的最大距离 $l'=s+R=2.48$ m。

（3）若微粒能垂直射到挡板上的某点 P，P 点在直线 OO' 下方时，由图可知，挡板 MN 与 O 点间的水平距离应满足 $L_1=$（$2.4n+0.6$）m（$n=0$，1，2，3，…）

若微粒能垂直射到挡板上的某点 P，P 点在直线 OO' 上方时，由图可知，

挡板MN与O点间的距离应满足$L_2=(2.4n+1.8)$ m（$n=0，1，2，3，\cdots$）。

悟：求解交变场问题时首先要明确是电场做周期性变化还是磁场做周期性变化，抑或是电场、磁场都做周期性变化，一般按如下思路分析：①读图：理解场的变化情况；②受力分析：分析粒子在各种变化场区的受力情况；③过程分析：分析粒子在不同时间段的运动情况；④找衔接点：找到衔接相邻过程或状态的物理量及其关系；⑤选规律：针对不同阶段或状态列方程求解。

第（3）问，使微粒能垂直射到挡板上，挡板与O点间的水平距离应满足的条件，挡板竖直，只要微粒速度水平向右的位置都可以，可以是R、$3R$、$5R\cdots$，半径的奇数倍都可以，距离应满足$L=0.6(2k+1)=(1.2k+0.6)$ m（$k=0，1，2，3，\cdots$）。上面答案，

$L_1=(2.4n+0.6)=0.6(4n+1)=0.6(2\times 2n+1)$，

$L_2=(2.4n+1.8)=0.6(4n+3)=0.6[2\times(2n+1)+1]$，$2n$与$(2n+1)$可用$k$来代替，合并表示为$L=0.6(2k+1)=(1.2k+0.6)$ m（$k=0，1，2，3，\cdots$）。

例 66. 如图所示，在xOy坐标平面的第一象限内有一沿y轴负方向的匀强电场，在第四象限内有一垂直于平面向里的匀强磁场，现有一质量为m、电量为$+q$的粒子（重力不计）从坐标原点O射入磁场，其入射方向与x的正方向成45°角。当粒子运动到电场中坐标为$(3L，L)$的P点处时速度大小为v_0，方向与x轴正方向相同。求：

（1）粒子从O点射入磁场时的速度v；

（2）匀强电场的场强E_0和匀强磁场的磁感应强度B_0；

（3）粒子从O点运动到P点所用的时间。

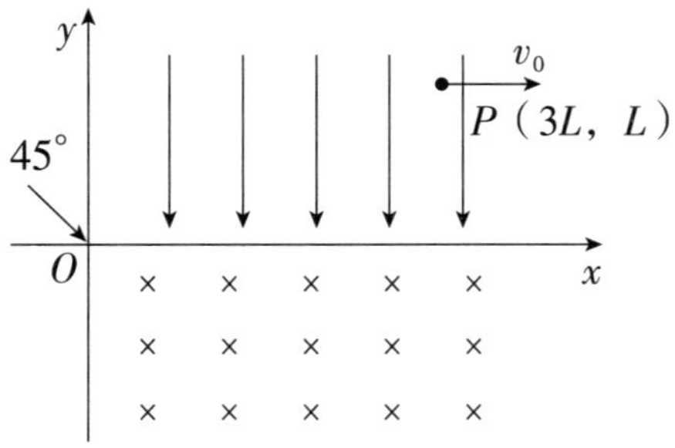

答案：（1）$\sqrt{2}v_0$　（2）$\frac{mv_0^{\ 2}}{2qL}$　$\frac{2mv_0}{qL}$　（3）$\frac{(8+\pi)L}{4v_0}$

解析：（1）若粒子第一次在电场中到达最高点P，则其运动轨迹如图所示，粒子在O点时的速度大小为v，OQ段为圆周，QP段为抛物线，根据对称性可知，粒子在Q点时的速度大小也为v，方向与x轴正方向成$45°$角，可得$v_0 = v\cos 45°$，

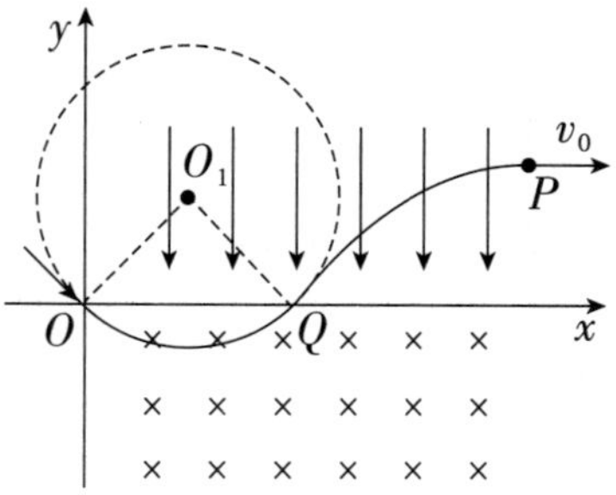

解得$v=\sqrt{2}v_0$。

（2）在粒子从Q运动到P的过程中，由动能定理得

$-qEL=\frac{1}{2}mv_0^{\ 2}-\frac{1}{2}mv^2$，

解得$E=\frac{mv_0^{\ 2}}{2qL}$，

又在匀强电场由Q到P的过程中，水平方向的位移为$x=v_0t_1$，

竖直方向的位移为$y=\frac{v_0}{2}t_1=L$，

可得$x_{QP}=2L$，$OQ=L$，

由$OQ=2R\cos 45°$，故粒子在OQ段圆周运动的半径：$R=\frac{\sqrt{2}}{2}L$及$R=\frac{mv}{qB}$

解得$B_0=\frac{2mv_0}{qL}$。

（3）在Q点时，$v_y=v_0\tan 45°=v_0$

设粒子从Q到P所用时间为t_1，在竖直方向上有$t_1=\frac{L}{\frac{v_0}{2}}=\frac{2L}{v_0}$，

粒子从O点运动到Q所用的时间为$t_2=\frac{\pi L}{4v_0}$，

则粒子从O点运动到P点所用的时间为$t_{总}=t_1+t_2=\frac{2L}{v_0}+\frac{\pi L}{4v_0}=\frac{(8+\pi)L}{4v_0}$。

悟：考查带电粒子在组合场中的运动问题，本题需要正向思维与逆向思维相结合，边分析，边计算；边计算，边分析，定性分析与定量计算相互融合，滚动展开。

粒子从原点O射入磁场，在第四象限做逆时针方向的圆周运动，从x轴穿出时与x轴正方向夹角为45°（直线边界，粒子进出磁场具有对称性，进入、穿出时与直线边界的夹角相等）。在第一象限的电场中做逆向的类平抛运动，利用速度偏转角找到速度关系$v=\sqrt{2}v_0$，利用“在类平抛运动中，速度的反向延长线交水平位移的中点”的二级结论形成思路，从Q点到P点，水平位移为竖直位移的二倍，$y=L$，$x=2L$。回到磁场，$\frac{1}{4}$的圆周的弦$L=\sqrt{2}r$。总之，题中给出空间关系，就可利用半径求解，若求时间，就可根据周期求解。

例 67. 如图所示，PM是半径为R的四分之一光滑绝缘轨道，仅在该轨道内有垂直纸面向外的匀强磁场，磁感应强度大小为B。光滑绝缘轨道MN水平且足够长，PM下端与MN相切于M点。质量为m的带正电小球b静止在水平轨道上，质量为$2m$、电荷量为q的带正电小球a从P点由静止释放，在a球进入水平轨道后，a、b两小球间只有静电力作用，且a、b两小球始终没有接触。带电小球均可视为点电荷，设小球b离M点足够远，重力加速度为g。求：

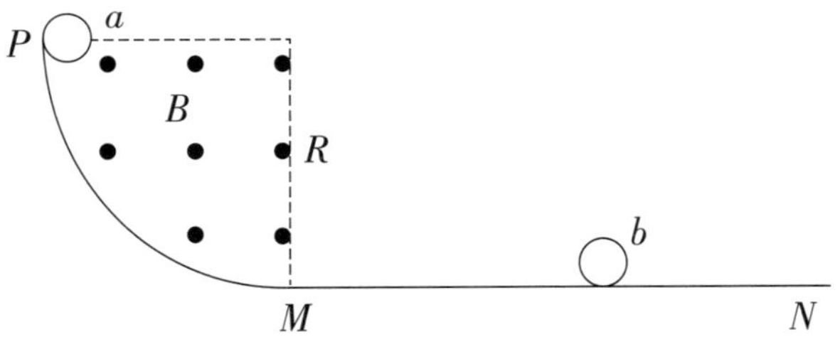

（1）小球a刚到达M点时的速度大小及对轨道的压力大小；

（2）a、b两小球系统的电势能最大值E_p；

（3）a、b两小球最终的速度v_a、v_b的大小。

答案：（1）$\sqrt{2gR}$　$6mg+qB\sqrt{2gR}$　（2）$\frac{2}{3}mgR$

（3）$\frac{1}{3}\sqrt{2gR}$　$\frac{4}{3}\sqrt{2gR}$

解析：（1）小球a从P到M，洛伦兹力、弹力不做功，只有重力做功，由动能定理有$2mgR=\frac{1}{2}\times 2mv_M{}^2$，

解得$v_M=\sqrt{2gR}$，

在M点，由牛顿第二定律有$F_N-2mg-qv_MB=\frac{2mv_M{}^2}{R}$，

解得$F_N=6mg+qB\sqrt{2gR}$，

根据牛顿第三定律得小球a刚到达M点时对轨道的压力大小为$F_N'=6mg+qB\sqrt{2gR}$。

（2）两小球速度相等时系统电势能最大，以向右为正方向，由动量守恒定律有$2mv_M=3mv_共$，

根据能量守恒定律有$E_p=\frac{1}{2}\times 2mv_M{}^2-\frac{1}{2}\times 3mv_共{}^2$，

解得$E_p=\frac{2}{3}mgR$。

（3）由动量守恒定律$2mv_M=2mv_a+mv_b$，

由能量守恒定律有$\frac{1}{2}\times 2mv_M{}^2=\frac{1}{2}\times 2mv_a{}^2+\frac{1}{2}mv_b{}^2$，

解得$v_a=\frac{1}{3}v_M=\frac{1}{3}\sqrt{2gR}$，$v_b=\frac{4}{3}v_M=\frac{4}{3}\sqrt{2gR}$。

悟：第（2）问，求a、b两小球系统的电势能最大值E_p，经过了三次问题转化，①电势能最大，对应两小球距离最近（同种电荷靠近时，克服电场力做功，电势能增大，或者说电场力对前面小球做正功，对后面小球做负功，靠近时，后面小球的速度大于前面小球的速度，对后面小球做的负功大于对前面小球做的正功，对系统做负功）；②距离最近对应共速（带同种电荷，之间为斥力，前面小球受到向前的力，向前加速，后面小球a受到的斥力向后，向前做减速运动。起初靠近时，a球的速度大于b球的速度，两小球距离减小，前面小球继续加速，后面小球继续减速，但只要前面小球a的速度还没有增加到后面小球b减小到的速度，两小球的距离就还要继续减小。当后面a球的速度小于前面b球的速度，两小球间距逐渐增大。两小球距离最

近，是两小球距离由减小转变为增大的转折点，对应两小球速度大小的转折点，即两小球速度相等；③两小球共速相当于两小球发生了“完全非弹性碰撞”，据此可列完全弹性碰撞的动量和能量关系式，损失的动能转化为电势能（真正的“碰撞”，损失的动能转化为内能，这里只是两个小球没有“接触”，把损失的动能转化为电势能），速度相等时，损失的动能最大，生成的电势能最大，且最大值 $E_p=\Delta E_{k损}=\frac{1}{2}2mv_M{}^2-\frac{1}{2}3mv_共{}^2=\frac{1}{2}2m\cdot 2gR-\frac{1}{2}3m\cdot\frac{4}{9}2gR=mgR\left(2-\frac{4}{3}\right)=\frac{2}{3}mgR$。问题转化过程为：电势能最大$\Longrightarrow$距离最近$\Longrightarrow$共速$\Longrightarrow$“完全非弹性碰撞”。

好多题，并不是先给定发生了完全非弹性碰撞，可推知速度相等；而是先判定了速度相等，再推知相当于发生了完全非弹性碰撞。

第（3）问，求 a、b 两小球最终的速度 v_a、v_b 的大小，首先应该判断最终的状态是怎样的。距离最近时，两小球速度相等，两小球之间还有斥力，前面小球 b 继续加速，后面小球 a 继续减速，前面小球的速度要大于后面小球的速度，两小球间距变大，电势能减小，之间的斥力也减小，加速度减小，两小球间的距离还要继续减小，题中“设小球 b 离 M 点足够远”，最终应该是两小球间的距离足够远，两小球的电势能减小到0。电势能减小到0，减小的电势能转化回系统的动能，动能的减小量等于0，两小球相当于发生了完全弹性碰撞一样。可以利用完全弹性碰撞的规律求解两小球的速度。中间也经过了三次问题转化：

最终足够远$\Longrightarrow$电势能变化量为0$\Longrightarrow$动能变化量为0$\Longrightarrow$“完全弹性碰撞”。

很多题，并不是先给定发生了完全弹性碰撞，可推知系统动能损失为0；而是先判定了某过程系统动能损失为0，再推知相当于发生了完全弹性碰撞。

第十单元 电磁感应

一 楞次定律 法拉第电磁感应定律

1. 感应电流方向的判断有两种，感应电动势大小的计算也相应的有两种。

感应电流方向可用楞次定律和右手定则两种方法判断，感应电动势大小的计算也有两个公式：法拉第电磁感应定律$E=n\dfrac{\Delta\Phi}{\Delta t}$和导体切割磁感线产生的电动势$E=BLv$。它们的适用情况可以分为两类，①特定情况适用，只适合于导体L在磁场B中做切割磁感线运动v时产生的电动势，其大小用公式$E=BLv$计算，其方向用右手定则判断。它们的运用过程就能体现出适用条件，让磁场B穿过手心，让大拇指指向导体L的运动的方向v，那么四指所指的方向就是产生的感应电流I（E）的方向，产生的电动势是动生电动势，大小用公式$E=BLV$计算；②普遍适用，只要满足产生感应电动势的条件“穿过回路的磁通量发生变化”就一定产生感应电动势，判方向用楞次定律：感应电流具有这样的方向，即感应电流的磁场总要阻碍引起感应电流的磁通量的变化；求大小用法拉第电磁感应定律：闭合电路中感应电动势的大小，跟穿过这一电路的磁通量的变化率成正比。从它们的运用过程，就可以体会出只要满足“穿过回路的磁通量发生变化”，就可应用楞次定律判断方向，用法拉第电磁感应定律求大小了。磁通量的变化率就是单匝线圈产生的电动势$\dfrac{\Delta\Phi}{\Delta t}$，$n$匝回路相当于$n$个电源串联，再乘以$n$就行，即$E=n\dfrac{\Delta\Phi}{\Delta t}$，产生的电动势可以是动生电动势，可以是感生电动势，也可以是动生和感生同时产生的电动势。

磁通量的变化量$\Delta\Phi=\Phi_2-\Phi_1=B_2\cdot S_2-B_1\cdot S_1$。

①当$\Delta\Phi$仅由B的变化引起时，则$E=n\dfrac{\Delta B\cdot S}{\Delta t}$，仅产生感生电动势；

②当$\Delta\Phi$仅由S的变化引起时，则$E=n\dfrac{B\cdot\Delta S}{\Delta t}$，仅产生动生电动势；

③当$\Delta\Phi$由B、S的变化同时引起时，则产生的电动势既有动生电动势，又有感生电动势。

2. 用楞次定律判断感应电流的方向

（1）楞次定律中“阻碍”的含义

谁阻碍谁 → 感应电流的磁场阻碍引起感应电流的磁场（原磁场）的磁通量的变化

↓

阻碍什么 → 阻碍的是磁通量的变化，而不是阻碍磁通量本身

↓

如何阻碍 → 当磁通量增加时，感应电流的磁场方向与原磁场的方向相反；当磁通量减少时，感应电流的磁场方向与原磁场的方向相同，即“增反减同”

↓

阻碍效果 → 阻碍并不是阻止，只是延缓了磁通量的变化，这种变化将继续进行

（2）应用楞次定律的思路

明确要研究的回路 → { 原磁场B的方向；确定磁通量φ的变化 } —楞次定律→ 判断感应电流的磁场B'的方向 —安培定则→ 判断感应电流I'的方向

（3）楞次定律中“阻碍”的含义可以推广为：感应电流的效果总是阻碍引起感应电流的原因，列表说明如下：

内容	阻碍原磁通量变化——“增反减同”	阻碍相对运动——“来拒去留”	使回路面积有扩大或缩小的趋势——“增缩减扩”	阻碍原电流的变化——“增反减同”

续表

例证	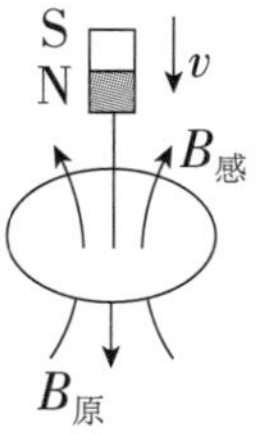 磁铁靠近线圈，$B_感$ 与 $B_原$ 方向相反	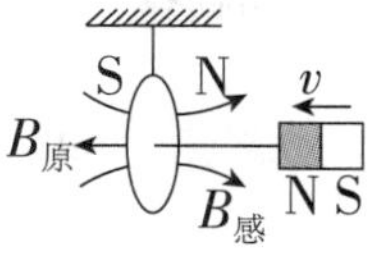 磁铁靠近，是斥力 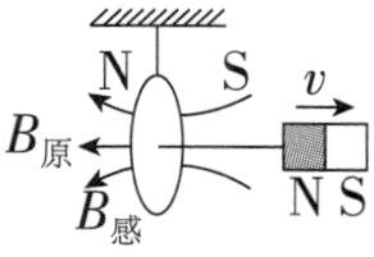 磁铁远离，是引力	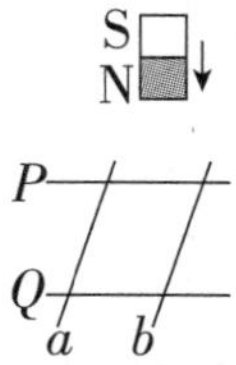 P、Q 是光滑固定导轨，a、b 是可动金属棒，磁铁下移，a、b 靠近	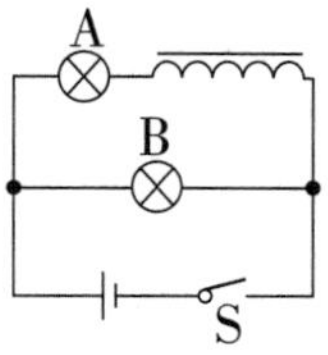 合上 S，B 先亮，A 逐渐变亮；断开 S，灯 A、B 逐渐变暗至熄灭

（4）三定则一定律的应用

安培定则、左手定则、右手定则、楞次定律的应用对比

基本现象	因果关系	应用规律
直线电流、螺旋电流、运动电荷产生磁场	因电生磁	安培定则
磁场对运动电荷、电流有作用力	因电受力	左手定则
部分导体做切割磁感线运动	因动生电	右手定则
闭合回路磁通量变化	因磁生电	楞次定律

3. 从楞次定律谈物理悟性的培养

在电磁感应这一章中，楞次定律是一个重点，也是一个难点。但若能对定律中“阻碍”的实质有一个通透的了解，对定律的应用就能做到得心应手的境界。下面我们从楞次定律的本源，探究解题的最佳捷径，以及对“阻碍”的一些扩展。

（1）理解楞次定律就要理解“阻碍”

①谁阻碍谁——感应电流 I' 的磁场 B' 阻碍产生产感应电流的原磁场 B 的磁通量的变化。

②阻碍什么——阻碍的是穿过回路的磁通量的变化，而不是磁通量本身。

③如何阻碍——原磁通量增加时，感应电流 I' 的磁场 B' 方向与原磁场 B

方向相反；当原磁通量减弱时，感应电流I'的磁场B'方向与原磁场B方向相同，即“增反减同”。

④阻碍的结果——阻碍并不是阻止，结果是增加的还要增加，减少的还要减少，只是增加或减少不了那么多，其增加或减少的程度要弱化些。

（2）楞次定律的两种表述

①规范表述：感应电流具有这样的方向，即感应电流的磁场总要阻碍引起感应电流的磁通量的变化。

②另一种表述：感应电流总是反抗产生它的那个原因。

（3）楞次定律的三种表现形式

①阻碍原磁通量的变化：磁通量变化引起的感应电流，感应电流的磁场总是阻碍原磁通量的变化，简记为“增反减同”。如图中，当条形磁铁的N极向下靠近通电螺线管时，通电螺线管产生的磁场B'向上，阻碍向下的磁通量增强；当条形磁铁的N极远离时，通电螺线管产生的磁场B'向下，阻碍向下的磁通量减小。即通电螺线管产生的磁场与条形磁铁产生的磁场间的变化规律是：增反减同。

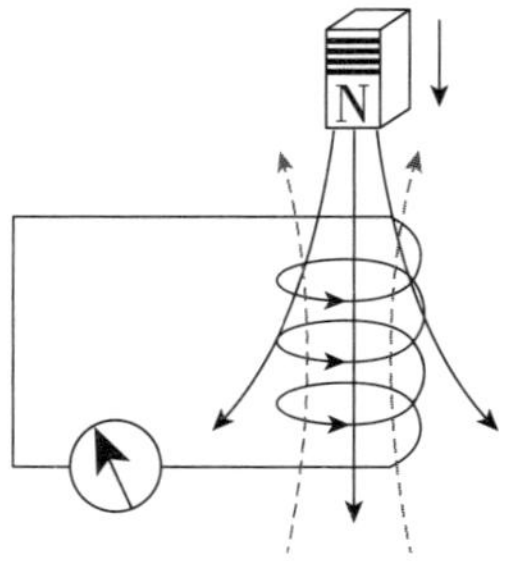

对教材实验整理如下：

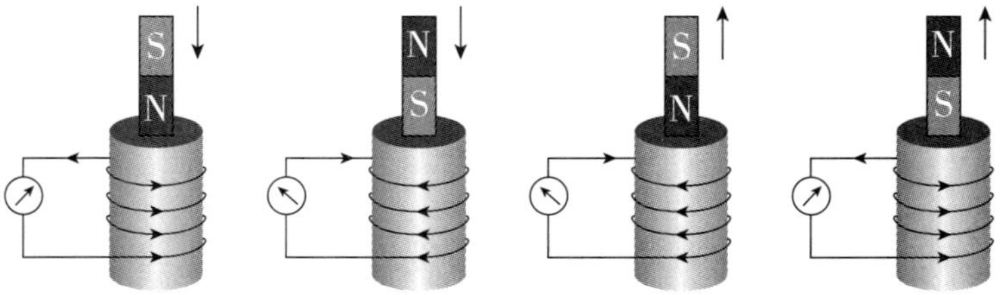

	N极插入	S极插入	N极拔出	S极拔出
示意图	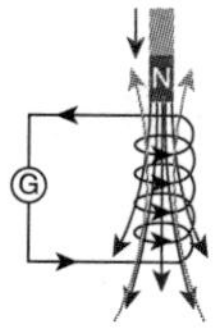	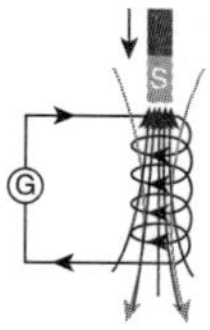	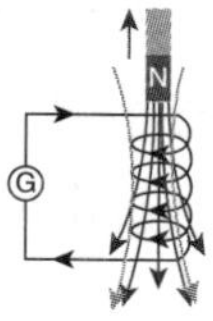	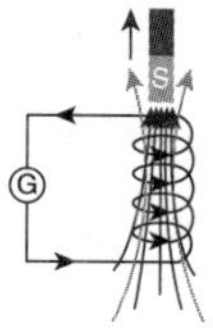
原磁场方向	向下	向上	向下	向上
原磁场磁通量的变化	增加	增加	减小	减小
感应电流方向（俯视）	逆时针	顺时针	顺时针	逆时针
感应电流的磁场方向	向上	向下	向下	向上

②阻碍物体间的相对运动，有的人把它称为“来拒去留”：由相对运动产生的感应电流，感应电流总是阻碍磁体和导体的相对运动，简记为“来拒去留”。

当N极接近线圈时，线圈上感应电流在线圈的右侧表现为N极，线圈和条形磁铁的相互作用表现为斥力，不让条形磁铁靠近;当条形磁铁远离时，线圈上感应电流在线圈的右侧表现为S极，线圈和条形磁铁的相互作用表现为引力，不让条形磁铁远离;可简称为“来拒去留”。

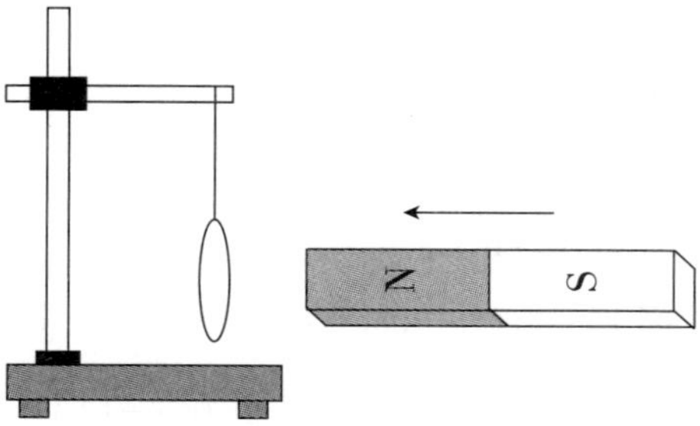

③阻碍原电流的变化（自感）。电流变化引起感应电流，感应电流阻碍原电流的变化。即，原电流增大时，感应电流方向与原电流方向相反；原电流减小时，感应电流方向与原电流方向相同，也简记为“增反减同”。

在应用时关键要把握住“果”阻碍“因”的形式。如感应磁场阻碍原磁场磁通量的变化，或安培力阻碍相对运动或者是使线框形变、旋转等；阻碍磁通量的变化，是指使磁通量变化的速度变慢，但并未阻止其变化。

“阻碍”：就像产生感应电流的闭合导体回路有了思想，它是坚定的“守旧者”从而不喜欢“变化”，但是它又阻止不了“变化”，只能延缓这种变化。

楞次定律也指出了电磁感应现象中的能量转换关系：感应电流的磁场总是在阻碍着引起感应电流的磁通量的变化，为维持感应电流，就必须克服这个阻碍做功，这部分功的消耗就是感应电流能量的来源。如上例，当用条形磁铁的N极靠近通电螺线管时，螺线管中用楞次定律得出的感应电流所形成的磁场，在螺线管上端为N极，这个N极将排斥外来的条形磁铁的靠近，条形磁铁受排斥力的作用，速度将逐渐减小，动能会减少；要维持其运动速度则需要有外力对磁铁做功。可见，电磁感应现象中线圈中产生的电能是通过消耗机械能，或通过外力做功转化而来的。因此，楞次定律是符合能量转化与守恒定律的。楞次定律是能量守恒定律在电磁感应现象中的具体体现。

如图，在水平光滑的两根金属导轨上放置两根导体棒*AB*、*CD*，当条形磁铁插入与拔出时导体棒如何运动？（不考虑导体棒间的磁场力）

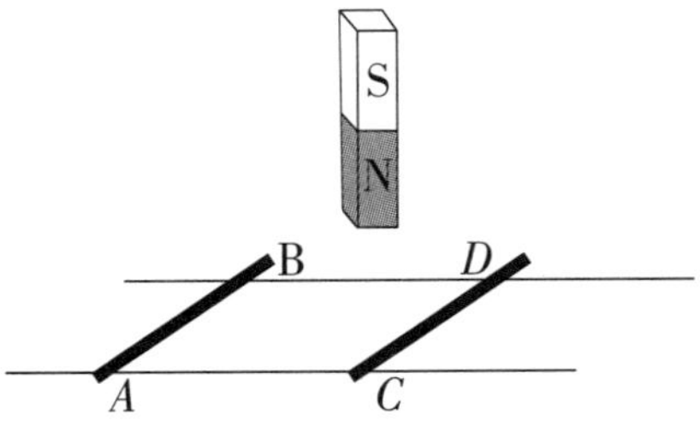

插入时：回路的磁通量增加，而回路“不想”它增加，通过缩小面积来“阻碍”增加，*AB*、*CD*相向运动。

拔出时：回路的磁通量减小，而回路“不想”它减小，通过增加面积来“阻碍”减小，*AB*、*CD*相互远离。你可以再试一试用左手定则判断导体棒受力的方法，也会得到*AB*棒受力向左、*CD*棒受力向右的结论。

（4）有关联想

楞次定律可以这样看：原来没有磁通量的，那它就想始终保持没有的状态；原来有磁通量，那它就想始终保持有这么多的状态，变大时不想让变大，减小时也不想让减小。阻碍变化或者说保持原来的状态，不是好多事物都具有的共性吗？楞次定律是一条电磁学的定律，也可简练地表述为：感应电流的效果，总是阻碍引起感应电流的原因。

世事皆如此，任何事物要想有所改变，总会遇到很多阻力。像王安石变法，及任何改革都会受到顽固派、陈旧势力的阻碍。尽管阻碍会出现，但是不会阻止新事物的产生。没有改变就不会有发展。不要抱怨事与愿违，只有在阻力面前才会显示出新生事物的生命力。好像一切事物都有保持“原来”状态的性质，如要改变这种状态就会受到这样那样的阻碍。楞次精神是普遍存在的，任何事物在发展、变化时，都会遇到阻力，而这阻力不会阻止新事物的产生，只会或多或少地减缓新事物前进的步伐，而历史的车轮终究还是要滚滚向前的。

掩卷沉思：“物理悟理，悟物明理。理在物中，悟在理中”。学物之理，悟人之理，这是物理学之道，也是为人之道，是学物理的最高境界。楞次定律，可以说是物理学中最富有哲理的定律。

例 68. 如图甲所示，长直导线与闭合金属线框位于同一平面内，长直导线中的电流 i 随时间 t 的变化关系如图乙所示。在 $0\sim\frac{T}{2}$ 时间内，直导线中电流向上，则在 $\frac{T}{2}\sim T$ 时间内，线框中感应电流的方向是__________（填“顺时针”或“逆时针”）。

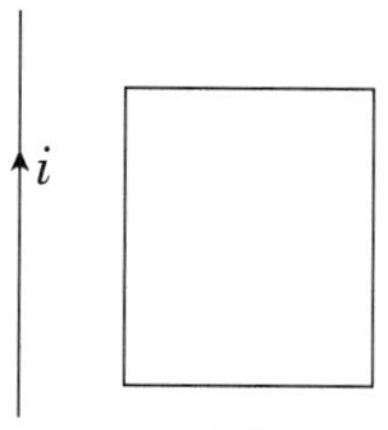

甲

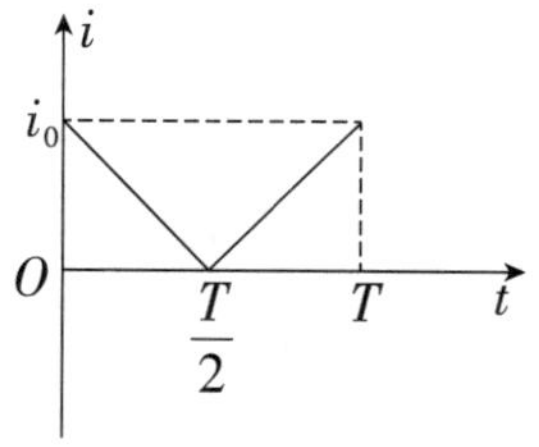

乙

答案：逆时针

解析：在 $0\sim\frac{T}{2}$ 时间内，直导线中电流向上，由题图乙知，在 $\frac{T}{2}\sim T$ 时间内，直导线电流方向也向上，根据安培定则知，导线右侧磁场的方向垂直纸面向里，电流逐渐增大，则磁场逐渐增强，根据楞次定律，金属线框中产生逆时针方向的感应电流。

悟：感应电流的磁场B'是感应电流I'产生的，我们在判断时，是先判断出感应电流（儿子）的磁场B'（孙子）的方向（这个步骤是根据楞次定律“增反减同”的规律），再判断出“孙他爹”感应电流I'的方向（根据的是安培定则，而且还是逆向思维，根据产生的感应磁场B'的方向，推断产生此磁场的感应电流I'的方向）。“感应电流的效果B'总是阻碍引起感应电流的原因（原磁通量Φ的变化）”。

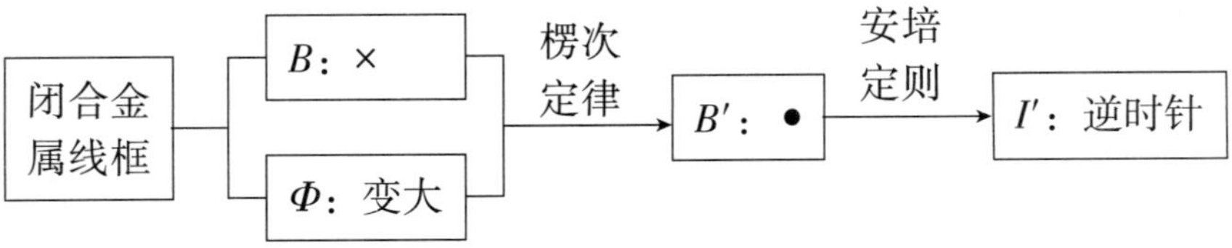

自己做题时，更可简化为：×↑}→·→逆，形成自己的解题习惯，简单实用。

例 69. 如图所示，光滑平行导轨M、N固定在同一水平面上，两根导体棒P、Q平行放置在导轨上，形成一个闭合回路，当一条形磁铁从高处下落接近回路时（　　）

A. P、Q将互相靠拢

B. P、Q将互相远离

C. 磁铁的加速度仍为g

D. 磁铁的加速度大于g

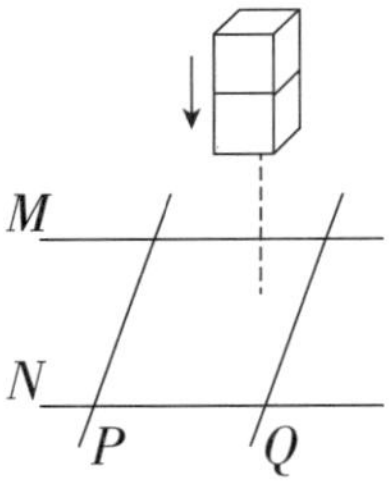

答案：A

解析：解法一：根据楞次定律的另一表述“感应电流的效果总是要阻碍产生感应电流的原因”，本题中“原因”是回路中磁通量的增加，归根结底是磁铁靠近回路，“效果”便是阻碍磁通量的增加和磁铁的靠近。所以，P、Q将互相靠拢且磁铁的加速度小于g，A正确。

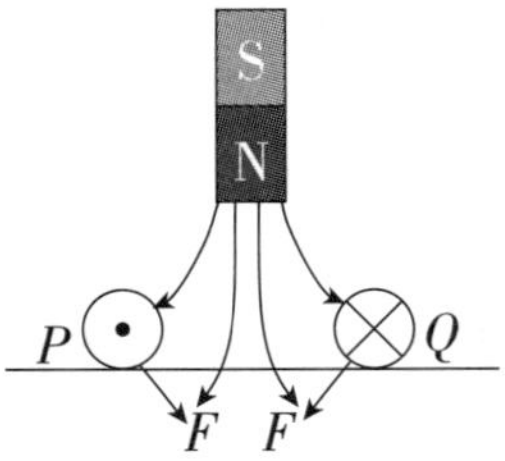

解法二：设磁铁下端为N极，根据楞次定律可判断出P、Q中的感应电流方向，如图所示，根据左手定则可判断P、Q所受安培力的方向，可见，P、Q将相互靠拢。由于回路所受安培力的合力向下，由牛顿第三定律知，磁铁将

受到向上的反作用力，从而加速度小于g。当磁铁下端为S极时，根据类似的分析可得到相同的结论，A正确。

悟： 导体从高处下落靠近回路时，在回路中产生的感应的电流的磁场B'会阻碍“磁铁下落”这个产生感应电流的原因。假设磁铁下端为由N极改为S极，根据楞次定律可判断出P、Q中的感应电流方向会反向，根据左手定则可判断P、Q所受安培力的方向不变。回路中左侧电流元受到指向右下方的安培力，右侧电流元受到指向左下方的安培力，前侧电流元受到指向后下方的安培力，后侧电流元受到指向前下方的安培力，总之受到指向内侧偏下方的安培力。可见，P、Q将相互靠拢，由于回路所受安培力的合力向下，由牛顿第三定律知，磁铁将受到向上的反作用力，从而加速度小于g。下方的闭合回路如果看成单匝线圈，根据通电螺线管产生磁场的安培定则，总是产生与下落的条形磁铁相近磁极的同名磁极，之间是斥力，这也可以叫作“来拒去留”的“来拒”。让我们再次感受“感应电流的效果总是阻碍引起感应电流的原因”这句“至理名言”。

例 70.（多选）如图所示，水平放置的两条光滑轨道上有可自由移动的金属棒PQ、MN，MN的左边有一如图所示的闭合电路，当PQ在一外力的作用下运动时，MN向右运动，则PQ所做的运动可能是（　　）

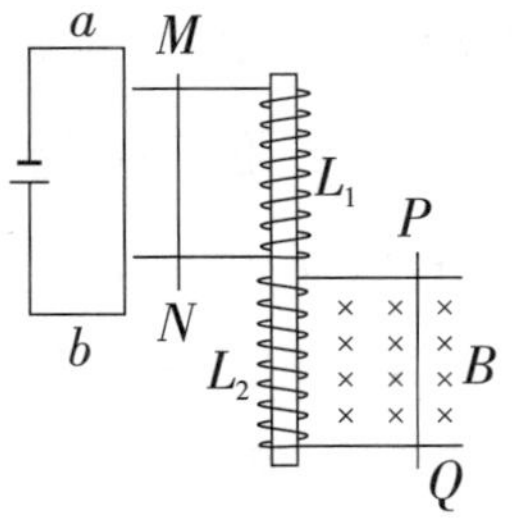

A. 向右加速运动

B. 向左加速运动

C. 向右减速运动

D. 向左减速运动

答案： BC

解析： MN向右运动，说明MN受到向右的安培力，因为ab在MN处产生的磁场垂直纸面向里$\xrightarrow{\text{左手定则}}$$MN$中的感应电流方向为$M\to N$$\xrightarrow{\text{安培定则}}$$L_1$中感应电流的磁场方向向上$\xrightarrow{\text{楞次定律}}$$\begin{cases}L_2\text{中磁场方向向上减弱}\\L_2\text{中磁场方向向下增强}\end{cases}$。若$L_2$中磁场方向向上减弱$\xrightarrow{\text{安培定则}}$$PQ$中电流方向为$Q\to P$且减小$\xrightarrow{\text{右手定则}}$$PQ$向右减速运动，C正确；若$L_2$中磁场方向向下增强$\xrightarrow{\text{安培定则}}$$PQ$中电流方向为$P\to Q$且增大$\xrightarrow{\text{右手定则}}$$PQ$向左加速运动，B正确。

悟：整体上首先应看到，这是由于PQ在一外力的作用下运动时，切割了磁感线，产生了感应电动势，在L_2螺线圈中有电流，形成磁场，如果这个磁场是变化的，就会使通过绕在同一铁芯上的另一个线圈L_1中的磁通量发生变化，产生感应电流，这个电流流过MN，且电流MN处在ab导线产生的磁场中，使金属棒MN受到安培力而向右运动。题中给出了MN向右运动这一结果，问PQ做的什么运动，属于典型的“由果索因”，可用逆向思维。像上面的“解析”，由结果，一步步，逆向推理，推导出原因。

也有第二种解法，正向利用规律，不知道“原因”，我们可以假设金属棒做了某种运动，比方说，先看选项A“向右加速运动”，金属棒PQ在垂直纸面向下的×B磁场中向右运动，产生的感应电流方向$Q\to P$，电流流过螺线管L_2，根据安培定则，螺线管L_2在铁芯中产生向上的磁场，这个磁场也穿过另一螺线管L_1，如果金属棒PQ做匀速运动，产生的感应电流就不变化，螺线管L_2产生的磁场也不变，即通过螺线管L_1的磁通量没有变化，在L_1中就没有感应电流产生。如果金属棒PQ做的是加速运动，产生的感应电流变大，螺线管L_2产生的磁场变大，即通过螺线管L_1的磁通量变大，在L_1中就有电流产生。金属棒PQ向右加速运动，螺线管L_2产生方向向上的磁场变大，L_1中的感应电流的磁场就要阻碍磁通量的变化，“增反”，即螺线管L_1就要产生向下的感生磁场，在L_1中产生俯视为顺时针的感应电流。流过MN的电流方向$N\to M$，左侧的原始通电导线有从b到a的电流，在MN所处空间产生的磁场方向为垂直纸面向下，根据左手定则，MN中的电流受到的安培力向左，金属棒向左运动，与题中要求的结果相反，所以选项A不对。以此为参考，选项C“向右减速运动”，通过L_1回路向上的磁场变小，L_1产生的磁场方向向上，产生的感应电流俯视时为逆时针，MN中有$M\to N$的电流，在垂直纸面向下的×B磁场中受到的安培力向右，符合题中所需结果，选项C正确。同理可证B对、D错。本题正确答案为BC。

第二种解法是由因推果，假设出初始条件，一步步递推出结果，验证是否符合题干的要求，正向思维，比较好理解，但工作量大，四个选项推导四次；第一种解法，是由结果反向推找原因，能把选择题当做填空题做，直接把满足的条件都找出来，再从选项中挑选就行，是典型的逆向思维，思维的难度是较大的，而这正是高中物理思维的宝贵之处。凡是正向能推导的，逆着推理一定也能推导才行，而且要推导得更好。这好比开车一样，不能只会向前开，一定要会倒车才可以，否则遇到只能“倒车”的地方就束手无策了。有的问题，即使两种思维都可以做，往往逆向思维更简捷，实现“精准打击”。在日常生产生活中，逆向思维对于解决实际问题，是非常宝贵的。

例 71.（多选）如图所示，金属导轨上的导体棒 ab 在匀强磁场中沿导轨做下列哪种运动时，铜制线圈 c 中将有感应电流产生且被螺线管吸引（　　）

A. 向右做匀速运动

B. 向左做减速运动

C. 向右做减速运动

D. 向右做加速运动

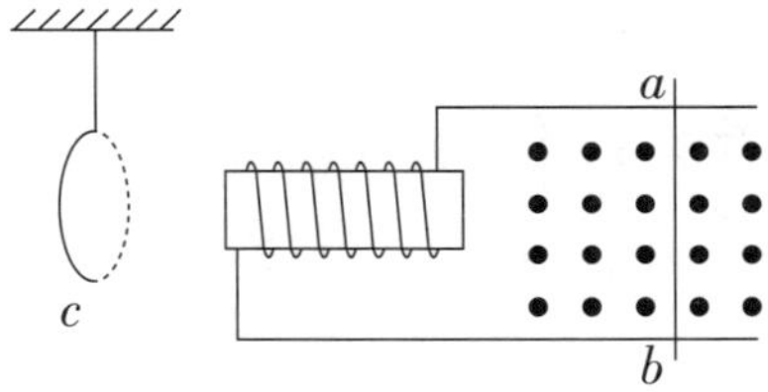

答案： BC

解析： 当导体棒向右匀速运动时产生恒定的电流，穿过线圈的磁通量恒定，无感应电流出现，A错误；当导体棒向左做减速运动时，由右手定则可判定回路中产生了 $b \rightarrow a$ 的感应电流且减小，由安培定则知螺线管中感应电流的磁场向左在减弱，由楞次定律知 c 中产生顺时针方向的感应电流（从右向左看）且被螺线管吸引，B正确；同理可判定C正确，D错误。

悟： 上面这种解法就是正向思维，“当导体棒向右匀速运动时”，这种方法靠假设来创造条件，使问题得以正向推理，否则无从下手，要对四个选项分别判断，工作量大一些。如果运用逆向思维，则简单直接很多。“铜制线圈 c 中有感应电流产生”，由产生感应电流的条件，说明穿过线圈 c 的磁通量发生了变化，这个磁场是由螺线管产生的，只有螺线管中的电流变化时才可以，产生这个电流的电动势是由导体棒 ab 运动产生的，要产生变化的电流，导体棒 ab 就要做变速运动。

铜质线圈 c“被螺线管吸引”，靠近了磁场源，这是在“阻碍”“磁通量减小”，诱因是穿过线圈的磁通量减小，螺线管产生的磁场在减弱，导体棒 ab 做减速运动。与导体棒 ab 运动方向无关，只要穿过线圈的磁通量减小，线圈就会向靠近磁场源（磁感线密集）的方向移动。答案为BC。

例 72. MN、GH为光滑的水平平行金属导轨，ab、cd为跨在导轨上的两根金属杆，匀强磁场垂直穿过MN、GH所在的平面，如图所示，则（　　）

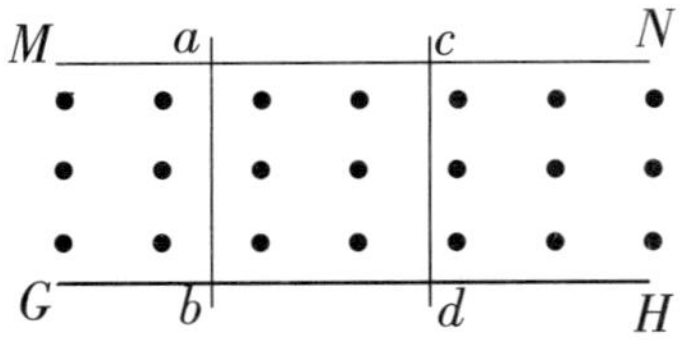

A. 若固定ab，使cd向右滑动，则$abdc$回路有电流，电流方向由$a \to b \to d \to c$

B. 若ab、cd以相同的速度一起向右滑动，则$abdc$回路有电流，电流方向由$c \to d \to b \to a$

C. 若ab向左、cd向右同时运动，则$abdc$回路电流为0

D. 若ab、cd都向右运动，且两棒速度$v_{cd} > v_{ab}$，则$abdc$回路有电流，电流方向由$c \to d \to b \to a$

答案： D

解析： 若固定ab，使cd向右滑动，由右手定则知应产生顺时针方向的电流，故A错。若ab、cd同向运动且速度大小相同，ab、cd所围的面积不变，磁通量不变，不产生感应电流，故B错。若ab向左、cd向右同时运动，则$abdc$回路中有顺时针方向的电流，故C错。若ab、cd都向右运动，且$v_{cd} > v_{ab}$，则ab、cd所围的面积发生变化，磁通量也发生变化，故由楞次定律可判断出产生由$c \to d \to b \to a$的电流，故D正确。

悟： 本题也可以有不同的解法，选项A，由楞次定律，回路$abcd$的磁通量因面积的扩大而增大了，为了阻碍磁通量的增大，感应电流产生的磁场方向与原磁场方向相反，为$\times B$，感应电流为顺时针$bacd$，A错误；选项B，“若ab、cd以相同的速度一起向右滑动”，若根据楞次定律，ab、cd所围的面积不变，磁通量不变，不产生感应电流，但是根据右手定则，ab和cd棒都做了切割磁感线运动，都产生感应电动势呀！由右手定则与楞次定律判断出的结果不就矛盾了吗？其实这并不矛盾，ab、cd以相同的速度一起向右滑动，都产生了相同的电动势，这好比两节相同的电池同向摆放，用导轨连成闭合回路，是没有电流的，左右两边的电流都想向上流。“势均力敌”，结果只有电动势，形不成电流，如下图所示。在选项D中，两棒速度$v_{cd} > v_{ab}$，cd棒产生的电动势大于ab棒产生的电动势，“水流”方向由水位更高的cd棒说了算，ab棒反而被“充水”。

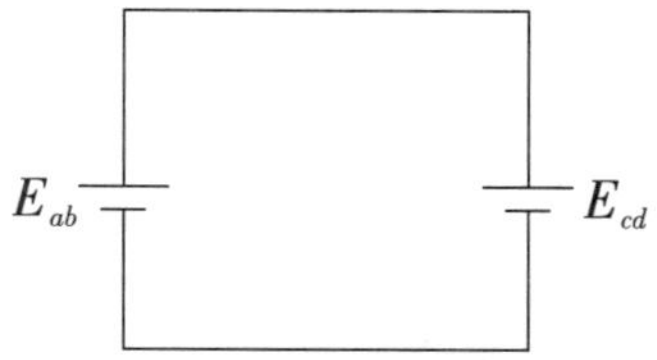

例 73. 矩形导线框固定在匀强磁场中，如图甲所示。磁感线的方向与导线框所在平面垂直，规定磁场的正方向为垂直纸面向里，磁感应强度B随时间t变化的规律如图乙所示，则（　　）

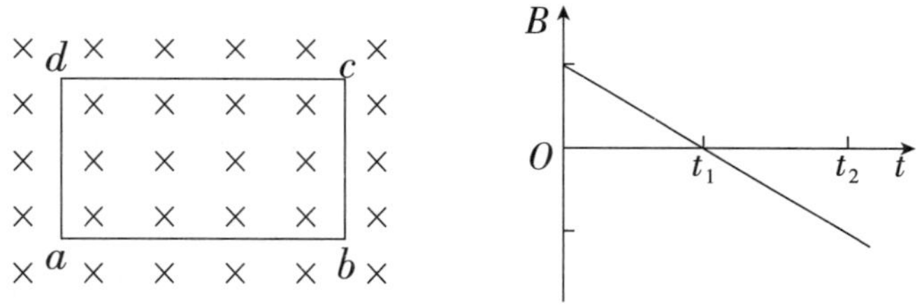

甲　　　　乙

A. 从$0 \sim t_1$时间内，导线框中电流的方向为$a \to b \to c \to d \to a$

B. 从$0 \sim t_1$时间内，导线框中电流越来越小

C. 从$0 \sim t_2$时间内，导线框中电流的方向始终为$a \to d \to c \to b \to a$

D. 从$0 \sim t_2$时间内，导线框bc边受到的安培力越来越大

答案： C

解析： 由题图乙可知，$0 \sim t_2$时间内，导线框中磁通量的变化率相同，故$0 \sim t_2$时间内电流的方向相同，由楞次定律可知，电路中电流方向为顺时针，即电流为$a \to d \to c \to b \to a$方向，故A错误，C正确；从$0 \sim t_1$时间内，导线框中磁通量的变化率相同，感应电动势恒定不变，电路中电流大小恒定不变，故B错误；从$0 \sim t_2$时间内，磁场的变化率不变，则电路中电流大小恒定不变，由$F = BIL$可知，F与B成正比，即先减小后增大，故D错误。

悟： $0 \sim t_1$及$t_1 \sim t_2$这两段时间内图像的斜率$k = \dfrac{\Delta B}{\Delta t}$相同，斜率$k = \dfrac{\Delta B}{\Delta t}$也

是矢量，不但有大小也有方向。从法拉第电磁感应定律$E=n\frac{\Delta\Phi}{\Delta t}=n\frac{\Delta B}{\Delta t}\cdot S=nkS$公式的角度也可以印证，$0\sim t_1$及$t_1\sim t_2$这两段时间内，产生的电动势，是完全一样的。至于这个$\frac{\Delta B}{\Delta t}$是由正向的磁场减小引起，还是由于反向的磁场增大引起，产生的感应电动势方向是没有区别的。

二　三大力学观点在电磁感应中的应用

1.变速运动或平衡问题：从牛顿第二定律的瞬时性着手，分析金属杆的运动性质，通过力与运动的关系分析出最终存在的“稳定状态”——通常为安培力与其他力平衡时的匀速运动状态。

2.应用动量定理可以由动量变化来求解变力的冲量。如在导体棒做非匀变速运动的问题中，应用动量定理可以解决牛顿运动定律不易解答的问题。在相互平行的水平轨道间的双导体棒做切割磁感线运动时，由于这两根导体棒所受的安培力等大反向，合外力为零，若不受其他外力，两导体棒的总动量守恒，解决此类问题往往要应用动量守恒定律。

3.物体的运动较为复杂或涉及变力做功问题：往往应用能量的观点分析问题，通过各力的做功情况分析能量的转化，特别要注意安培力做功的情况——安培力做正功将电能转化为机械能；安培力做负功将机械能转化为电能。

4.电磁感应规律的综合应用是高考考查的热点内容之一，该类问题一般以单杆、双杆等在磁场中导轨上运动为背景，常与图像问题、电路问题、动力学问题、能量问题、动量问题等综合考查，涉及的物理规律有楞次定律、法拉第电磁感应定律、电路的有关知识、牛顿运动定律、动能定理、能量守恒定律、动量定理、动量守恒定律等。处理这类问题时注意分析导体杆（或线圈）的受力情况和运动情况，明确等效电源及电路，综合电路知识进行分析，特别是双导体杆切割磁感线运动有时会涉及动量的问题。建议对本考点重点攻坚。

5. 电磁感应中电路问题的解题流程

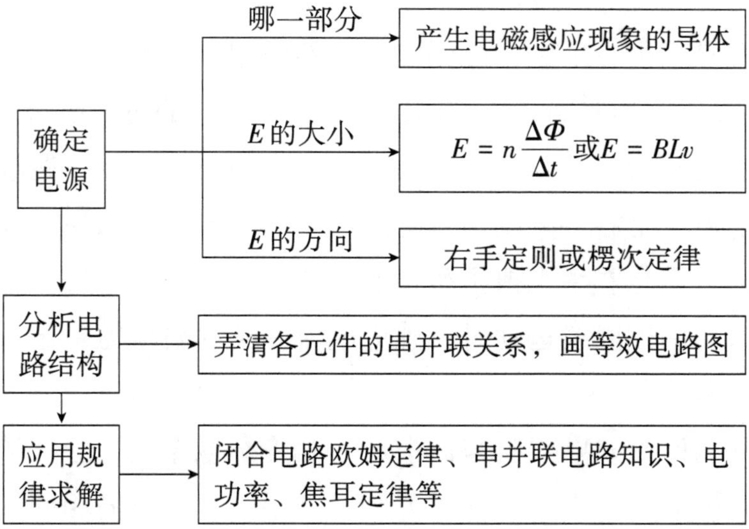

6. 电磁感应动力学、能量综合问题，解题流程

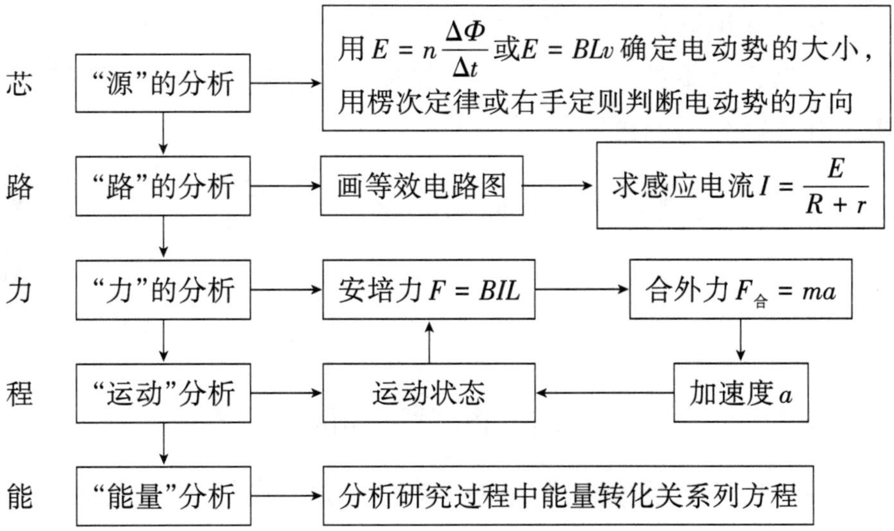

7. 这里有两个重要的二级结论

（1）直杆平动垂直切割磁感线时所受的安培力：$F_A=\frac{B^2L^2v}{R+r}$，F_A（导体在磁场中做切割磁感线运动，产生的感应电流受到的安培力）的方向与v相反。它是由三式联立而来：$E=BLv$，$I=\frac{E}{R+r}$，$F_A=BIL$，从三个推导公式可以看

出，上式的适用范围，它只适用于导体做切割磁感线运动产生的感应电流（儿子），在磁场中又受到的安培力（孙子），这个情景。磁场中产生的感应电流，天生就在磁场中，一定会受到安培力的作用，且安培力的方向一定与速度v的方向相反，因为判断导体切割磁感线运动产生的感应电流用右手，判断磁场中的电流受到的安培力用左手，同一个人伸出左右手，磁场是同一个磁场，左手的电流就是右手刚刚切割感应出来的电流，那么左手大拇指所指的安培力方向，一定与右手大拇指所指的导体的运动方向相反。这也符合能量关系，导体做切割磁感线运动时，感应电流受到的安培力一定做负功，生成了电能，且克服安培力做了多少功，就一定生成多少电势能。如果不这样，这世界才不可思议：如果“F_A与v同向”，稍有风吹草动，导体棒在磁场中一运动，产生的感应电流受到的安培力F_A，如果与运动方向相同，导体棒会加速运动，速度变大，产生更大的感应电流受到更大的安培力，导体棒做加速度更大的运动……这世界就会因稍有风吹草动而爆发，一发不可收拾，再说这也不符合能量守恒的逻辑。看来，“F_A的方向与v相反”，是由事物的内在逻辑决定的。当然，这里的安培力F_A，仅仅指导体在磁场中做切割磁感线运动，产生的感应电流受到的安培力。

（2）感应电流通过导线横截面的电量$q=N\dfrac{\Delta\Phi}{R+r}$，它是由三式：$q=\bar{I}\cdot\Delta t$，$\bar{I}=\dfrac{\bar{E}}{R+r}$，$\bar{E}=N\dfrac{\Delta\Phi}{\Delta t}$，联立而得$q=\bar{I}\cdot\Delta t=\dfrac{\bar{E}}{R+r}\cdot\Delta t=\dfrac{N\dfrac{\Delta\Phi}{\Delta t}}{R+r}\cdot\Delta t$，其中的两个$\Delta t$是同一过程的时间，物理意义相同，可相消得$q=N\dfrac{\Delta\Phi}{R+r}$，这个公式可看做电磁感应现象中产生电荷量的“决定式”，掌握此式，可抓住事物的本质，更容易理清思路，只是在试卷上书写过程时，一定要从三个一级原理公式开始，写出完整的证明过程，否则会影响得分。

例 74. 如图所示，光滑平行足够长的金属导轨固定在绝缘水平面上，导轨范围内存在磁场，其磁感应强度大小为B，方向竖直向下，导轨一端连接阻值为R的电阻。在导轨上垂直导轨放一长度等于导轨间距L、质量为m的金属棒，其电阻为r。金属棒与金属导轨接触良好。金属棒在水平向右的恒力F作用下从静止开始运动，经过时间t后开始匀速运动，金属导轨的电阻不计。求：

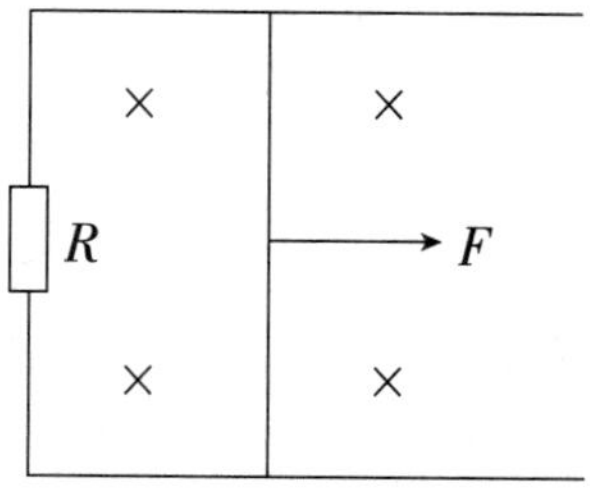

（1）金属棒匀速运动时回路中电流大小；

（2）金属棒匀速运动的速度大小以及在时间t内通过回路的电荷量；

（3）若在时间t内金属棒移动的位移为x，求电阻R上产生的热量。

答案：（1）$I_m=\dfrac{F}{BL}$　（2）$v=\dfrac{F(R+r)}{B^2L^2}$、$q=\dfrac{Ft}{BL}-\dfrac{mF(R+r)}{B^3L^3}$

（3）$Q_R=\left[Fx-\dfrac{mF^2(R+r)^2}{2B^4L^4}\right]\dfrac{R}{R+r}$

解析：（1）由安培力公式$F=BI_mL$，解得$I_m=\dfrac{F}{BL}$。

（2）根据闭合电路的欧姆定律得$I_m=\dfrac{BLv}{R+r}$，解得$v=\dfrac{F(R+r)}{B^2L^2}$，

通过回路的电荷量$q=I\cdot t$，

由动量定理得$F\cdot t-BIL\cdot t=mv$，

解得$q=\dfrac{Ft}{BL}-\dfrac{mF(R+r)}{B^3L^3}$。

（3）力F做功增加金属棒的动能和回路内能之和，则$Fx=Q+\dfrac{1}{2}mv^2$，

$Q_R=\dfrac{R}{R+r}Q$，

解得$Q_R=\left[Fx-\dfrac{mF^2(R+r)^2}{2B^4L^4}\right]\dfrac{R}{R+r}$。

悟：此题的能量来源是有外力持续作用。应用动量定理可以由动量变化来求解变力的冲量。当导体棒做非匀变速运动时，匀变速运动的那些速度、位移的公式都不再适用，应用动量定理可以解决牛顿运动定律不易解决的问题。第（2）问求电荷量，对于变电流i不能直接用$q=it$求出电荷量q，牛顿

第二定律 $F-BiL=ma$ 等号两边每一项乘以 Δt，变电流 i 在 Δt 上累积效应的仍是电荷量 q，变加速度 a 在时间 Δt 上的累积效应仍是速度变化量 Δv，利用动量定理 $Ft-BL\cdot q=m\cdot\Delta v$ 就可以求出在时间 t 内通过回路的电荷量。动量定理不追究中间过程，只看初末状态，电流 i、加速度 a 是不是变化的都成立。

例 75.（多选）如图，水平固定放置的足够长的光滑平行导轨，电阻不计，间距为 L，左端连接的电源电动势为 E，内阻为 r，质量为 m 的金属杆垂直静放在导轨上，金属杆处于导轨间部分的电阻为 R。整个装置处在磁感应强度大小为 B、方向竖直向下的匀强磁场中，闭合开关，金属杆沿导轨做变加速运动直至达到最大速度，则下列说法正确的（　　）

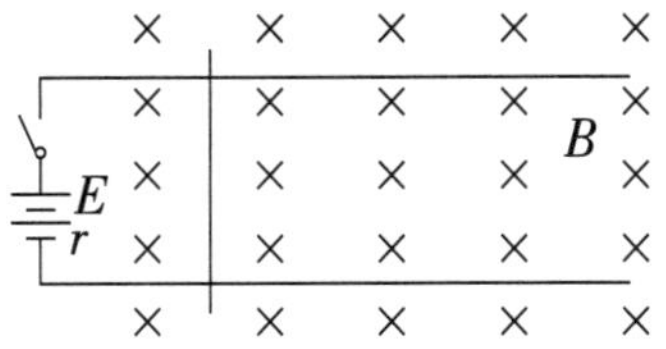

A. 金属杆的最大速度大小为 $\dfrac{E}{BL}$

B. 此过程中通过金属杆的电荷量为 $\dfrac{mE}{2B^2L^2}$

C. 此过程中电源提供的电能为 $\dfrac{mE^2}{B^2L^2}$

D. 此过程中金属杆产生的热量为 $\dfrac{mE^2}{2B^2L^2}$

答案： AC

解析： 闭合开关，金属杆做加速运动，产生感应电动势，感应电动势与电源电动势相等时，电流为零，金属杆开始做匀速运动。电动势为 $E=BLv$，$v=\dfrac{E}{BL}$，故 A 正确；由动量定理 $BILt=BLq=mv=0$，得 $q=\dfrac{mE}{B^2L^2}$，故 B 错误；由能量守恒可知电源提供的电能 $E_{电}=qE=\dfrac{mE^2}{B^2L^2}$，故 C 正确；此过程中电能转化为金属杆的动能、$R$ 及 r 产生的热量之和，由于 $E_k=\dfrac{1}{2}mv^2=\dfrac{1}{2}m\dfrac{E^2}{B^2L^2}$，金属杆产生的热量为 $Q_R=(E_{电}-E_k)\dfrac{R}{R+r}=\dfrac{RmE^2}{2(R+r)B^2L^2}$，故 D 错误。

悟：此题的能量来源是电源，提供电能形成电流，使导体棒受到安培力，对导体棒电磁驱动；导体的运动是在磁场中，导体棒做切割磁感线运动产生的感应电流，与原电源形成的电流方向一定相反（先用左手判安培力，再用右手判感应电流，两手手心对着同一磁场B，右手的大拇指指向的运动方向就是左手大拇指刚刚产生的安培力方向，同一个人的两只手，手心、拇指方向都相同时，四指的方向一定相反。即产生的感应电流的方向一定与原电流的方向相反）电流减小，安培力减小，加速度减小，导体棒做加速度越来越小的加速运动，当导体棒切割磁感线产生的感应电动势等于电源的电动势时，电路中的净剩电流等于0，电路中没有了电流，导体棒不再受安培力，加速度$a=0$，达到稳定状态，做了匀速运动。

例 76. 如图所示，两平行光滑金属导轨由两部分组成，左面部分水平，右面部分为半径$r=0.5\ \text{m}$的竖直半圆，两导轨间距离$l=0.3\ \text{m}$，导轨水平部分处于竖直向上、磁感应强度大小$B=1\ T$的匀强磁场中，两导轨电阻不计。有两根长度均为l的金属棒ab、cd，均垂直导轨置于水平导轨上，金属棒ab、cd的质量分别为$m_1=0.2\ kg$、$m_2=0.1\ kg$，电阻分别为$R_1=0.1\ \Omega$、$R_2=0.2\ \Omega$。现让ab棒以$v_0=10\ \text{m/s}$的初速度开始水平向右运动，cd棒进入圆轨道后，恰好能通过轨道最高点PP'，cd棒进入圆轨道前两棒未相碰，重力加速度$g=10\ \text{m/s}^2$，求：

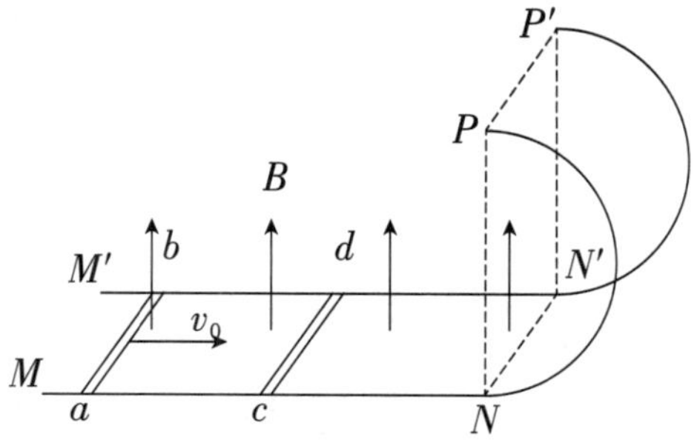

（1）ab棒开始向右运动时cd棒的加速度a_0；

（2）cd棒刚进入半圆轨道时ab棒的速度大小v_1；

（3）cd棒进入半圆轨道前ab棒克服安培力做的功W。

答案：（1）$30\ \text{m/s}^2$　（2）$7.5\ \text{m/s}$　（3）$4.375\ \text{J}$

解析：（1）ab棒开始向右运动时，设回路中电流为I，有

$$E = Blv_0$$

$$I = \frac{E}{R_1 + R_2},$$

$$BIl = m_2 a_0,$$

解得$a_0 = 30\ \text{m/s}^2$。

（2）设cd棒刚进入半圆轨道时的速度为v_2，系统动量守恒，有

$$m_1 v_0 = m_1 v_1 + m_2 v_2,$$

$$\frac{1}{2} m_2 {v_2}^2 = m_2 g \cdot 2r + \frac{1}{2} m_2 {v_P}^2,$$

$$m_2 g = m_2 \frac{{v_p}^2}{r},$$

解得$v_1 = 7.5\ \text{m/s}$。

（3）由动能定理得$-W = \frac{1}{2} m_1 {v_1}^2 - \frac{1}{2} m_1 {v_0}^2$，

解得$W = 4.375\ \text{J}$。

悟：此题的能量来源是金属棒ab有初动能。对于双导体棒运动的问题，通常是两棒与导轨构成一个闭合回路，其中一棒在磁场中做切割磁感线运动时，在该闭合电路中形成一定的感应电流；另一根导体棒在安培力的作用下开始运动，一旦运动起来也将切割磁感线，产生一定的感应电动势，对原来电流的变化起阻碍作用。解决此类问题时通常将两棒视为一个整体，相互作用的安培力是系统的内力，虽为变力，但这一对变力不影响整体的动量守恒。因此解题的突破口是巧妙选择系统，运用动量守恒（动量定理）和功能关系求解。

例 77. 如图所示，一个质量为m、电阻不计、足够长的光滑U形金属框架$MNQP$，位于光滑绝缘水平桌面上，平行导轨MN和PQ相距为L。空间存在着足够大的方向竖直向下的匀强磁场，磁感应强度的大小为B。另有质量也为m的金属棒CD，垂直于MN放置在导轨上，并用一根与CD棒垂直的绝缘细线系在定点A。已知细线能承受的最大拉力为F_{T_0}，CD棒接入导轨间的有效电阻为R。现从$t = 0$时刻开始对U形框架施加水平向右的拉力，使其从静止开始做加

速度为a的匀加速直线运动。

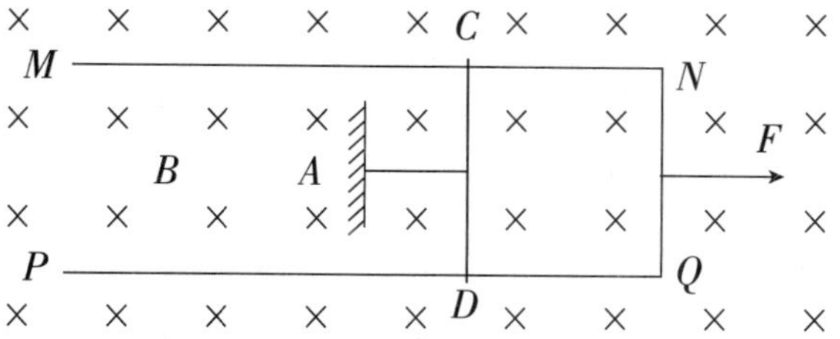

（1）求从框架开始运动到细线断裂所需的时间t_0及细线断裂时框架的瞬时速度v_0大小；

（2）若在细线断裂时，立即撤去拉力，求此后过程中回路产生的总焦耳热Q。

答案：（1）$\dfrac{F_{T_0}R}{B^2L^2a}$　$\dfrac{F_{T_0}R}{B^2L^2}$　（2）$\dfrac{mF_{T_0}{}^2R^2}{4B^4L^4}$

解析：（1）细线断裂时，

对棒有$F_{T_0}=F_{安}$，$F_{安}=BIL$，$I=\dfrac{E}{R}$，$E=BLv_0$，$v_0=at_0$，

联立解得$t_0=\dfrac{F_{T_0}R}{B^2L^2a}$，

细线断裂时框架的速度$v_0=\dfrac{F_{T_0}R}{B^2L^2}$。

（2）在细线断裂时立即撤去拉力，框架向右减速运动，棒向右加速运动，设二者最终速度大小均为v，设向右为正方向，由系统动量守恒可得$mv_0=2mv$，

得$v=\dfrac{v_0}{2}=\dfrac{F_{T_0}R}{2B^2L^2}$，

撤去拉力后，系统总动能的减少量等于回路消耗的电能，最终在回路中产生的总焦耳热$Q=\dfrac{1}{2}mv_0{}^2-\dfrac{1}{2}\times2mv^2$，

联立得$Q=\dfrac{mF_{T_0}{}^2R^2}{4B^4L^4}$。

悟：第（2）问，在细线断裂时，立即撤去拉力，“系统水平方向不受外力”，解决此类问题时通常将两棒视为一个整体，相互作用的安培力是系统的内力，这个变力将不影响整体的动量守恒。因此解题的突破口是选择系统为

研究对象，运用动量守恒（动量定理）和功能关系求解。此题情景是前棒速度大于后棒，前棒驱动后棒；上题后棒速度大于前棒，后棒驱动前棒，道理是类似的。本题中初态是前棒有初速度，切割磁感线产生感应电流，流过后棒，使后棒受到向前的安培力，在安培力的驱动下也向前运动；后棒的运动是在磁场中，是切割磁感线运动，也会产生感应电动势，只不过形成的感应电流与原电流是反向的，电路中的净剩电流会减小，但只要净剩电流还未减小到0，前棒就还要减速，后棒还要加速，最终的稳定状态，只能是前后两棒产生的电动势相等，即 $B_1L_1v_1=B_2L_2v_2$。对于前后两棒的长度相同、所处磁场方向相同，那么速度 v 也就相同；对于轨道宽度不同，有效长度不同的两棒，棒长的速度小，棒短的速度大；对于磁场大小、方向不同的，为了“阻碍”主动棒的运动对回路磁通量变化带来的影响，当所处磁场方向相同时，被动棒与主动棒同向运动，当所处磁场方向相反时，被动棒和主动棒的运动方向相反，或者相向而行，或者相背而行，总之都要“消弱”由于主动棒运动对磁通量变化带来的影响。

初速度不为零，不受其他水平外力的作用

<table>
<tr><th></th><th>光滑的平行导轨</th><th>光滑不等距导轨</th></tr>
<tr><td>示意图</td><td>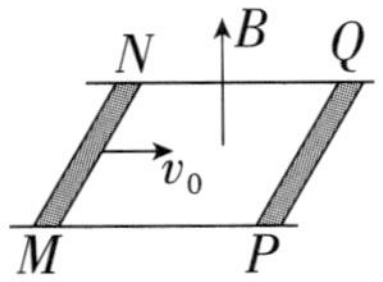

质量 $m_1=m_2$
电阻 $r_1=r_2$
长度 $L_1=L_2$
杆 MN、PQ 间距足够长</td><td>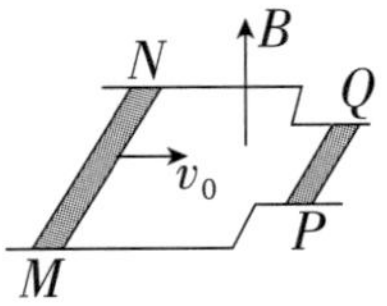

质量 $m_1=m_2$
电阻 $r_1=r_2$
长度 $L_1=2L_2$
杆 MN、PQ 间距足够长且只在各自的轨道上运动</td></tr>
<tr><td>规律</td><td>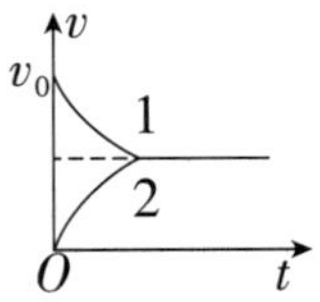
</td><td>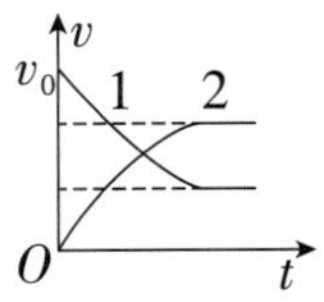
</td></tr>
</table>

续表

	光滑的平行导轨	光滑不等距导轨
分析	杆 MN 做变减速运动，杆 PQ 做变加速运动，稳定时，两杆的加速度均为零，以相等的速度匀速运动	杆 MN 做变减速运动，杆 PQ 做变加速运动，稳定时，两杆的加速度均为零，两杆的速度之比为1∶2

例 78. 如图所示，间距为 L 的两根平行长直金属导轨 MN、PQ 固定在倾角为 θ 的绝缘斜面上，导轨上端接有阻值为 R 的电阻，一根长为 L、电阻为 $3R$ 的直导体棒 ab 垂直放在两导轨上。整个装置处于方向垂直斜面向上、磁感应强度大小为 B 的匀强磁场中。ab 由静止释放后沿导轨运动，下滑位移大小为 s 时到达 cd 位置并开始以最大速度 v_m 做匀速运动。ab 在运动过程中与导轨接触良好，导轨电阻及一切摩擦均不计，重力加速度大小为 g。求：

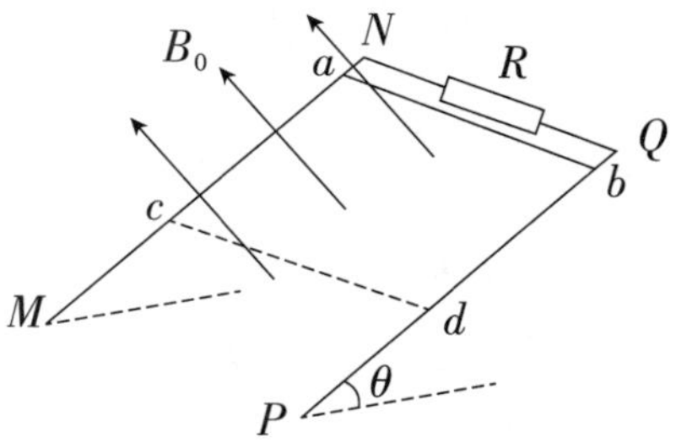

（1）ab 棒的质量 m 和 ab 在匀速运动过程中的热功率 P；

（2）从 ab 棒由静止释放到开始做匀速运动的过程中电阻 R 产生的热量 Q；

（3）从 ab 棒由静止释放到开始做匀速运动的整个过程所经历的时间 t。

答案：（1）$\dfrac{B^2L^2v_m}{4gR\sin\theta}$　$\dfrac{3B^2L^2{v_m}^2}{16R}$　（2）$\dfrac{B^2L^2v_m(2sg\sin\theta-{v_m}^2)}{32gR\sin\theta}$

（3）$\dfrac{s}{v_m}+\dfrac{v_m}{g\sin\theta}$

解析：（1）ab 棒在匀速运动过程中受力平衡，

有 $mg\sin\theta=BIL$，

ab 棒切割磁感线产生的感应电动势为 $E=BLv_m$，

根据闭合电路欧姆定律，有 $E=I(R+3R)$，

解得 ab 棒的质量为 $m=\dfrac{B^2L^2v_m}{4gR\sin\theta}$，

ab 棒在匀速运动过程中的热功率为 $P=I^2\cdot 3R$，

解得ab棒在匀速运动过程中的热功率为

$P=\dfrac{3B^2L^2{v_m}^2}{16R}$。

(2) 根据能量守恒定律，有$mgs\sin\theta=\dfrac{1}{2}m{v_m}^2+Q_{总}$，

根据焦耳定律，有$\dfrac{Q}{R}=\dfrac{Q_{总}}{R+3R}$，

解得，电阻R产生的热量

$Q=\dfrac{B^2L^2v_m(2sg\sin\theta-{v_m}^2)}{32gR\sin\theta}$。

(3) ab棒加速下滑的某一时刻，根据牛顿第二定律，

有$mg\sin\theta-BiL=ma$，

在很短的时间Δt内，瞬时加速度为$a=\dfrac{\Delta v}{\Delta t}$，

电荷量$\Delta q=i\Delta t$，整理得$mg\sin\theta\cdot\Delta t-BL\Delta q=m\Delta v$，

将以上各式求和得$mg\sin\theta\cdot t-BLq=mv_m$，

解得$t=\dfrac{qBL+mv_m}{mg\sin\theta}$，

而通过回路的总电荷量为$q=It$，

感应电流为$I=\dfrac{E}{R+3R}$，

感应电动势为$E=\dfrac{BLs}{t}$，

解得$q=\dfrac{BLs}{4R}$，

从ab棒由静止释放到开始做匀速运动的过程所经历的时间为

$t=\dfrac{s}{v_m}+\dfrac{v_m}{g\sin\theta}$。

悟： 这是“单杆＋导轨”模型。“以最大速度v_m做匀速运动”，当$v=v_m$时，$a=0$，可得$mg\sin\theta=F_{安}$，可以从二级结论$F_{安}=\dfrac{B^2L^2v}{R+r}$得此时安培力$F_{安}=\dfrac{B^2L^2v_m}{R+3R}$开始，就直接出结论$m=\dfrac{B^2L^2v_m}{4gR\sin\theta}$。此二级结论公式

$F_{安}=\dfrac{B^2L^2v}{R+r}$，要由三式：$F_{安}=BIL$，$I=\dfrac{E}{R+r}$，$E=BLv$联立而得出，这是非常实用的二级结论，一定要熟悉，并且明确适用条件：导体L在磁场B中做切割磁感线运动v，产生的感应电流I受到的安培力$F_{安}$才能适用。

我们可以从“单杆+轨道”模型出发，列牛顿第二定律方程$mg\sin\theta-\dfrac{B^2L^2v}{R+r}=ma$。求$ab$在匀速运动过程中的热功率$P=I^2\cdot 3R=\left(\dfrac{BLv_m}{R+3R}\right)^2\cdot 3R=\dfrac{3B^2L^2{v_m}^2}{16R}$；也可利用$ab$的热功率只占电路中总的热功率的$\dfrac{3}{4}$，即$P=\dfrac{r}{R+r}P_{热}=\dfrac{3R}{R+3R}P_{热}=\dfrac{3}{4}P_{热}$，我们需先求总的热功率$P_{热}$，最后再求$ab$棒功率$P$。电路总的热功率$P_{热}=P_{电}=EI=BLv_m\dfrac{BLv_m}{R+3R}=\dfrac{B^2L^2{v_m}^2}{4R}$[或匀速时有$P_{电}=P_{重}=mgv_m\cos(90^\circ-\theta)=\dfrac{B^2L^2v_m}{4gR\sin\theta}\cdot gv_m\sin\theta=\dfrac{B^2L^2{v_m}^2}{4R}$]。

求从ab棒由静止释放到开始做匀速运动的过程中，电阻R产生的热量Q，首先明确电阻R产生的热量Q，只占电路产生总热量$Q_{热}$的$\dfrac{1}{4}$。本题除利用能量守恒，还可利用动能定理，$W_{合}=\Delta E_k$，重力做正功$W_{重}=mgs\sin\theta$，克服安培力做功$W_{克安}$，克服安培力做了多少功，就产生多少电势能（俗称为电能），产生的电能又通过纯电阻做功，完全转化为焦耳热$Q_{热}$，由动能定理得$W_{重}-W_{克安}=\Delta E_k$，即$Q_{热}=mgs\cdot\sin\theta-\dfrac{1}{2}mv^2$，联立得

$$Q=\frac{1}{4}Q_{热}=\frac{1}{4}\left(\frac{B^2L^2v_m}{4Rg\sin\theta}\cdot gs\cdot\sin\theta-\frac{1}{2}\frac{B^2L^2v_m}{4Rg\sin\theta}\cdot {v_m}^2\right)=\frac{B^2L^2v_m(2sg\sin\theta-{v_m}^2)}{32gR\sin\theta}。$$

求从ab棒由静止释放到开始做匀速运动的过程所经历的时间t，要熟悉电磁感应当中重要的二级结论$q=n\dfrac{\Delta\Phi}{R+r}$，它也由三式联立而来：$q=\bar{I}\cdot\Delta t$，$\bar{I}=\dfrac{\bar{E}}{R+r}$，$\bar{E}=n\dfrac{\Delta\Phi}{R+r}$，本题$n=1$，有$q=\dfrac{\Delta\Phi}{R+3R}=\dfrac{BLs}{4R}$，可知，本题待求量时间$t$，一般求解有两种方向：动力学、冲量，由于速度变化，电流变化，安培力不恒定，属于变力，加速度变化，不是匀变速运动，不方便用牛顿第二定

律和匀变速运动的公式求解，可对导体棒 ab 沿导轨方向运用动量定理。$I_{重} - I_{安} = \Delta p$，重力冲量 $I_{重} = mg\sin\theta \cdot t$，安培力的冲量 $I_{安} = BIL \cdot t$，虽然电流 I 是变化的，但 I 在时间 t 上的积累就是电荷量 q，q 是可求的，即 $mg\sin\theta \cdot t - BL \cdot q = mv_{m} - 0$，此式也可以由根据牛顿第二定律，$mg\sin\theta - BiL = ma$，在很短的时间 Δt 内，瞬时加速度为 $a = \dfrac{\Delta v}{\Delta t}$，电荷量 $\Delta q = i\Delta t$，整理得 $mg\sin\theta \cdot \Delta t - BL\Delta q = m\Delta v$，将上式在时间 t 内求和得 $mg\sin\theta \cdot t - BLq = mv_{m}$，带入 q、m，有 $t = \dfrac{s}{v_{m}} + \dfrac{v_{m}}{g\sin\theta}$。

例 79. 如图所示，固定在水平面上间距为 l 的两条平行光滑金属导轨，垂直于导轨放置的两根金属棒 MN 和 PQ 长度也为 l、电阻均为 R，两棒与导轨始终接触良好。MN 两端通过开关 S 与电阻为 R 的单匝金属线圈相连，线圈内存在竖直向下均匀增加的磁场，磁通量变化率为常量 k。图中虚线右侧有垂直于导轨平面向下的匀强磁场，磁感应强度大小为 B。PQ 的质量为 m，金属导轨足够长、电阻忽略不计。

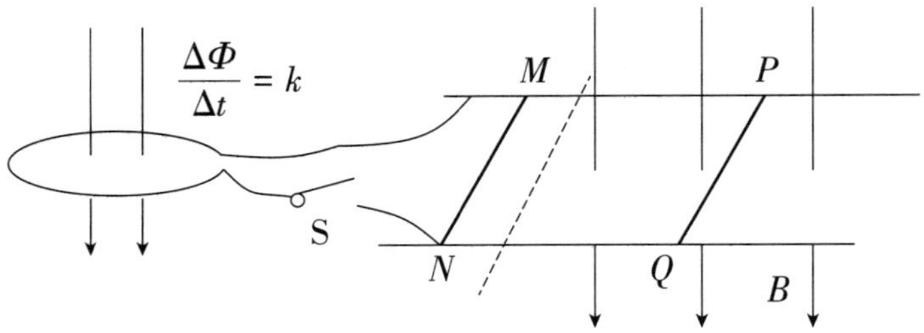

（1）闭合 S，若使 PQ 保持静止，需在其上加多大的水平恒力 F，并指出其方向；

（2）断开 S，PQ 在上述恒力作用下，由静止开始到速度大小为 v 的加速过程中流过 PQ 的电荷量为 q，求该过程安培力做的功 W。

答案：（1）$\dfrac{Bkl}{3R}$，方向水平向右　（2）$\dfrac{1}{2}mv^2 - \dfrac{2}{3}kq$

解析：（1）设线圈中的感应电动势为 E，由法拉第电磁感应定律 $E = \dfrac{\Delta\Phi}{\Delta t}$，则 $E = k$，　①

设 PQ 与 MN 并联的电阻为 $R_{并}$，有 $R_{并} = \dfrac{R}{2}$，　②

闭合S时，设线圈中的电流为I，根据闭合电路欧姆定律得

$I=\frac{E}{R_{并}+R}$， ③

设PQ中的电流为I_{PQ}，有$I_{PQ}=\frac{1}{2}I$， ④

设PQ受到的安培力为$F_{安}$，有$F_{安}=BI_{PQ}l$， ⑤

保持PQ静止，由受力平衡，有$F=F_{安}$， ⑥

联立①②③④⑤⑥式得$F=\frac{Bkl}{3R}$， ⑦

方向水平向右。

（2）设PQ由静止开始到速度大小为v的加速过程中，PQ运动的位移为x，所用时间为Δt，回路中的磁通量变化为$\Delta\Phi$，平均感应电动势为$\bar{E}$，有

$\bar{E}=\frac{\Delta\Phi}{\Delta t}$， ⑧

其中$\Delta\Phi=Blx$， ⑨

设PQ中的平均电流为$\bar{I}$，有$\bar{I}=\frac{\bar{E}}{2R}$， ⑩

根据电流的定义得$\bar{I}=\frac{q}{\Delta t}$， ⑪

由动能定理，有$Fx+W=\frac{1}{2}mv^2-0$， ⑫

联立⑦⑧⑨⑩⑪⑫式得$W=\frac{1}{2}mv^2-\frac{2}{3}kq$。 ⑬

悟：这是“双杆+导轨”模型。闭合S，此时左侧单匝金属线圈内的磁通量发生变化，相当于电源，产生的电动势为$E=\frac{\Delta\Phi}{\Delta t}=k$，线圈电阻$R$，相当于电源内阻，外电路由两根电阻为$R$的金属棒并联而成，并联的等效电阻为$\frac{R}{2}$，由闭合电路的欧姆定律可求干路电流$I$，流过金属棒$PQ$的电流为干路电流的$\frac{1}{2}$，所受安培力为$F_A=B\frac{I}{2}l$，为使$PQ$保持静止，需在其上加水平恒力$F=F_A$，联立可得$F=B\cdot\frac{1}{2}\cdot\frac{k}{R+\frac{R}{2}}\cdot l=\frac{Bkl}{3R}$。线圈内竖直向下的磁场均匀增加，

由楞次定律知产生的感应电流为逆时针，从Q到P流过金属棒，由左手定则判断出所受安培力方向水平向左，为使PQ棒保持静止，所加外力反向，水平向右。

断开S，PQ在上述恒力作用下，由静止开始到速度大小为v的加速过程中流过PQ的电荷量为q，由二级结论公式流过的电荷量$q=\frac{\Delta\Phi}{R+r}=\frac{Blx}{R+R}$，得$x=\frac{2Rq}{Bl}$，对该过程运用动能定理有$W_F+W=\Delta E_k$（题中已指定"安培力做功"用$W$表示），其中恒力$F$做功$W_F=F\cdot x=\frac{Bkl}{3R}\cdot\frac{2Rq}{Bl}=\frac{2}{3}kq$，则该过程安培力做的功$W=\frac{1}{2}mv^2-\frac{2}{3}kq$，注意这个过程安培力做功为负，但题中不是让求"克服"安培力做功，而是让求"安培力做功"。

例 80. 如图甲所示，两根足够长的光滑金属导轨ef、cd与水平面成$\theta=30°$角固定，导轨间距离为$l=1\text{ m}$，导轨电阻不计，一个阻值为R_0的定值电阻与电阻箱并联接在两金属导轨的上端。整个系统置于匀强磁场中，磁感应强度方向与导轨所在平面垂直，磁感应强度大小为$B=1\text{ T}$。现将一质量为m、电阻可以忽略的金属棒MN从图示位置由静止释放，金属棒下滑过程中与导轨接触良好。改变电阻箱的阻值R，测定金属棒的最大速度v_m，得到$\frac{1}{v_m}-\frac{1}{R}$的关系如图乙所示。取$g=10\text{ m/s}^2$。求：

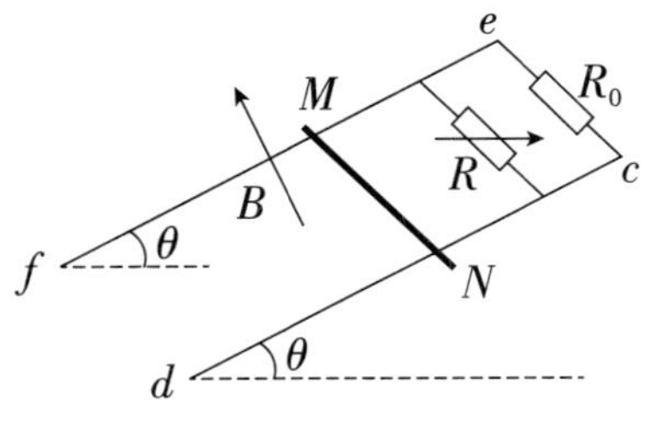

甲

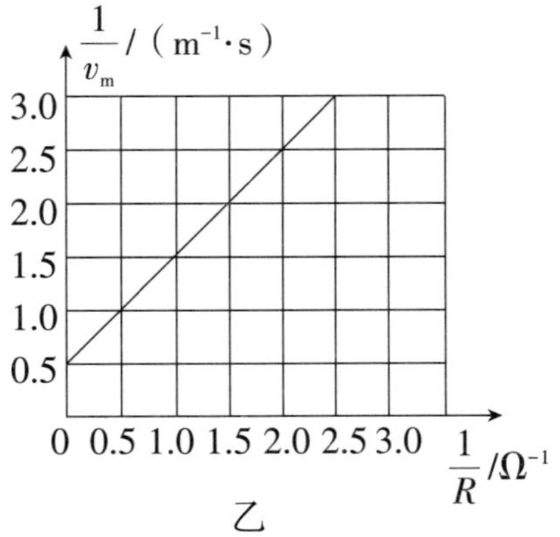

乙

（1）金属棒的质量m和定值电阻R_0的阻值；

（2）当电阻箱的阻值$R=2\ \Omega$，且金属棒的加速度为$\frac{1}{4}g$时，金属棒的速度大小。

答案：（1）0.2 kg　2 Ω　　（2）0.5 m/s

解析：（1）金属棒以速度v_m下滑时，根据法拉第电磁感应定律有$E=Blv_m$，

由闭合电路欧姆定律有$E=I\cdot\frac{RR_0}{R+R_0}$，

根据平衡条件有$BIl=mg\sin\theta$，

整理得$\frac{1}{v_m}=\frac{B^2l^2}{mg\sin\theta}\left(\frac{1}{R_0}+\frac{1}{R}\right)$

由$\frac{1}{v_m}-\frac{1}{R}$图像可知$\frac{B^2l^2}{mg\sin\theta}=1\text{m}^{-1}\cdot\text{s}\cdot\Omega$，

$\frac{B^2l^2}{mg\sin\theta}\cdot\frac{1}{R_0}=0.5\text{m}^{-1}\cdot\text{s}$，

解得$m=0.2\text{ kg}$，$R_0=2\ \Omega$。

（2）设此时金属棒下滑的速度大小为v，根据法拉第电磁感应定律有$E'=Blv$，

由闭合电路欧姆定律有$E'=I'\cdot\frac{RR_0}{R+R_0}$，

根据牛顿第二定律有$mg\sin\theta-BI'l=m\cdot\frac{g}{4}$，

联立解得$v=0.5\text{ m/s}$。

悟：首先我们可以从“单杆+轨道”模型出发，列牛顿第二定律方程$mg\sin\theta-\frac{B^2l^2v}{R'+r}=ma$，本题外电阻$R'$由滑动变阻器$R$与定值电阻$R_0$并联而成，电源内阻$r=0$。金属棒有最大速度时，加速度$a=0$，上式可整理为$mg\sin\theta=B^2l^2v\cdot\frac{R+R_0}{R\cdot R_0}$　①，题图乙给出了$\frac{1}{v_m}-\frac{1}{R}$图像，是一条倾斜直线$y=kx+b$的形式，即$\frac{1}{v_m}=k\frac{1}{R}+b$　②，由题图乙从数学角度可得$k=\frac{3-0.5}{2.5-0}=1$，$b=0.5$（都是国际单位制）。把物理规律式①按照数学图像表达式②所指定的

方向进行定向整理：$\frac{1}{v_m}=\frac{B^2l^2}{mg\sin\theta}\left(\frac{1}{R_0}+\frac{1}{R}\right)=\frac{B^2l^2}{mg\sin\theta}\cdot\frac{1}{R}+\frac{B^2l^2}{mg\sin\theta}\cdot\frac{1}{R_0}$，即 $k=\frac{B^2l^2}{mg\sin\theta}$，$b=\frac{B^2l^2}{mg\sin\theta}\cdot\frac{1}{R_0}$，即“数学—物理”的“$k$、$b$”联立有 $\frac{B^2L^2}{mg\sin\theta}=1$，$\frac{B^2L^2}{mg\sin\theta}\cdot\frac{1}{R_0}=0.5$，带入数据可解得 $m=0.2\,kg$，$R_0=2\,\Omega$。我们通过数学图像可求得 k、b 的值，进而能求得包含在 k、b 物理表达式中的物理参量 m、R_0，这种方法是不可能求出 v_m、R 这些包含在 x 轴、y 轴中的物理量的值。在实验中，常利用一次函数图像的斜率 k、纵轴截距 b、横轴截距 a 来处理数据，这也是实际科学研究中常用的数据处理方法，必须掌握。

第（2）问，我们的思路可以从“单杆+轨道”模型出发，列牛顿第二定律方程 $mg\sin\theta-\frac{B^2L^2v}{R_{并}+r}=ma$，带入数据“$R_{并}=\frac{R+R_0}{R\cdot R_0}=\frac{2+2}{2\times 2}\,\Omega=1\,\Omega$、$a=\frac{g}{4}$，就可以得出结果。试卷上写表达过程必须从一级公式开始，但我们在草稿纸上的思路可以用二级结论，熟练掌握必要的二级结论及其适用条件，能帮助我们快速地形成解题思路。

例 81. 如图甲所示，一水平放置的线圈，匝数 $n=100$ 匝，横截面积 $S=0.2\,m^2$，电阻 $r=1\,\Omega$，线圈处于水平向左的均匀变化的磁场中，磁感应强度 B_1 随时间 t 变化关系图像如图乙所示。线圈与足够长的竖直光滑导轨 MN、PQ 连接，导轨间距 $l=20\,cm$，导体棒 ab 与导轨始终接触良好，ab 棒质量 $m=5\,g$，接入电路的电阻 $R=4\,\Omega$，导轨的电阻不计，导轨处在与导轨平面垂直向里的匀强磁场中，磁感应强度 $B_2=0.5\,T$。$t=0$ 时，导体棒由静止释放，g 取 $10\,m/s^2$，求：

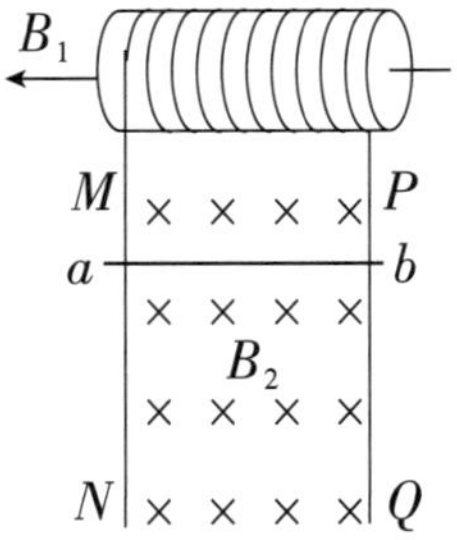

甲

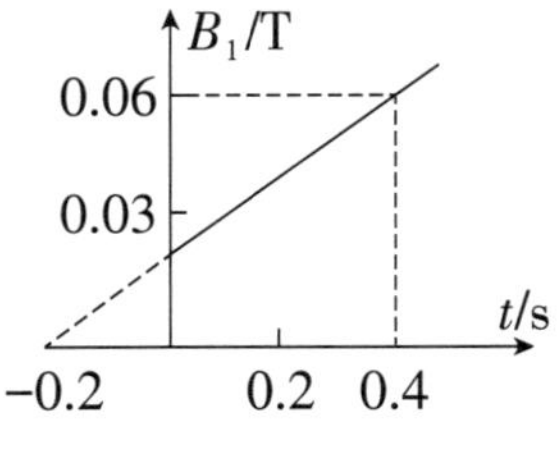

乙

（1）$t=0$时，线圈内产生的感应电动势的大小；

（2）$t=0$时，导体棒ab两端的电压和导体棒的加速度大小；

（3）导体棒ab到稳定状态时，导体棒所受重力的瞬时功率。

答案：（1）2 V　　（2）1.6 V　2 m/s^2　　（3）0.25 W

解析：（1）由题图乙可知，线圈内磁感应强度变化率为$\frac{\Delta B_1}{\Delta t}=0.1\ \text{T/s}$，

由法拉第电磁感应定律可知$E_1=n\frac{\Delta \Phi}{\Delta t}=n\frac{\Delta B_1}{\Delta t}S=2\ \text{V}$。

（2）$t=0$时，回路中电流$I=\frac{E_1}{R+r}=0.4\ \text{A}$，

导体棒ab两端的电压$U=IR=1.6\ \text{V}$，

设此时导体棒的加速度为a，则由$mg-B_2Il=ma$，

得$a=g-\frac{B_2Il}{m}=2\ \text{m/s}^2$。

（3）当导体棒ab达到稳定状态时，满足$mg=B_2I'l$，

$I'=\frac{E_1+B_2lv}{R+r}$，

得$v=5\ \text{m/s}$。

此时，导体棒所受重力的瞬时功率$P=mgv=0.25\ \text{W}$。

悟：（1）$t=0$时，导体棒ab还没动，只是线圈中的磁通量发生变化，线圈相当于电源，线圈电阻就是电源内阻；$t=0$时有从a到b方向的电流通过导体棒，导体棒处在磁场B_2中，受到安培力的作用，方向向上，列牛顿第二定律，求加速度即可；当导体棒达到稳定状态时，导体棒做匀速直线运动，所受合力为零，导体棒在磁场B_2做切割磁感线运动，会产生感应电动势，是动生的感应电动势，记为E_2，上面线圈中产生的电动势是感生的感应电动势，记为E_1，形成的电流同为逆时针方向，电路中总的电动势$E_{总}=E_1+E_2$。此导体棒的稳定运动状态是匀速直线运动，有$mg=B_2I'L$。

$I'=\frac{mg}{B_2l}=0.5\ \text{A}$; $E_{总}=I'(R+r)=2.5\text{V}$, $E_2=E_{总}-E_1=2.5\text{V}-2\text{V}=0.5\text{V}$,

$E_2=B_2Lv$，$v=\frac{E_2}{B_2L}=\frac{0.5}{0.5\times 0.2}\ \text{m/s}=5\ \text{m/s}$，导体棒所受重力的瞬时功率$P=$

$mgv = 0.25\,\text{W}$。

例 82. 两足够长且不计电阻的光滑金属轨道如图甲平行放置，间距为 $d = 1\,\text{m}$，在左端弧形轨道部分高 $h = 1.25\,\text{m}$ 处放置一金属杆 a，弧形轨道与水平直轨道平滑连接，在水平直轨道右端放置另一金属杆 b，杆 a、b 的电阻分别为 $R_a = 2\,\Omega$、$R_b = 5\,\Omega$，在水平直轨道区域有竖直向上的匀强磁场，磁感应强度 $B = 2\,\text{T}$。现杆 b 以大小为 $v_0 = 5\,\text{m/s}$ 的初速度开始向左滑动，同时由静止释放杆 a，杆 a 由静止滑到水平直轨道的过程中，通过杆 b 的平均电流为 $\bar{I} = 0.3\,\text{A}$；从 a 下滑到水平直轨道时开始计时，a、b 运动的速度—时间图像如题图乙所示（以 a 运动方向为正方向），其中 $m_a = 2\,\text{kg}$，$m_b = 1\,\text{kg}$，$g = 10\,\text{m/s}^2$，求：

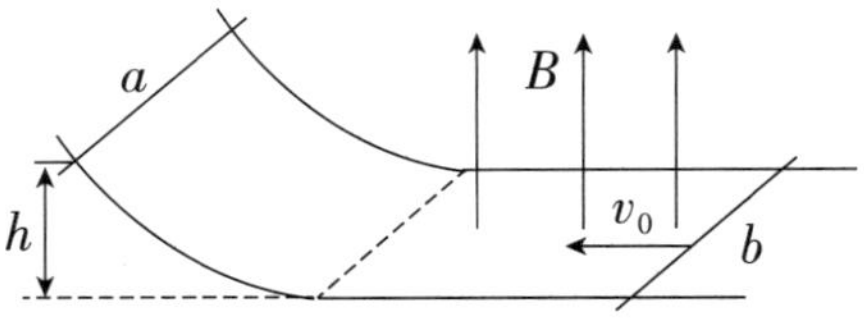

甲

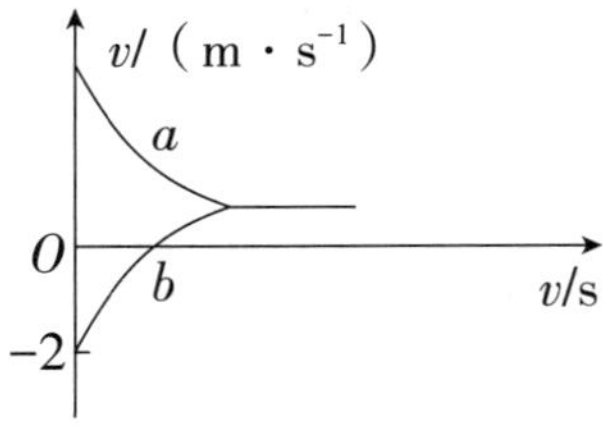

乙

（1）杆 a 在弧形轨道上运动的时间；

（2）杆 a 在水平直轨道上运动过程中通过其截面的电荷量；

（3）在整个运动过程中杆 b 产生的焦耳热。

答案：（1）5 s　　（2）$\frac{7}{3}$C　　（3）$\frac{115}{6}$J

解析：（1）杆 a 释放时杆 b 的速度大小为 $v_0 = 5\,\text{m/s}$，根据题图乙，杆 a 刚滑到水平直轨道时杆 b 的速度大小为 $v_b = 2\,\text{m/s}$，以杆 b 运动的方向为正方向，对杆 b 运用动量定理，有

$-B\bar{I}d \cdot t_1 = m_b v_b - m_b v_0$，

代入数据解得 $t_1 = 5\,\text{s}$。

（2）对杆 a 由静止下滑到水平直轨道的过程由机械能守恒定律有 $m_a gh = \frac{1}{2}m_a {v_a}^2$，

解得 $v_a = \sqrt{2gh} = 5\,\text{m/s}$，

设最后a、b两杆共同的速度为v，以杆a运动的方向为正方向，由动量守恒定律得$m_a v_a - m_b v_b = (m_a + m_b)v$；

代入数据解得$v = \frac{8}{3}\text{m/s}$，

设杆a的速度从v_a到v的运动时间为t_2，则由动量定理可得

$-B\bar{I}_2 \cdot dt_2 = m_a v - m_a v_a$，

而$q = \bar{I}_2 \cdot t_2$，

代入数据解得$q = \frac{7}{3}\text{C}$。

（3）由能量守恒定律可知杆a、b中产生的焦耳热之和为

$Q = m_a gh + \frac{1}{2}m_b {v_0}^2 - \frac{1}{2}(m_b + m_a)v^2 = \frac{161}{6}\text{J}$，

b棒中产生的焦耳热为$Q_b = \frac{R_b}{R_a + R_b}Q = \frac{115}{6}\text{J}$。

悟：本题的过程要清楚，“杆a在弧形轨道上运动”可作为第一个过程，其时间可设为t_1，“a、b运动的速度—时间图像如题图乙所示”，“从a下滑到水平直轨道时开始计时”，到a、b最终达到共速的过程可作为第二个过程，其时间可设为t_2，a刚下滑到水平轨道时是第二个过程的初状态，也是前一过程的末状态。

第（2）问“杆a在水平直轨道上运动过程中通过其截面的电荷量”，对第二个过程运用动量守恒定律和动量定理。这是杆a和杆b相向运动，发生“碰撞”，最终达到共速的情景，运用动量守恒定律就是$m_a v_a - m_b v_b = (m_a + m_b)v$。有的同学可能会疑问，两个杆可能就没相互接触，没有“接触”，怎么会碰撞呢！这好比两个磁铁，同名磁极相对着相互靠近的过程是一样的。两个“磁铁”可以通过磁场发生“接触”，彼此之间发生了力的作用。杆a、b进入磁场后受到大小相等、方向相反的安培力，可以看作是杆a、b间通过磁场传递的相互作用力，满足系统的动量守恒条件。求通过a的电荷量，可以对杆a在时间t_2内运用动量定理$-B\bar{I}_2 \cdot dt_2 = m_a v - m_a v_a$，解得$q = \bar{I}_2 \cdot t_2 = \frac{m_a v - m_a v_a}{-Bd} = \frac{2 \times \left(\frac{8}{3} - 5\right)}{-2 \times 1}\text{C} = \frac{7}{3}\text{C}$，当然也可以对杆$b$在时间$t_2$内运用动量定理$B\bar{I}_2 \cdot dt_2 =$

$m_bv-m_bv_b$，解得 $q=\bar{I}_2\cdot t_2=\dfrac{m_bv-m_bv_b}{Bd}=\dfrac{1\times\left[\dfrac{8}{3}-(-2)\right]}{2\times1}\mathrm{C}=\dfrac{7}{3}\mathrm{C}$，通过杆 a、b 的电荷量是一样的。

第（3）问“在整个运动过程中杆 b 产生的焦耳热”，系统减小的机械能等于克服安培力做的功；克服安培力做多少功，一定生成多少电势能；生成的电势能又通过纯电阻电流做功，完全转化为焦耳热。由能量守恒定律可知杆 a、b 中产生的焦耳热之和为 $Q=m_agh+\dfrac{1}{2}m_bv_0{}^2-\dfrac{1}{2}(m_b+m_a)v^2=\dfrac{161}{6}\mathrm{J}$，$b$ 棒中产生的焦耳热为 $Q_b=\dfrac{R_b}{R_a+R_b}Q=\dfrac{115}{6}\mathrm{J}$。杆 a、b 在同一磁场的水平轨道上相向运动，达到共速，相当于发生了完全非弹性碰撞。损失的动能转化为系统的电能 $E_2=\dfrac{1}{2}m_av_a{}^2+\dfrac{1}{2}m_bv_b{}^2-\dfrac{1}{2}(m_a+m_b)v^2=\dfrac{1}{2}\times2\times5^2+\dfrac{1}{2}\times1\times(-2)^2-\dfrac{1}{2}(2+1)\left(\dfrac{8}{3}\right)^2=\dfrac{98}{6}\mathrm{J}$，这并不是产生的全部的电能，因为在杆 a 进入水平轨道之前，杆 b 也在做切割磁感线运动，产生感应电流，受到安培力，安培力方向一定与运动方向相反，克服安培力做的功转化为电能 $E_1=\dfrac{1}{2}m_bv_0{}^2-\dfrac{1}{2}m_bv_b{}^2=\dfrac{1}{2}\times1\times(-5)^2-\dfrac{1}{2}\times1\times(-2)^2=\dfrac{63}{6}\mathrm{J}$；整个过程产生的电能为 $E=E_1+E_2=\dfrac{161}{6}\mathrm{J}$，这些电能通过对纯电阻做功，转化为焦耳热。杆 a、b 串联，通过 b 杆产生的焦耳热 $Q_b=\dfrac{R_b}{R_a+R_b}Q=\dfrac{115}{6}\mathrm{J}$。这样我们就能把各个导体在任何一个过程中产生的焦耳热，求个底朝天。我们在实战中，一定要看清题中问的是哪个导体在哪个过程中产生的焦耳热，不要盲目，自以为是。

第十一单元
交变电流　传感器

一　交变电流“四值”的理解和计算

交变电流的瞬时值、峰值、有效值和平均值的比较

物理量	物理含义	重要关系	适用情况及说明
瞬时值	交变电流某一时刻的值	$e=E_m\sin(\omega t+\theta)$ $i=I_m\sin(\omega t+\theta)$	计算线圈某时刻的安培力
峰值	最大的瞬时值	$E_m=nBS\omega$ $I_m=\frac{E_m}{R+r}$	确定用电器的耐压值，电容器的击穿电压
有效值	跟交变电流的热效应等效的恒定电流的值	$E=\frac{E_m}{\sqrt{2}}$　$U=\frac{U_m}{\sqrt{2}}$ $I=\frac{I_m}{\sqrt{2}}$ 适用于正（余）弦式交变电流	(1) 计算与电流的热效应有关的量（电功、电功率、电热） (2) 电气设备“铭牌”上所标的是有效值 (3) 保险丝的熔断电流为有效值 (4) 电表的读数为有效值
平均值	交变电流图像中图像与时间轴所夹的面积与时间的比值	$\overline{E}=BL\overline{v}$ $\overline{E}=n\frac{\Delta\varphi}{\Delta t}$ $\overline{I}=\frac{\overline{E}}{R+r}$	计算通过电路横截面的电荷量

例 83. 如图甲所示为手机无线充电工作原理的示意图，由送电线圈和受电线圈组成。已知受电线圈的匝数为$n = 50$匝，电阻$r = 1.0\,\Omega$，在它的c、d两端接一阻值$R = 9.0\,\Omega$的电阻。设在受电线圈内存在与线圈平面垂直的磁场，其磁通量随时间按图乙所示的规律变化，可在受电线圈中产生电动势最大值为20 V的正弦交流电，设磁场竖直向上。求：

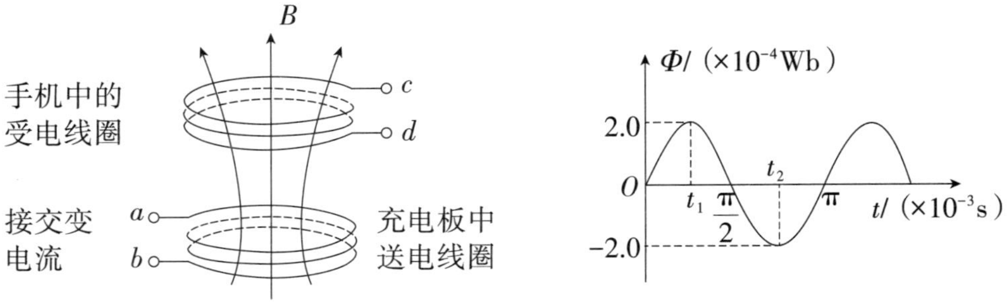

甲　　　　乙

（1）在$t = \pi \times 10^{-3}$ s时，受电线圈中产生电流的大小，c、d两端哪端电势高；

（2）在一个周期内，电阻R上产生的热量；

（3）从t_1到t_2时间内，通过电阻R的电荷量。

答案：（1）2.0 A　c端电势高　（2）5.7×10^{-2} J　（3）2×10^{-3} C

解析：（1）由题图乙知$t = \pi \times 10^{-3}$ s时受电线圈中产生的电动势最大，为$E_m = 20$ V，

线圈中产生感应电流的大小为$I_1 = I_m = \dfrac{E_m}{R + r} = 2.0$ A。

由楞次定律可以得到此时c端电势高。

（2）通过电阻的电流的有效值为$I = \dfrac{I_m}{\sqrt{2}} = \sqrt{2}$ A，

电阻在一个周期内产生的热量$Q = I^2 RT \approx 5.7 \times 10^{-2}$ J。

（3）线圈中感应电动势的平均值$\overline{E} = n\dfrac{\Delta\Phi}{\Delta t}$，

通过电阻R的电流的平均值为$\overline{I} = \dfrac{\overline{E}}{R + r}$，通过电阻$R$的电荷量$q = \overline{I} \cdot \Delta t$，

由题图乙知，在$\dfrac{T}{4} \sim \dfrac{3T}{4}$的时间内，$\Delta\Phi = 4 \times 10^{-4}$ Wb，

解得$q = n\frac{\Delta\Phi}{R + r} = 2 \times 10^{-3}$ C。

悟： 在$t = \pi \times 10^{-3}$ s时，磁通量的瞬时值最小，为零，磁通量变化最快；在$t_1 = \frac{\pi}{4} \times 10^{-3}$ s或$\frac{3\pi}{4} \times 10^{-3}$ s时磁通量最大，但磁通量的变化率为0。生活中“高处不胜寒”的道理是普遍存在的，“体量越大”，变化起来越困难，体量小，越容易发生变化；我们在开车或跑步时，速度小时，加速度大，速度大了，加速度就小，速度最大，加速度等于0，刚要启动时，加速度最大，都是类似的道理。第（1）问某时刻的电流值，是瞬时值；第（2）问一个周期内，产生的热量用电流的有效值计算；第（3）问求电荷量，用平均值，$q = \bar{I} \cdot \Delta t$，结合$\bar{I} = \frac{\bar{E}}{R + r}$，$\bar{E} = n\frac{\Delta\Phi}{\Delta t}$联立得到$q = n\frac{\Delta\Phi}{R + r}$，找到$\Delta\Phi = \Phi_2 - \Phi_1 = 2.0 \times 10^{-4}\text{Wb} - (-2.0 \times 10^{-4})\text{ Wb} = 4.0 \times 10^{-4}\text{Wb}$，解得$q = n\frac{\Delta\Phi}{R + r} = 2 \times 10^{-3}$ C。

二 交流电有效值的求解

1.交变电流有效值的规定

交变电流、恒定电流$I_{直}$分别通过同一电阻R，在交流的一个周期内产生的焦耳热分别为$Q_{交}$、$Q_{直}$，若$Q_{交} = Q_{直}$，则交变电流的有效值$I = I_{直}$。

2.计算交变电流有效值的方法

（1）计算有效值时要根据电流的热效应，抓住“三同”：“相同时间”内“相同电阻”上产生“相同热量”列式求解。

（2）分段计算电热求和得出一个周期内产生的总热量。

（3）利用两个公式$Q = I^2 Rt$和$Q = \frac{U^2}{R}t$可分别求得电流有效值和电压有效值。

（4）若图像部分是正弦(或余弦)式交变电流，其中的$\frac{1}{4}$周期（必须是从零至最大值或从最大值至零）和$\frac{1}{2}$周期部分，可直接应用正弦式交变电流有效值与最大值间的关系$I=\frac{I_m}{\sqrt{2}}$、$U=\frac{U_m}{\sqrt{2}}$求解。

例 84. 一电阻接到方波交流电源上，在一个周期内产生的热量为$Q_{方}$；若该电阻接到正弦交流电源上，在一个周期内产生的热量为$Q_{正}$。该电阻上电压的峰值均为u_0，周期均为T，如图所示。则$Q_{方}$：$Q_{正}$等于（　　）

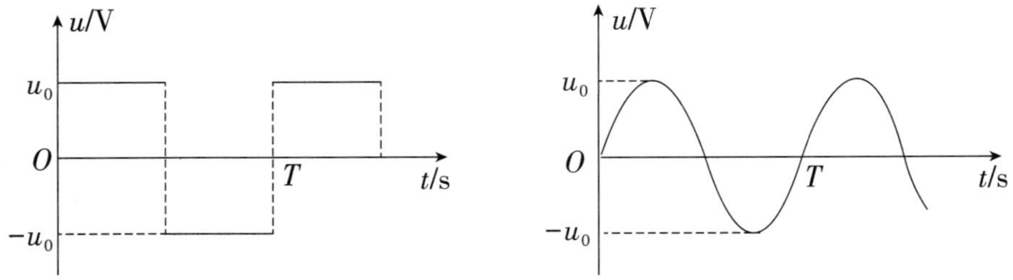

A. $1:\sqrt{2}$　　B. $\sqrt{2}:1$　　C. 1∶2　　D. 2∶1

答案：D

解析：由有效值概念知，一个周期内产生热量$Q_{方}=\frac{u_0^{\ 2}}{R}\cdot\frac{T}{2}+\frac{u_0^{\ 2}}{R}\cdot\frac{T}{2}=\frac{u_0^{\ 2}}{R}T$，$Q_{正}=\frac{U_{有效}^{\ 2}}{R}T=\frac{\left(\frac{u_0}{\sqrt{2}}\right)^2}{R}T=\frac{1}{2}\cdot\frac{u_0^{\ 2}}{R}T$。

故知，$Q_{方}$：$Q_{正}$ = 2 ∶ 1。

悟：有效值，是有相同的热效应，交变电流和恒定电流，通过相同的电阻，在相同的时间内，产生的热量相同，有相同的有效值。根据电流的热效应计算，注意“三同”：即“相同电阻”“相同时间”内产生“相同热量”，利用公式$Q=I^2Rt$或$Q=\frac{U^2}{R}t$列式求解，“相同时间”一般取一个周期，一个整周期内的热效应，能代表一个含有许多周期在内的工作时间内的热效应。

例 85. A、B是两个完全相同的电热器，A通以如图甲所示的方波交变电流，B通以如图乙所示的正弦式交变电流，则两电热器的电功率P_A：P_B等于（　　）

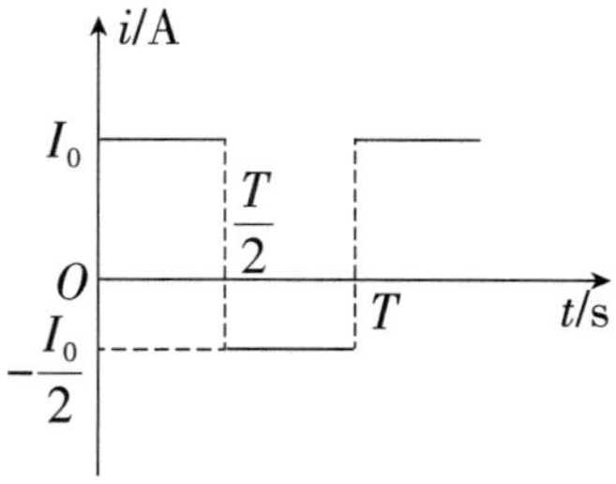

甲

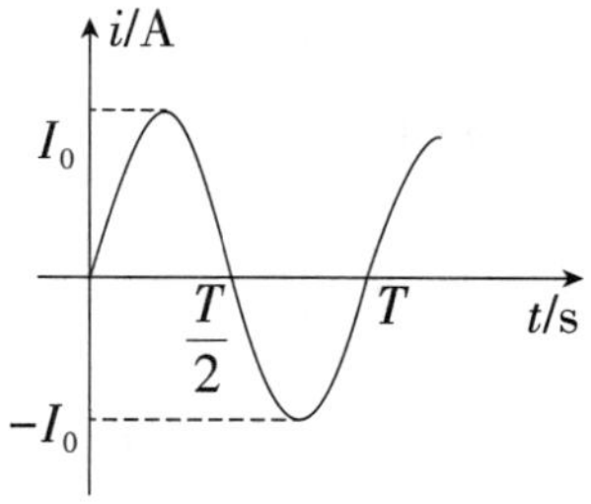

乙

A. 5 ∶ 4　　B. 3 ∶ 2　　C. $\sqrt{2}$ ∶ 1　　D. 2 ∶ 1

答案： A

解析： 根据电流有效值的定义可知$I_0{}^2R\frac{T}{2}+\left(\frac{I_0}{2}\right)^2R\frac{T}{2}=I_A{}^2RT$，解得有效值$I_A=\sqrt{\frac{5}{8}}I_0$，而$I_B=\frac{I_0}{\sqrt{2}}$，根据功率的计算公式$P=I^2R$可得$P_A$ ∶ P_B = $I_A{}^2$ ∶ $I_B{}^2$ = 5 ∶ 4，故A正确。

悟： 方波在前半周期的值始终是I_0，前半周期电流的有效值就是I_0；方波在后半周期电流的值始终是$\frac{I_0}{2}$，后半周期的有效值就是$\frac{I_0}{2}$。有效值是按照一个“整”周期的热效应定义，这样才能代表在经过包含很多周期在内的较长工作时间后的效果。

例 86. 如图甲所示，一固定的矩形导体线圈水平放置，线圈的左端接一只小灯泡，线圈所在空间内存在与线圈平面垂直且均匀分布的磁场。已知线圈的匝数$n=100$匝、总电阻$r=1.0\ \Omega$、所围成矩形的面积$S=0.040\ m^2$，小灯泡的电阻$R=9.0\ \Omega$，磁感应强度随时间按如图乙所示的规律变化，线圈中产生的感应电动势瞬时值的表达式为$e=nB_mS\frac{2\pi}{T}\cos\frac{2\pi}{T}t$，其中$B_m$为磁感应强度的最大值，$T$为磁场变化的周期，不计灯丝电阻随温度的变化。求：

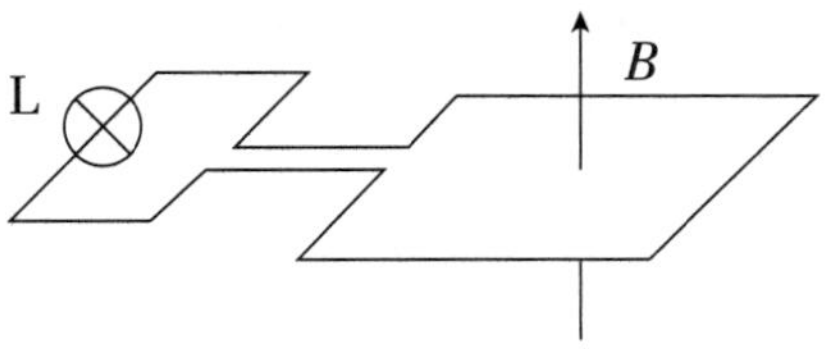

甲

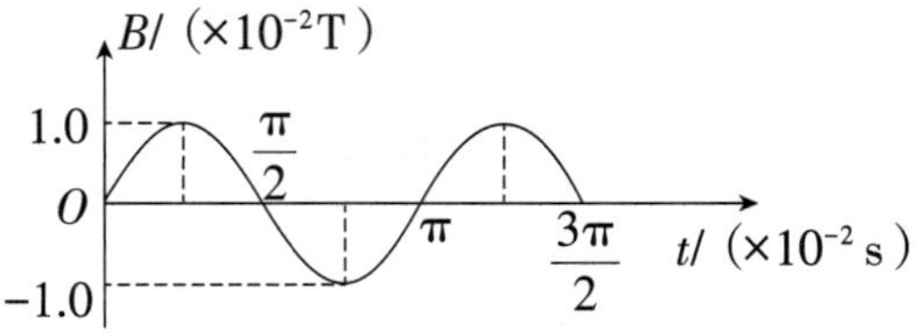

乙

（1）线圈中产生感应电动势的最大值；

（2）小灯泡消耗的电功率；

（3）在磁感应强度变化的$0\sim\frac{T}{4}$时间内，通过小灯泡的电荷量。

答案：（1）8.0 V　（2）2.88 W　（3）4.0×10^{-3} C

解析：（1）由题图乙知，线圈中产生的交变电流的周期$T=\pi\times10^{-2}$ s，所以$E_{\mathrm{m}}=nB_{\mathrm{m}}S\frac{2\pi}{T}=8.0$ V。

（2）电流的最大值$I_{\mathrm{m}}=\frac{E_{\mathrm{m}}}{R+r}=0.80$ A，有效值$I=\frac{I_{\mathrm{m}}}{\sqrt{2}}=\frac{2\sqrt{2}}{5}$ A，小灯泡消耗的电功率$P=I^2R=2.88$ W。

（3）在$0\sim\frac{T}{4}$时间内，电动势的平均值$\overline{E}=\frac{\Delta\Phi}{\Delta t}=\frac{nS\Delta B}{\Delta t}$，平均电流$\overline{I}=\frac{\overline{E}}{R+r}=\frac{nS\cdot\Delta B}{(R+r)\cdot\Delta t}$，通过灯泡的电荷量$Q=\overline{I}\Delta t=\frac{nS\Delta B}{R+r}=4.0\times10^{-3}$ C。

悟：线圈固定，磁感应强度随时间按正弦规律变化，相当于线圈在恒定匀强磁场中匀速转动时，通过线圈的磁通量的变化规律是相同的，线圈中产生的感应电动势瞬时值的表达式为$e=E_{\mathrm{m}}\cos\omega t=nB_{\mathrm{m}}S\frac{2\pi}{T}\cos\frac{2\pi}{T}t$。

三　远距离输电

1. 理清三个回路

远距离输电电网间的基本结构如图所示。输电过程的电路被划分为三个独立的回路，即电源回路、输送回路和用户回路。在每个回路中，变压器的原线圈是回路的用电器，而相应的副线圈是下一个回路的电源，每个回路均可应用闭合电路欧姆定律、串并联电路的规律，而变压器的电压、电流、功率关系则是联系不同回路的桥梁。

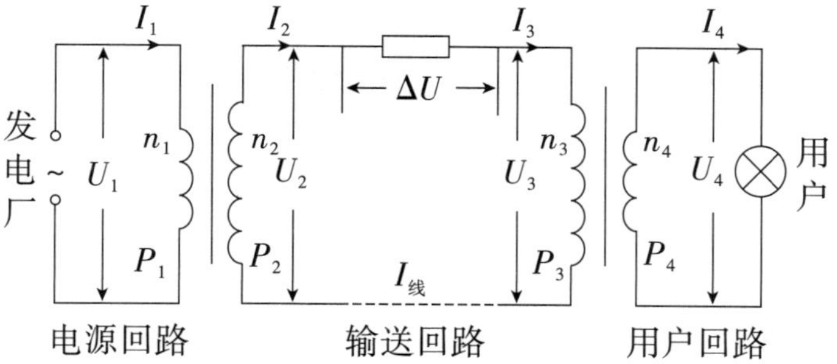

2. 抓住物理量的联系

（1）理想的升压变压器联系了电源回路和输送回路，由理想变压器原理可得：线圈1（匝数为n_1）和线圈2（匝数为n_2）中各个量间的关系是$\frac{U_1}{U_2}=\frac{n_1}{n_2}$，$P_1=P_2$，$I_1n_1=I_2n_2$。

（2）理想的降压变压器联系了输送回路和用户回路，由理想变压器原理可得：线圈3（匝数为n_3）和线圈4（匝数为n_4）中各个量间的关系是$\frac{U_3}{U_4}=\frac{n_3}{n_4}$，$P_3=P_4$，$I_3n_3=I_4n_4$。

（3）两个变压器之间的联系：$I_2=I_3=I_{线}$，$U_2=U_3+U_{线}=U_3+I_{线}R_{线}$。

（4）应用能量守恒定律：$P_1=P_{用户}+P_{线损}$，其中$P_{线损}=U_{线}I_{线}=I_{线}{}^2r=\left(\frac{P_2}{U_2}\right)^2r$。

3. 理解能量守恒定律

发电机把机械能转化为电能，并通过导线将能量输送给线圈1，线圈1上的能量就是远程输电的总能量，在输送过程中，先被输送回路上的导线电阻损耗一小部分，剩余的绝大部分通过降压变压器和用户回路被用户使用消耗，所以其能量关系为$P_1=P_{线损}+P_{用户}$。

例 87. 如图甲为远距离输电示意图，理想升压变压器原、副线圈匝数比为1∶1 000，理想降压变压器原、副线圈匝数比为1 000∶1，输电线的总电阻为1 000 Ω，若升压变压器的输入电压如图乙所示，用户端电压为220 V。下列说法正确的是（　　）

甲

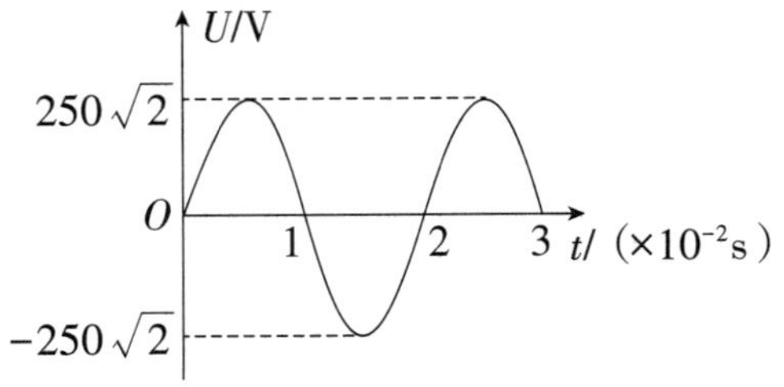

乙

A. 输电线中的电流为3 A

B. 电站输出的功率为7 500 kW

C. 输电线路损耗功率为90 kW

D. 用户端交变电流的频率为100 Hz

答案： B

解析： 由题图乙知升压变压器输入端电压的最大值为 $U_m = 250\sqrt{2}$ V，有效值为 $U_1 = \frac{U_m}{\sqrt{2}} = 250$ V，根据 $\frac{U_1}{U_2} = \frac{n_1}{n_2}$，得副线圈两端的电压 $U_2 = \frac{n_2}{n_1} \cdot U_1 = \frac{1\,000}{1} \times 250$ V $= 2.5 \times 10^5$ V；用户端电压为220 V，根据 $\frac{U_3}{U_4} = \frac{n_3}{n_4}$，得降压变压器原线圈两端的电压 $U_3 = \frac{n_3}{n_4}U_4 = \frac{1\,000}{1} \times 220$ V $= 2.2 \times 10^5$ V，故输电线上损失的电压为 $\Delta U = U_2 - U_3 = 3 \times 10^4$ V，则输电线上的电流为 $I = \frac{\Delta U}{R} = \frac{3 \times 10^4}{1\,000}$ A $= 30$ A，电站的输出功率为 $P_1 = P_2 = U_2 I = 7\,500$ kW，输电线路损耗功率为 $\Delta P = I^2 R = 900$ kW，由题图乙可知，原线圈交变电流的周期为 $T = 0.02$ s，则频率为 $f = \frac{1}{T} = 50$ Hz，变压器不会改变交流电的频率，故用户端交变电流的频率为50 Hz，故B正确，A、C、D错误。

悟： 远距离输电类问题的核心是输电线电阻 $R_{线}$ 两端电压 $\Delta U = U_2 - U_3 = (250 \times 10^3 - 220 \times 10^3)$ V $= 30 \times 10^3$ V，求得远距离的导线中的电流 $I_{线} = I_2 = I_3 = \frac{\Delta U}{R_{线}} = \frac{30 \times 10^3\ \text{V}}{1\,000\Omega} = 30$ A。输电线路可以分为三个独立的回路：电源回路、输送回路、用户回路，中间用两个变压器连结在一起，能量从上游逐级

向下传递。在电源回路中，发电机是电源，升压变压器的原线圈是负载（用电器）；在输送回路中，升压变压器的副线圈相当于电源，提供该电路中的能量，降压变压器的原线圈和远距离导线（导线电阻不能忽略，就是远距离输电问题的由来）充当负载；在用户回路中，降压变压器的副线圈相当于该回路的电源，用户充当负载。两变压器为理想变压器，就是副线圈回路得到的功率等于原线圈输入的功率。

例 88.（多选）远距离输电线路简化如图所示，电厂输送电功率不变，变压器均为理想变压器，图中标示了电压和电流，其中输电线总电阻为 R，则（　　）

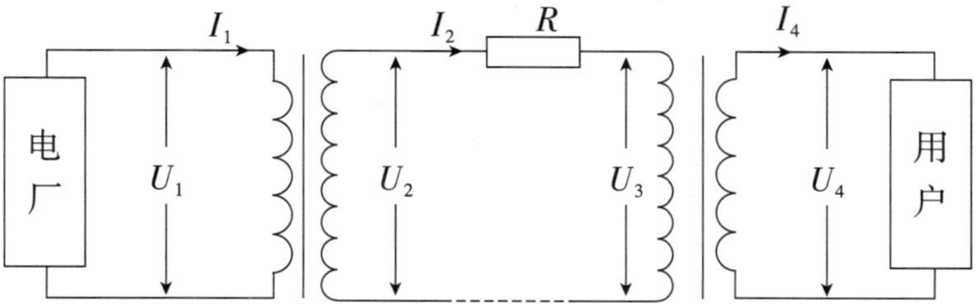

A. $I_2 < \frac{U_2}{R}$

B. 输电线损失的电功率为$\frac{U_2^{\ 2}}{R}$

C. 提高输送电压 U_2，则输电线电流 I_2 增大

D. 电厂输送电功率为 U_2I_2

答案： AD

解析： 在输电线路上：$U_2 = I_2R + U_3$，所以 $I_2 < \frac{U_2}{R}$，故A正确；由于 U_2 不是 R 两端的电压，所以输电线损失的电功率不是$\frac{U_2^{\ 2}}{R}$，故B错误；因为输送功率不变，根据 $P_2 = U_2I_2$，可知提高输送电压 U_2，则输电线电流 I_2 减小，故C错误；因变压器为理想变压器，所以有 $P_1 = P_2 = U_2I_2$，故D正确。

悟： 远距离输电，除了两变压器处原副线圈的电压、电流、功率关系外，我们还要注意 $I_2 = I_3$，U_2 与 U_3 不等，$U_2 - U_3 = \Delta U = I_2R_{线} = I_3R_{线}$ 是导线上损失的电压，$P_2 - P_3 = \Delta P = \Delta U \times I_2 = \frac{\Delta U^2}{R_{线}} = I_2^{\ 2}R_{线}$ 是导线上损失的电功率。

$I_2=\frac{\Delta U}{R}=\frac{U_2-U_3}{R}<\frac{U_2}{R}$，A选项错；输电线损失的电功率$\Delta P=\frac{(\Delta U)^2}{R}=\frac{(U_2-U_3)^2}{R}<\frac{U_2{}^2}{R}$，B选项错；提高输送电压$U_2$，由于题干是“电厂输送电功率不变”的类型，则输电线电流I_2减小，C选项错。动态分析，判断哪些物理量怎么变，首先要搞清哪些量不变，这往往是问题解决的关键所在。理想变压器，要注意都有$P_{出}=P_{入}$。

四　理想变压器的动态分析

1. 匝数比不变的情况（如图）

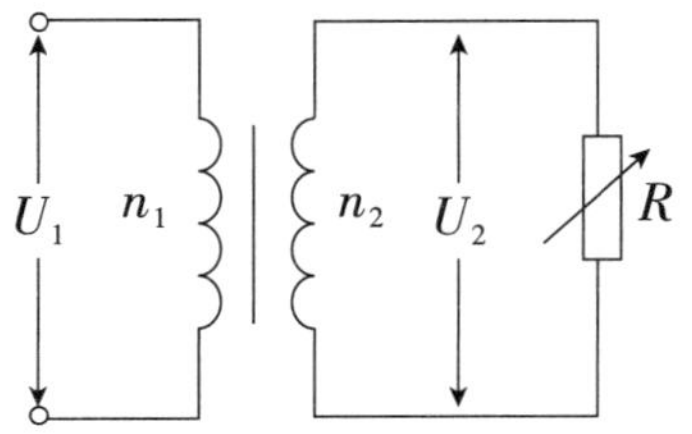

$\frac{n_1}{n_2}$不变，负载R变化

（1）U_1不变，根据$\frac{U_1}{U_2}=\frac{n_1}{n_2}$，输入电压$U_1$决定输出电压$U_2$，不论负载电阻$R$如何变化，$U_2$不变。

（2）当负载电阻发生变化时，I_2变化，根据$\frac{I_1}{I_2}=\frac{n_2}{n_1}$，判断$I_1$的变化，是输出电流$I_2$决定输入电流$I_1$。

（3）I_2变化引起P_2变化，根据$P_1=P_2$判断P_1的变化。

2. 负载电阻不变的情况（如图）

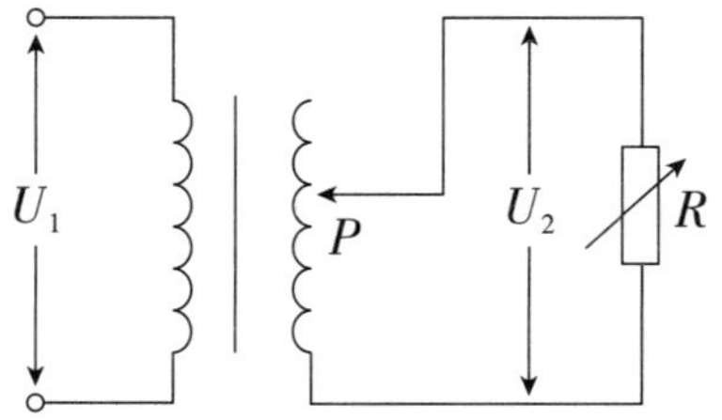

$\frac{n_1}{n_2}$改变，负载R不变

（1）U_1不变，$\frac{n_1}{n_2}$发生变化，故U_2变化。

（2）R不变，U_2变化，I_2发生变化。

（3）根据$P_2=\frac{U_2{}^2}{R}$，判断P_2的变化，再由$P_1=P_2=U_1I_1$判断P_1和I_1的变化。

例 89. 如图所示，一理想变压器，左右两边共接有额定电压均为U的6盏完全相同的灯泡，其额定功率均为P，左端接在一电压恒为U_0的交流电源两端。此时6盏灯刚好正常发光。下列说法中不正确的是（　　）

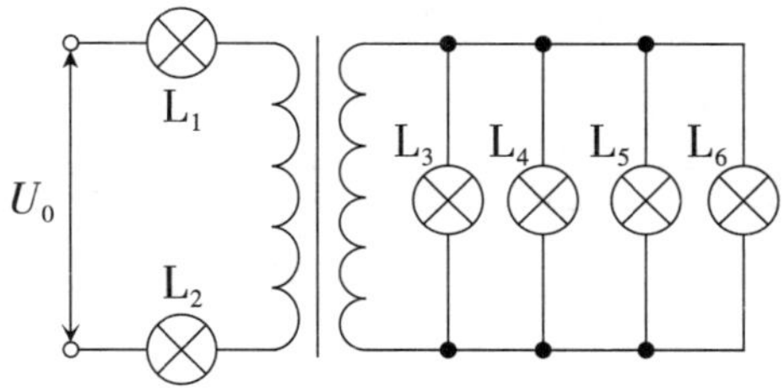

A. 该变压器的原、副线圈匝数比为1 ∶ 2

B. 此时交流电源输出的功率为$6P$

C. $U_0=6U$

D. 如果灯L_6突然烧断，灯L_1和L_2将变暗，而其余3盏灯将变得更亮

答案： A

解析： 由于各盏灯相同且均正常发光，所以流过每盏灯的电流均相同，原线圈中的电流I_1等于灯泡的额定电流I，而副线圈中的总电流为$I_2=4I$，故$n_1:n_2=I_2:I_1=4:1$，A错误；由于理想变压器本身不消耗能量，所以交流电源输出功率为6盏灯的总功率$6P$，B正确；设原、副线圈两端的电压分别为U_1、U_2，则$U_2=U$，$U_1:U_2=n_1:n_2=4:1$，而$U_0=U_1+2U$，代入得$U_0=6U$，C正确；当灯L_6突然烧断，负载电阻变大，反馈到原线圈回路，等效电阻变大，原线圈中电流I_1减小，由$P_{L1}=I_1{}^2R_1$得P_{L1}减小，所以灯L_1和L_2将变暗，同时因L_1和L_2分得的电压减小，变压器输入端的电压U_1将增大，所以变压器输出的电压也将增大，使其余3盏灯变得更亮，D正确。

悟：在变压器原、副线圈中，负载电阻反馈到原线圈回路中的等效电阻，$R_{等效}=\dfrac{U_1}{I_1}$，$R_{负载}=\dfrac{U_2}{I_2}$，其中$\dfrac{U_1}{U_2}=\dfrac{n_1}{n_2}$，$\dfrac{I_1}{I_2}=\dfrac{n_2}{n_1}$，联立有$R_{等效}=\dfrac{U_1}{I_1}=\dfrac{\frac{n_1}{n_2}U_2}{\frac{n_2}{n_1}I_2}=(\dfrac{n_1}{n_2})^2\dfrac{U_2}{U_1}=k^2R_{负载}$。$L_6$突然烧断，负载电阻变大，反馈到原线圈回路，等效电阻变大，原线圈中电流I_1减小……

考查原线圈接有负载的变压器电路的分析。分析变压器原线圈接有负载时应注意：

①变压器原、副线圈间的电压关系、电流关系与匝数关系仍然满足变压器原理，原线圈的输入功率仍然等于副线圈的输出功率；

②首先需要确定原线圈所连接负载与原线圈的连接关系，若串联，则应从电流关系作为突破口确定匝数比和电压关系；若并联，则应从电压关系作为突破口确定匝数比和电流关系。

例 90. 如图所示，M是一小型理想变压器，接线柱a、b接在电压$u=311\sin 314t$（V）的正弦交流电源上，变压器右侧部分为一火警报警系统原理图，其中R_2为负向半导体热敏材料制成的传感器，电流表A_2为值班室的显示器，显示通过R_1的电流；电压表V_2显示加在报警器上的电压（报警器未画出），R_3为一定值电阻。当传感器R_2所在处出现火警时，以下说法中正确的是（　　）

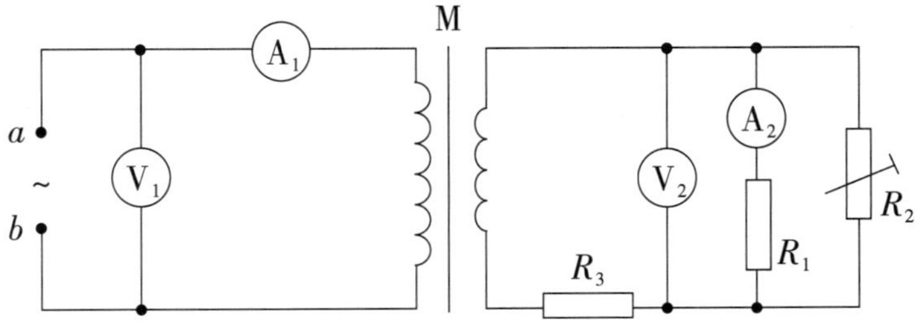

A. V_1的示数增大，V_2的示数增大

B. V_1的示数不变，V_2的示数减小

C. A_1的示数不变，A_2的示数增大

D. A_1的示数增大，A_2的示数增大

答案：B

解析：当传感器R_2所在处出现火情时，R_2的电阻减小，导致电路的总电阻减小，所以电路中的总电流将会增加，A_1测量的是原线圈中的总的电流，由于副线圈的电流增大了，所以原线圈的电流A_1示数也要增加；由于电源的电压不变，原副线圈的电压也不变，所以V_1的示数不变，由于副线圈中电流增大，R_3的电压变大，所以V_2的示数要减小，即R_1的电压也要减小，所以A_2的示数要减小，所以B正确，A、C、D错误。

悟：考查负载变化引起的动态分析问题，匝数比不变的情况。变压器匝数不变时，变压器的输入、输出电压均不变，但变压器原、副线圈中的电流均随负载的变化而变化。注意电压是上游决定下游，上游的变压器给多少电压，下游的用户就按照匝数比得到多少电压，没有别的选择，家庭用电电压是220 V，你用也好，不用也好，用得多也好，用得少也好，电压都一样，下游的电压可以由上游调节，不是下游说了算的。而电流和功率，都是下游决定上游，用多少电流，用多少电功率，都是由用户自己决定的，想用多就用多，想少开几盏灯就少开几盏灯，想不用电，就不用电，用得多就多拿点电费，是下游要多少，上游就给多少，下游不要，上游就不给。注意这里电压与电流、电功率上下游的主被动关系是不一样的。

第十二单元 近代物理初步

一 光电效应及其规律

1. 光电效应现象

在光的照射下，金属中的电子从表面逸出的现象，发射出来的电子叫光电子。

2. 光电效应的产生条件

入射光的频率大于或等于金属的极限频率。

3. 光电效应规律

（1）每种金属都有一个极限频率，入射光的频率必须大于或等于这个极限频率才能产生光电效应。

（2）光电子的最大初动能与入射光的强度无关，只随入射光频率的增大而增大。

（3）光电效应的发生几乎是瞬时的，一般不超过 10^{-9} s。

（4）当入射光的频率大于极限频率时，饱和光电流的大小与入射光的强度成正比。

例 91.（多选）在光电效应实验中，用频率为 ν 的光照射光电管阴极，发生了光电效应，下列说法正确的是（　　）

A. 增大入射光的强度，光电流增大

B. 减小入射光的强度，光电效应现象消失

C. 改用频率小于 ν 的光照射，一定不发生光电效应

D. 改用频率大于ν的光照射，光电子的最大初动能变大

答案： AD

解析： 增大入射光强度，单位时间内照射到单位面积上的光子数增加，则光电流增大，故A正确；光电效应是否发生取决于入射光的频率，而与入射光强度无关，故B错误。用频率为ν的光照射光电管阴极，发生光电效应，用频率较小的光照射时，若光的频率仍大于或等于极限频率，则仍会发生光电效应，C错误；根据$h\nu - W_0 = E_k$可知，增大入射光频率，光电子的最大初动能也增大，故D正确。

悟： 能否发生光电效应，取决于单个光子的能量，与整个光束的能量没有直接关系。光电效应证明光的能量是一个“子”一个“子”的，一份一份的，证明光具有“粒子性”，取名“光子”。单个光子的能量决定于光的频率，光子的能量$\varepsilon = h\nu$。

二 爱因斯坦光电效应方程

1. 光子说：在空间传播的光不是连续的，而是一份一份的，每一份叫作一个光子，光子的能量$\varepsilon = \underline{h\nu}$。

2. 逸出功W_0：电子从金属中逸出所需做功的<u>最小值</u>。

3. 最大初动能：发生光电效应时，金属表面上的<u>电子</u>吸收光子后克服原子核的引力逸出时所具有的动能的最大值。

4. 光电效应方程

（1）表达式：$h\nu = E_k + W_0$或$E_k = \underline{h\nu - W_0}$。

（2）物理意义：金属表面的电子吸收一个光子获得的能量是$h\nu$，这些能量的一部分用来克服金属的逸出功W_0，剩下的表现为逸出后电子的<u>最大初动能</u>。

例 92.（多选）如图是某金属在光的照射下产生的光电子的最大初动能E_k与入射光频率ν的关系图像。普朗克常量为h，由图像可知（　　）

A. 该金属的逸出功等于E

B. 该金属的逸出功等于$h\nu_0$

C. 入射光的频率为 $2\nu_0$ 时，产生的电子的最大初动能为 E

D. 入射光的频率为 $\frac{\nu_0}{2}$ 时，产生的电子的最大初动能为 $\frac{E}{2}$

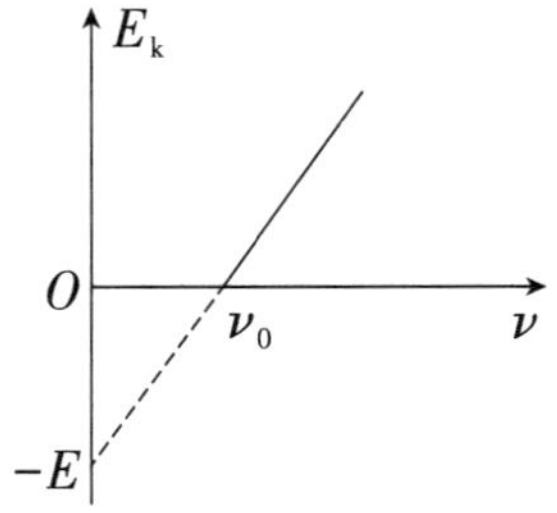

答案：ABC

解析：根据光电效应方程 $E_k = h\nu - W_0$，其中 W_0 为金属的逸出功，$W_0 = h\nu_0$，因此有 $E_k = h\nu - h\nu_0$，由此结合图像可知，该金属的逸出功为 E，A、B 正确；当入射光的频率为 $2\nu_0$ 时，代入方程可知，产生的光子的最大初动能为 E，C 正确；当入射光的频率为 $\frac{\nu_0}{2}$ 时，小于极限频率，不能发生光电效应，D 错误。

悟：物理上光电效应方程是 $E_k = h\nu - W_0$，其数学图像为一次函数，可按照直线方程 $y = kx + b$ 的形式，由图像可知，斜率 $k = \frac{\Delta y}{\Delta x} = \frac{E}{\nu_0}$，纵轴截距 $b = -E$，得到数学意义上的方程为 $E_k = \frac{E}{\nu_0}\nu + (-E)$，“数学、物理方程联立”得 $h = \frac{E}{\nu_0}$，得 $E = h\nu_0$，$W_0 = E$。

三 光电效应图像

图像名称	图像形状	由图像直接（间接）得到的物理量
最大初动能 E_k 与入射光频率 ν 的关系图像	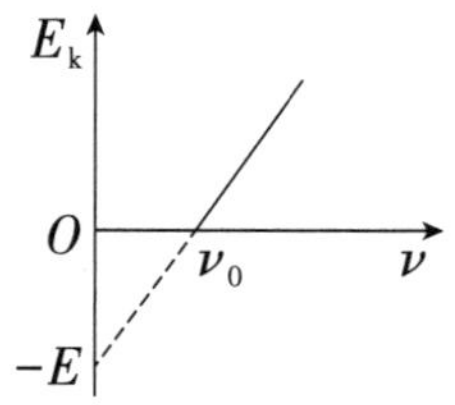	①极限频率：图像与 ν 轴交点的横坐标 ν_c ②逸出功：图像与 E_k 轴交点的纵坐标的值的绝对值 $W_0 = \|-E\| = E$ ③普朗克常量：图像的斜率 $k = h$

续表

图像名称	图像形状	由图像直接（间接）得到的物理量
颜色相同、强度不同的光，光电流与电压的关系	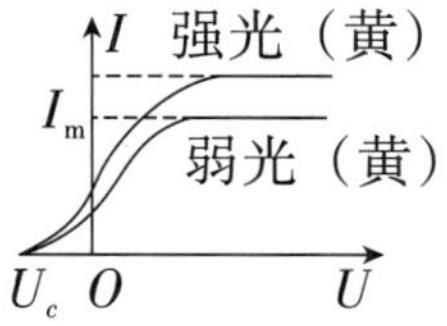	①遏止电压U_c：图像与横轴的交点的横坐标 ②饱和光电流I_m：光电流的最大值 ③最大初动能：$E_k = eU_c$
颜色不同时，光电流与电压的关系	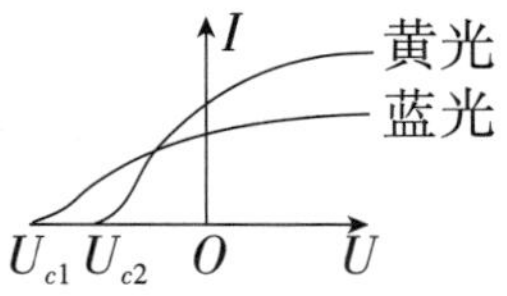	①遏止电压U_{c1}、U_{c2} ②饱和光电流 ③最大初动能$E_{k1} = eU_{c1}$，$E_{k2} = eU_{c2}$
遏止电压U_c与入射光频率ν的关系图像	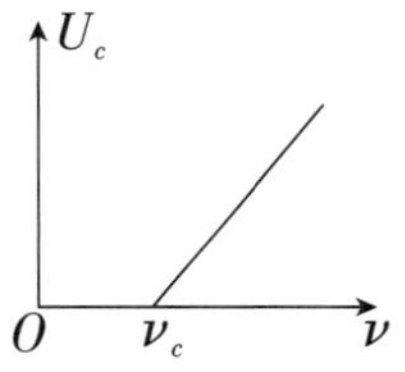	①极限频率ν_c：图像与横轴的交点的横坐标 ②遏止电压U_c：随入射光频率的增大而增大 ③普朗克常量h：等于图像的斜率与电子电荷量的乘积，即$h = ke$（注：此时两极之间接反向电压）

例 93. 用如图甲所示的装置研究光电效应现象。用频率为ν的光照射光电管时发生了光电效应。图乙是该光电管发生光电效应时光电子的最大初动能E_k与入射光频率ν的关系图像，图像与横轴的交点坐标为（a，0），与纵轴的交点坐标为（0，$-b$），下列说法中正确的是（　　）

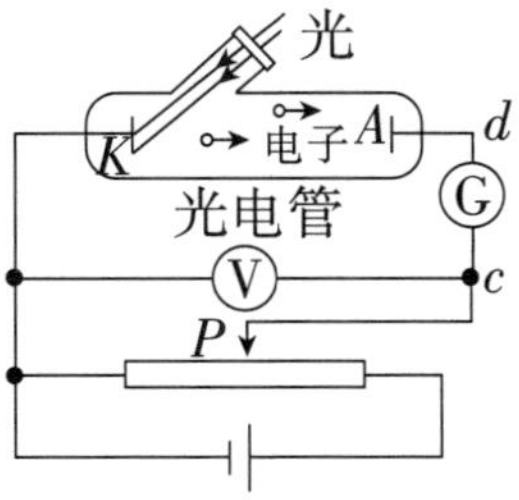

甲

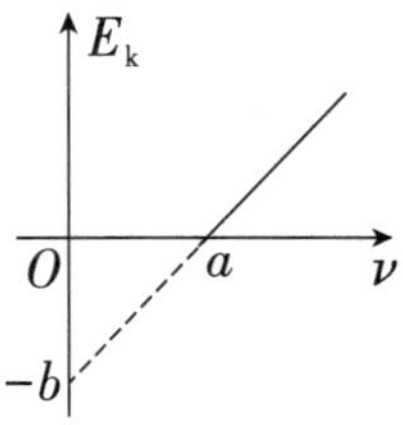

乙

A. 普朗克常量为$h = \dfrac{b}{a}$

B. 仅增加照射光的强度，光电子的最大初动能将增大

C. 保持照射光强度不变，仅提高照射光频率，电流表G的示数保持不变

D. 保持照射光强度不变，仅提高照射光频率，电流表G的示数增大

答案： A

解析： 根据$E_{km} = h\nu - W_0$可得，图像纵截距的绝对值等于金属的逸出功，即等于b。当最大初动能为零时，入射光的频率等于截止频率，所以金属的截止频率为a，那么普朗克常量为$h = \frac{b}{a}$，故A正确；根据光电效应方程可知，光电子的最大初动能与照射光的频率有关，与光的强度无关，故B错误；若保持照射光强度不变，仅提高照射光频率，则光子数目减小，那么电流表G的示数会减小，故C、D错误。

悟： 光电效应方程是$E_k = h\nu - W_0$，图像为一次函数，可按照直线方程$y = kx + b$的形式，斜率$k = \frac{\Delta y}{\Delta x} = \frac{b}{a}$，纵轴截距$b' = -b$，得到直线的方程为$E_k = \frac{b}{a}\nu + (-b)$，“数学、物理方程联立”得$h = \frac{b}{a}$，$W_0 = b$，A正确。

光电效应电路和光电效应方程的应用问题应注意：

（1）四点提醒

①能否发生光电效应，不取决于光的强度而取决于光的频率。

②光电效应中的“光”不是特指可见光，也包括不可见光。

③逸出功的大小由金属本身决定，与入射光无关。

④光电子不是光子，而是电子。

（2）两条对应关系

①光照强度大→光子数目多→发射光电子多→光电流大。

②光子频率高→光子能量大→光电子的最大初动能大。

（3）三个关系式

①爱因斯坦光电效应方程：$E_k = h\nu - W_0$。

②最大初动能与遏止电压的关系：$E_k = eU_c$。

③逸出功与极限频率的关系：$W_0 = h\nu_c$。

四 波尔理论和能级跃迁

例 94.（多选）如图，一群处于$n=5$能级的氢原子在向$n=1$的能级跃迁的过程中（　　）

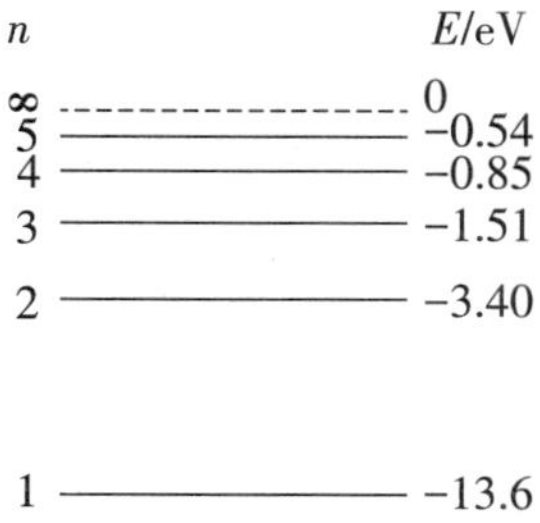

A. 放出4种频率不同的光子

B. 放出10种频率不同的光子

C. 放出的光子的最大能量为13.06 ev，最小能量为0.66 eV

D. 放出的光子有的能使逸出功为13 eV的金属发生光电效应现象

答案： BD

解析： 一群处于$n=5$能级的氢原子向低能级跃迁时，共产生$C_5^2=\frac{5\times4}{2}=10$种频率不同的光子，故A错误，B正确；根据玻尔理论知能级差越大，跃迁时放出的光子能量越大，故$\Delta E_{max}=E_5-E_1=-0.54\text{ eV}-(-13.6\text{ eV})=13.06\text{ eV}$，$\Delta E_{min}=E_5-E_4=-0.54\text{ eV}-(-0.85\text{ eV})=0.31\text{ eV}$，C错误；因$\Delta E_{max}=13.06\text{ eV}>13\text{ eV}$，故有的光子的能量大于逸出功可以使逸出功为13 eV的金属发出光电效应，D正确。

悟： 定态间的“跃迁”，必须满足能极差的光子才能被吸收或放出，而“电离”则没有这样的要求，只要能量足够大，就能发生电离，克服电离能后，多余的能量转化为光电子的动能，这就是光电效应方程的道理。

例 95. 氢原子能级图如图所示，当氢原子从$n=3$的能级跃迁到$n=2$的能级时，辐射光的波长为656 nm，下列判断正确的是（　　）

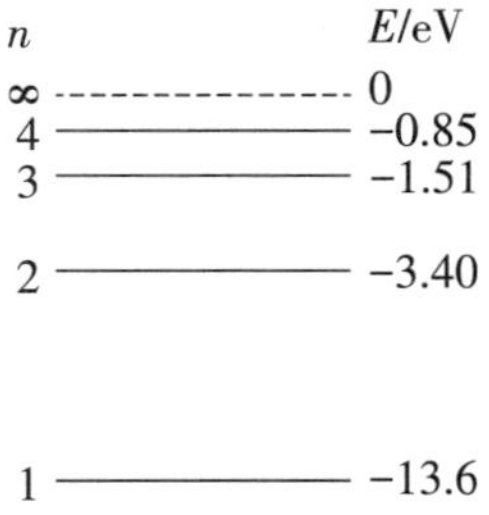

A. 氢原子从$n=2$的能级跃迁到$n=1$的能级时，辐射光的波长大于656 nm

B.当氢原子从$n=4$的能级跃迁到$n=2$的能级时，辐射出的光子不能使逸出功为2.25 eV的钾发生光电效应

C.一个处于$n=4$的能级上的氢原子向低能级跃迁时最多产生6种谱线

D.用能量为1.0 eV的光子照射处于$n=4$能级的氢原子，可以使氢原子电离

答案：D

解析：氢原子从$n=2$的能级跃迁到$n=1$的能级时，辐射光的能量大于氢原子从$n=3$的能级跃迁到$n=2$的能级时辐射光的能量，根据$E=\frac{hc}{\lambda}$可知，氢原子从$n=2$的能级跃迁到$n=1$的能级时，辐射光的波长一定小于656 nm，故A错误；从$n=4$的能级跃迁到$n=2$的能级时辐射出的光子能量为2.55 eV，大于金属钾的逸出功，能使钾发生光电效应，故B错误；一个处于$n=4$的能级上的氢原子向低能级跃迁时最多产生3种谱线，故C错误；当处于$n=4$能级的氢原子吸收的能量大于或等于0.85 eV时，将会被电离，故D正确。

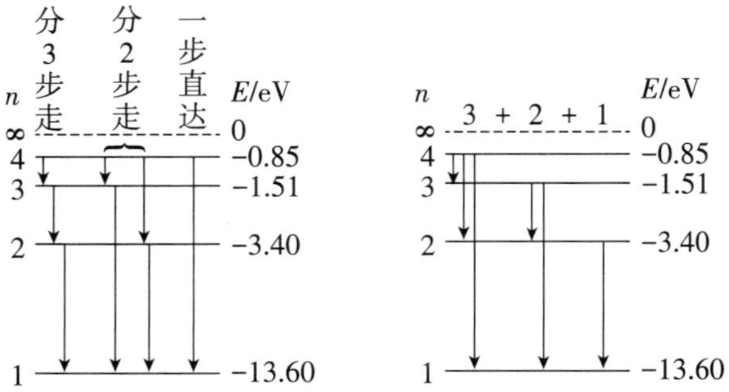

悟：“一个”处于$n=4$的能级上的氢原子向低能级跃迁时到$n=1$的能级时，有四种可能的途径，其中一种是“小步走”，分三步走；还有一种可能是“大步走”，一步直达；中间的两种可能“小中步”，有“先小再中”与“先中再小”两种可能。这四种可能当中，产生谱线最多的是第一种可能，有三种谱线。如果是有“大量”处于$n=4$的能级上的氢原子向低能级跃迁时，就应该是最多产生$C_4^2=6$种$=(3+2+1)$种谱线。

第十三单元 热学

一 分子间同时存在引力和斥力

（1）物质分子间存在空隙，分子间的引力和斥力是同时存在的，实际表现出的分子力是引力和斥力的合力；

（2）分子力随分子间距离变化的关系：分子间的引力和斥力都随分子间距离的增大而减小，随分子间距离的减小而增大，但斥力比引力变化得快；

（3）分子力与分子间距离的关系图像（如图所示）

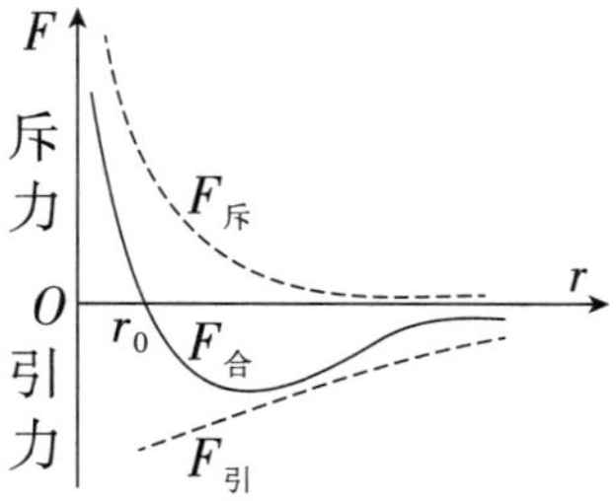

由分子间的作用力与分子间距离的关系图像可知：

①当$r = r_0$时，$F_{引} = F_{斥}$，分子力为零；

②当$r > r_0$时，$F_{引} > F_{斥}$，分子力表现为引力；

③当$r < r_0$时，$F_{引} < F_{斥}$，分子力表现为斥力；

④当分子间距离大于$10r_0$（约为10^{-9} m）时，分子力很弱，可以忽略不计。

例 96. 根据分子动理论，下列说法正确的是（　　）

A. 一个气体分子的体积等于气体的摩尔体积与阿伏伽德罗常数之比

B. 显微镜下观察到的墨水中的小炭粒所做的不停地无规则运动，就是分子

的运动

C.分子间的相互作用的引力和斥力一定随分子间的距离增大而增大

D.分子势能随着分子间距离的增大，可能先减小后增大

答案： D

解析： 由于气体分子的间距大于分子直径，故气体分子的体积小于气体的摩尔体积与阿伏伽德罗常数之比，故A错误；显微镜下观察到的墨水中的小炭粒所做的不停地无规则运动，是布朗运动，它是分子无规则运动的体现，但不是分子的运动，故B错误；分子间的相互作用力随分子间距离增大而减小，但斥力减小得更快，故C错误；若分子间距是从小于平衡距离开始变化，则分子力先做正功再做负功，故分子势能先减小后增大，故D正确。

悟： 对于气体，把分子看成小立方体，利用$d=\sqrt[3]{V_0}$算出的不是分子直径，而是气体分子间的平均距离，气体分子与分子间存在很大间隙，大约是气体分子直径的10倍左右。对于固体或液体，可以看做分子所占的体积等于分子的体积，而对于气体，一个气体分子所占空间的体积：$V_0=\dfrac{V\text{mol}}{N_A}$，大约是气体分子体积的$10^3=1\,000$倍左右，A错误。“显微镜下观察到的墨水中的小炭粒所做的不停地无规则运动”，是布朗运动，它是分子无规则运动的体现，但不是分子的运动，是由于水分子不断撞击小炭粒，由于撞击力的不均衡，使小炭粒做了无规则的运动，它是“水分子”无规则运动的体现，水分子的运动显微镜是看不到的，故B错误。D选项，分子势能的变化，可以从分子力做功角度分析，分子力做正功，分子势能就减小；分子力做负功，分子势能就增大，这很类似于重力做功与重力势能变化的关系，重力做了正功(重物下落)，就消耗了重力势能，重力势能就减小，且重力做了多少正功，重力势能就一定减少了多少。保守力做功与保守力对应势能变化的关系都是如此。分子间距离增大，如果分子力表现为斥力，力与位移的方向相同，该力做正功，分子势能减小；如果分子力表现为引力，力与位移的方向相反，该力做负功，分子势能增大。D选项中，“可能先减小后增大”的可能是存在的，“分子间距离的增大”，如果分子间距是从小于平衡距离开始变化，分子力先是斥力，越过平衡位置，分子力变为引力，分子势能就是先减小后增大。

当然本题也有“一直增大”或“一直减小”的可能，这与分子间距的变化范围有关，但“先增大后减小”的可能是绝对不会出现的。本题经过问题转化，把分子势能的变化，转化为分子力做功正负的讨论，使问题解决有了思路，简化了问题。当然，我们看了下面这个知识点“分子势能与分子间距离的关系”后，就有更直接的方法了。

二 分子力、分子势能与分子间距离的关系

分子力F、分子势能E_p与分子间距离r的关系图像如图所示（取无穷远处分子势能$E_p = 0$）。

（1）当$r > r_0$时，分子力表现为引力，当r增大时，分子力做负功，分子势能增加。

（2）当$r < r_0$时，分子力表现为斥力，当r减小时，分子力做负功，分子势能增加。

（3）当$r = r_0$时，分子势能最小。

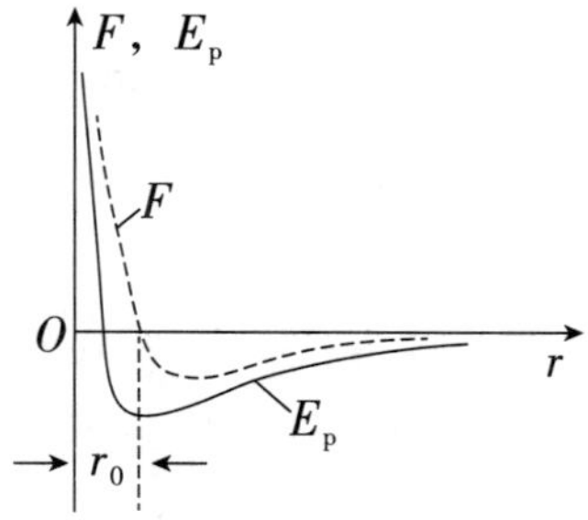

例 97.（多选）两分子间的斥力和引力的合力F与分子间距离r的关系如图中曲线所示，曲线与r轴交点的横坐标为r_0。相距很远的两分子在分子力作用下，由静止开始相互接近。若两分子相距无穷远时分子势能为零，下列说法正确的是（　　）

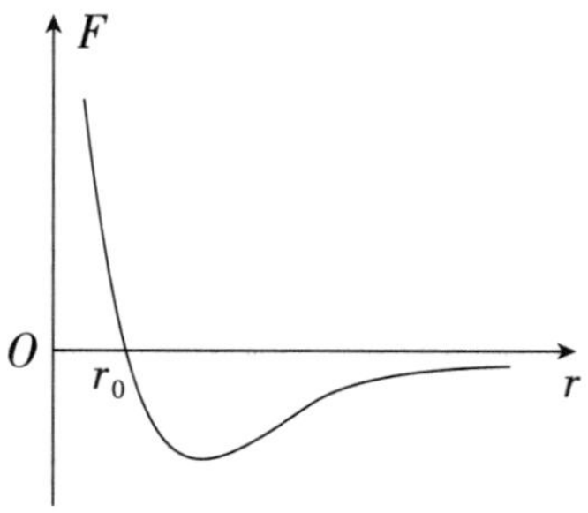

A. 在$r > r_0$阶段，F做正功，分子动能增加，分子势能减小

B. 在$r < r_0$阶段，F做负功，分子动能减小，分子势能也减小

C . 在$r = r_0$时，分子势能最小，动能最大

D. 在$r = r_0$时，分子势能为零

E. 分子动能和分子势能之和在整个过程中不变

答案：ACE

解析：由$E_p—r$图像可知，在$r > r_0$阶段，当r减小时F做正功，分子势能减小，分子动能增加，故A正确；在$r < r_0$阶段，当r减小时F做负功，分子势能增加，分子动能减小，故B错误；在$r = r_0$时，分子势能最小，但不为零，且是负值，动能最大，故C正确，D错误；在整个相互接近的过程中，分子动能和分子势能之和保持不变，故E正确。

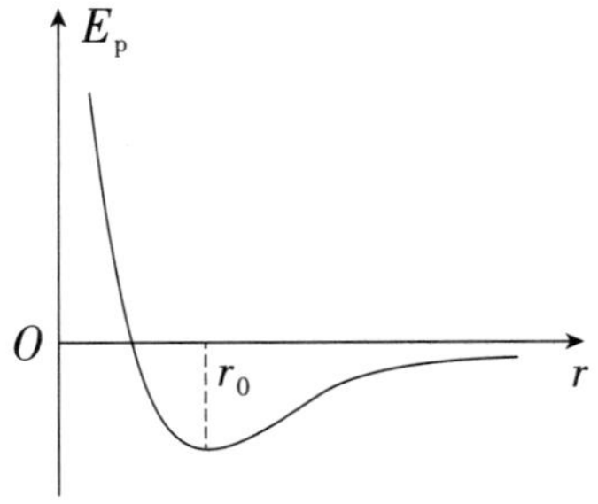

悟：在$r = r_0$时，分子势能最小，好比弹簧处于原长状态，无论“拉伸”还是“压缩”后，分子的势能都要增大。势能的大小是相对的，0势能面是人为规定的。我们一般规定，分子间距无穷大时，分子处于“自由身份”时，分子势能为零，而分子从$r = +\infty$到$r = r_0$时，分子间距变小，引力做正功，分子势能减小，所以$r = r_0$时，分子势能为负值；当$r < r_0$阶段，分子力表现为斥力，两分子靠近时，克服分子力做功，分子势能变大。所以当$r = r_0$时，分子势能值最小，且为负值。天体运动也是如此，引力势能的表达式$E_p = -\dfrac{GMm}{r}$，极其类似，可定性地了解一下。

三 气体压强求解的“两类模型”

1. 活塞模型

如图所示是最常见的封闭气体的两种方式。

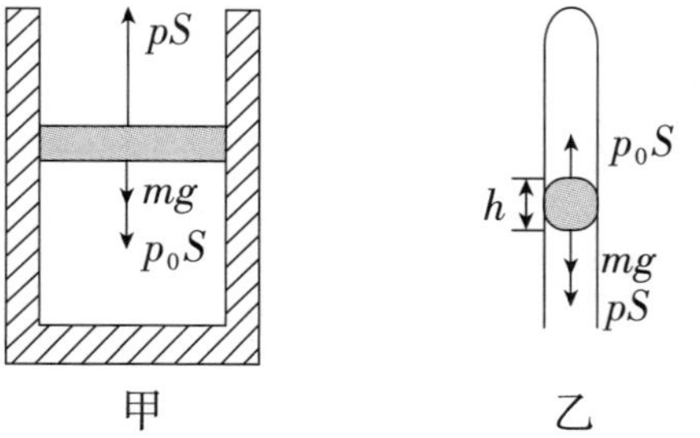

对“活塞模型”类求压强的问题，其基本的方法就是先对活塞进行受力分析，然后根据平衡条件或牛顿第二定律列方程。图甲中活塞的质量为m，活塞横截面积为S，外界大气压强为p_0。由于活塞处于平衡状态，所以$p_0S+mg=pS$。

则气体的压强为$p=p_0+\dfrac{mg}{S}$。

图乙中的液柱也可以看成一“活塞”，由于液柱处于平衡状态，所以$pS+mg=p_0S$。

则气体压强为$p=p_0-\dfrac{mg}{S}=p_0-\rho_{液}gh$。

2. 连通器模型

如图所示，U形管竖直放置。根据帕斯卡定律可知，同一液体中的相同高度处压强一定相等，所以气体B和A的压强关系可由图中虚线联系起来。则有$p_B+\rho gh_2=p_A$。

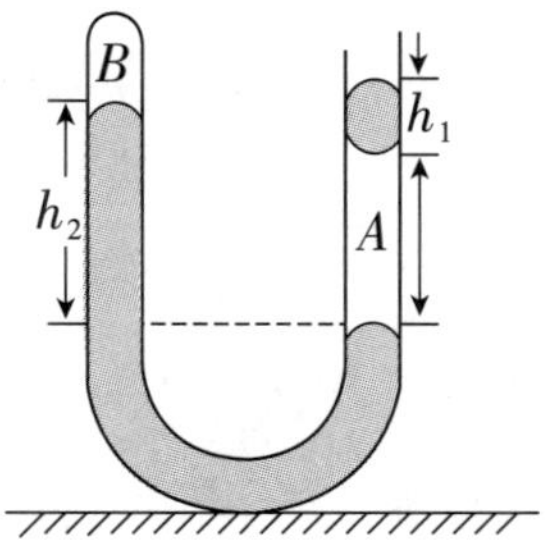

而$p_A=p_0+\rho gh_1$，

所以气体B的压强为

$$p_B = p_0 + \rho g(h_1 - h_2) = p_0 - \rho g(h_2 - h_1)$$

例 98. 如图中两个汽缸质量均为M，内部横截面积均为S，两个活塞的质量均为m，左边的汽缸静止在水平面上，右边的活塞和汽缸竖直悬挂在天花板下。两个汽缸内分别封闭有一定质量的空气A、B，大气压强为p_0，重力加速度为g，求封闭气体A、B的压强各多大？

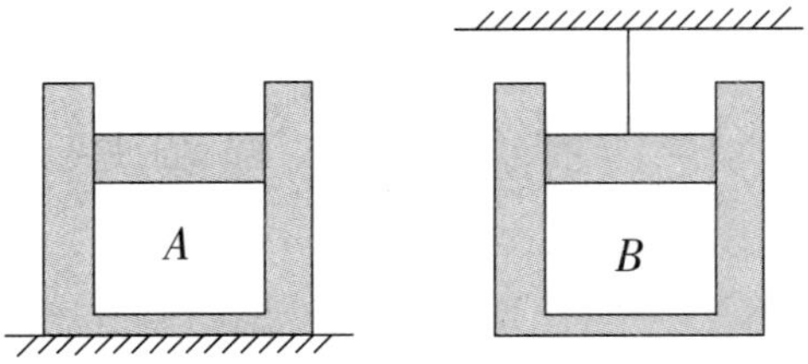

答案：$p_0 + \dfrac{mg}{S}$　$p_0 - \dfrac{Mg}{S}$

解析：题图甲中选活塞为研究对象，受力分析如图（a）所示，由平衡条件知$p_A S = p_0 S + mg$　①，

得$p_A = p_0 + \dfrac{mg}{S}$

题图乙中选汽缸为研究对象，受力分析如图（b）所示，由平衡条件知$p_0 S = p_B S + Mg$　②，

得$p_B = p_0 - \dfrac{Mg}{S}$。

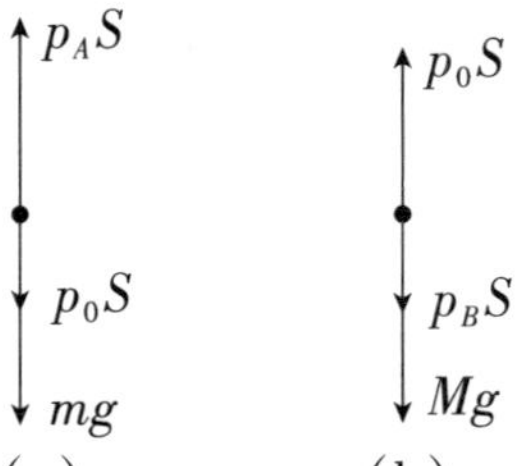

悟：对甲图中活塞进行受力分析，由平衡条件知$p_A S = p_0 S + mg$，对乙图中的汽缸进行受力分析由平衡条件知$p_0 S = p_B S + Mg$。为什么不对甲图中的汽缸或乙图中的活塞进行受力分析呢？不是不能，只是比较复杂，对甲图中的汽缸进行受力分析，由平衡条件知$F_N + p_0 S = p_A S + Mg$，其中地面对汽缸的支

持力F_N未知，也不要求求解，由于汽缸静止，$F_N=(M+m)g$，带入上式得$(M+m)g+p_0S=p_AS+Mg$，消去Mg，就能得到①式；同理，对乙图中的活塞进行受力分析，由平衡条件知$F_T+p_BS=p_0S+mg$，其中天花板对汽缸的拉力F_T未知，也不要求求解，由于汽缸静止，$F_T=(M+m)g$，带入上式得$(M+m)g+p_BS=p_0S+mg$，消去mg，就能得到②式。甲图中之所以首选活塞为研究对象进行受力分析，是因为受力相对简单直接。甲图中还有第三个研究对象可选，就是整体，若单纯对整体研究只能得出$F_N=Mg+mg$，并不能求得气体的压强，气体对汽缸底向下的压力，等于气体对活塞向上的压力，分析整体受力时，就抵消了，系统的内力体现不出来。看来不是不能选整体为研究对象，只是研究之后对解决本题所问问题没有帮助。具体做题时研究对象如何选取呢，要看选谁能解决问题，而且还比较简捷，一般选待定量、已知量结合处的物体为研究对象。对于有些题，需要先求得一些中间量，那就是较难的题了。

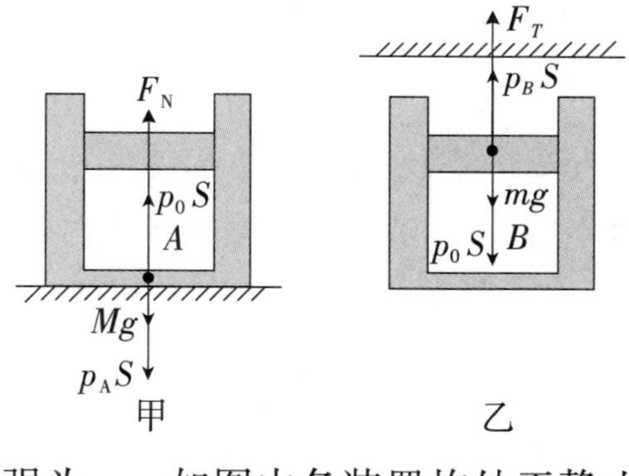

例 99. 若已知大气压强为p_0，如图中各装置均处于静止状态，液体密度均为ρ，重力加速度为g，求各被封闭气体的压强。

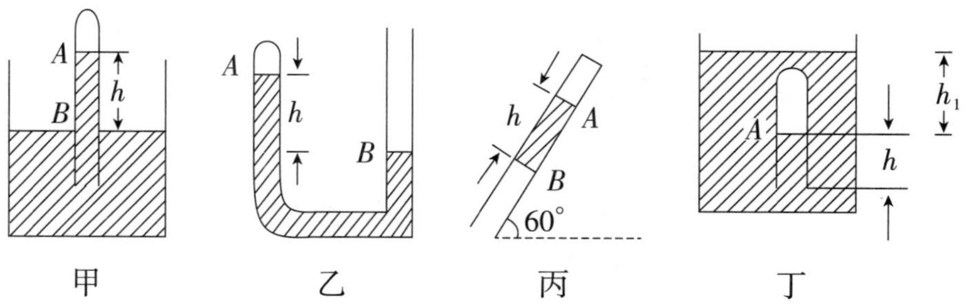

答案： 甲：$p_0-\rho gh$　乙：$p_0-\rho gh$　丙：$p_0-\frac{\sqrt{3}}{2}\rho gh$　丁：$p_0+\rho gh_1$

解析： 题图甲中，以高为h的液柱为研究对象，由平衡条件知$p_{甲}S+\rho ghS=p_0S$，

所以$p_{甲}=p_0-\rho gh$；

题图乙中，以B液面为研究对象，由平衡条件知

$p_AS+\rho ghS=p_0S$，

$p_{乙}=p_A=p_0-\rho gh$；

题图丙中，以B液面为研究对象，由平衡条件有

$p_AS+\rho gh\sin 60°\cdot S=p_0S$，

所以$p_{丙}=p_A=p_0-\dfrac{\sqrt{3}}{2}\rho gh$；

题图丁中，以A液面为研究对象，由平衡条件得

$p_{丁}S=(p_0+\rho gh_1)S$，

所以$p_{丁}=p_0+\rho gh_1$。

悟： 这是我们常见的几种情景，甲图，我们直观能看出上方被封闭气体的压强小于外部的大气压强，被大气压强“欺负”了，内外气体的压强差为ρgh，内部被封闭气体的压强为$p_0-\rho gh$。若液体为水银，标准状态下，内外液面差的最大值是$h_m=76\text{cm}$，因为大气压强最多能托住76cm的汞柱，当$h_m=76\text{cm}$时，内部封闭气体的压强为0；利用同种液体内部相同深度处压强相等，取玻璃管外液面的一点W，在玻璃管内部相平处取一点N，则$p_N=p_W$，$p_N=p_{内气}+\rho gh$，$p_W=p_0$，联立得$p_{内气}=p_0-\rho gh$；反之，如果内部封闭气体的压强大于外部气体的压强，内部气体就会“欺负”外部大气，使内部液面低于外部液面了，如图戊所示。图乙、丙、丁的道理类似，我们要不仅能列式求解，也要能“琢磨透”那个理儿，能直观地“看”出来，这样能避免出错，也更容易形成对系统整体的认识，以及对状态和过程的把握，容易形成思路，我们要不断培养自己的“感悟”能力。

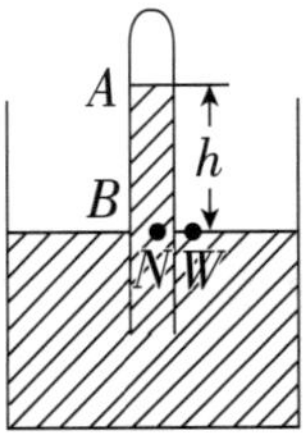

甲

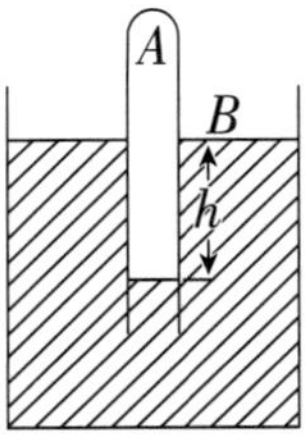

戊

四 “汽缸活塞类”模型

汽缸活塞类问题是热学部分典型的物理综合题，它需要考虑气体、汽缸或活塞等多个研究对象，涉及热学、力学等物理知识，需要灵活、综合地应用知识来解决问题。

1. 一般思路

（1）确定研究对象，一般地说，研究对象分两类：一类是热学研究对象（一定质量的理想气体）；另一类是力学研究对象（汽缸、活塞或某系统）。

（2）分析物理过程，对热学研究对象分析清楚初、末状态及状态变化过程，依据气体实验定律列出方程；对力学研究对象要正确地进行受力分析，依据力学规律列出方程。

（3）挖掘题目的隐含条件，如几何关系等，列出辅助方程。

（4）多个方程联立求解。对求解的结果注意检验它们的合理性。

2. 常见类型

（1）气体系统处于平衡状态，需综合应用气体实验定律和物体的平衡条件解题。

（2）气体系统处于力学非平衡状态，需要综合应用气体实验定律和牛顿运动定律解题。

（3）两个或多个汽缸封闭着几部分气体，并且汽缸之间相互关联的问题，解答时应分别研究各部分气体，找出它们各自遵循的规律，并写出相应的方程，还要写出各部分气体之间压强或体积的关系式，最后联立求解。

例 100. 如图，一竖直放置的汽缸上端开口，汽缸壁内有卡口 a 和 b，a、b 间距为 h，a 距缸底的高度为 H；活塞只能在 a、b 间移动，其下方密封有一定质量的理想气体。已知活塞质量为 m，面积为 S，厚度可忽略；活塞和汽缸壁均绝热，不计它们之间的摩擦。开始时活塞处于静止状态，上、下方气体压强均为 p_0，温度均为 T_0。现用电热丝缓慢加热汽缸中的气体，直至活塞刚好到达 b 处。求此时汽缸内气体的温度以及在此过程中气体对外所做的功。（重力加速度大小为 g）

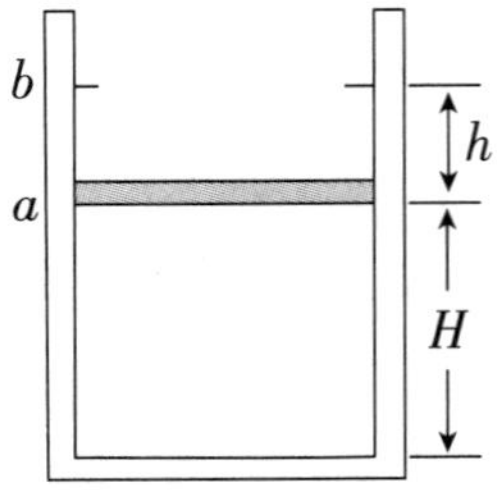

答案： $\left(1+\frac{h}{H}\right)\left(1+\frac{mg}{p_0S}\right)T_0$　　$(p_0S+mg)h$

解析： 开始时活塞位于a处，加热后，汽缸中的气体先经历等容过程，直至活塞开始运动。设此时汽缸中气体的温度为T_1，压强为p_1，根据查理定律有

$\frac{p_0}{T_0}=\frac{p_1}{T_1}$，　①

根据力的平衡条件有

$p_1S=p_0S+mg$，　②

联立①②式可得

$T_1=\left(1+\frac{mg}{p_0S}\right)T_0$，　③

此后，汽缸中的气体经历等压过程，直至活塞刚好到达b处，设此时汽缸中气体的温度为T_2；活塞位于a处和b处时气体的体积分别为V_1和V_2。根据盖—吕萨克定律有

$\frac{V_1}{T_1}=\frac{V_2}{T_2}$，　④

式中

$V_1=SH$，　⑤

$V_2=S(H+h)$，　⑥

联立③④⑤⑥式解得

$T_2=\left(1+\frac{h}{H}\right)\left(1+\frac{mg}{p_0S}\right)T_0$，　⑦

从开始加热到活塞到达b处的过程中，汽缸中的气体对外做的功为

$W=(p_0S+mg)h$。 ⑧

悟：这是单独气体问题的类型，分析过程，找到临界状态，“开始时活塞处于静止状态，上、下方气体压强均为p_0，温度均为T_0”，记为初态甲，“直至活塞刚好到达b处”记为末态丙，中间有一重要的临界状态，活塞刚要开始运动的状态乙，我们列方程，可以先列从状态甲到状态乙的等容升温过程的方程①，再根据从状态乙到丙的等压升温过程列方程④，联立各条件，求解。我们也可以直接列从初态甲到末态丙的气体状态方程：按照“葫芦”$\frac{p_1V_1}{T_1}=\frac{p_3V_3}{T_3}$的样式，画本题的“瓢”$\frac{p_0SH}{T_0}=\frac{\left(p_0+\frac{mg}{s}\right)S(H+h)}{T'}$，解得$T'=\left(1+\frac{h}{H}\right)\left(1+\frac{mg}{p_0S}\right)T_0$。运用气态方程求解时，可以先搭好“戏台”$\frac{p_1V_1}{T_1}=\frac{p_2V_2}{T_3}$，再在里面唱戏，即“先搭窝，后下蛋”，先列出气态方程的框架，再分别确定框架中两态对应的各物理量。如果发现，某量没有变化可消掉，再用三大气体实验定律求解也不迟，这样处理问题就容易形成整体思路。

例 101. 如图，容积为V的汽缸由导热材料制成，面积为S的活塞将汽缸分成容积相等的上下两部分，汽缸上部通过细管与装有某种液体的容器相连，细管上有一阀门K。开始时，K关闭，汽缸内上下两部分气体的压强均为p_0。现将K打开，容器内的液体缓慢地流入汽缸，当流入的液体体积为$\frac{V}{8}$时，将K关闭，活塞平衡时其下方气体的体积减小了$\frac{V}{6}$。不计活塞的质量和体积，外界温度保持不变，重力加速度大小为g。求流入汽缸内液体的质量。

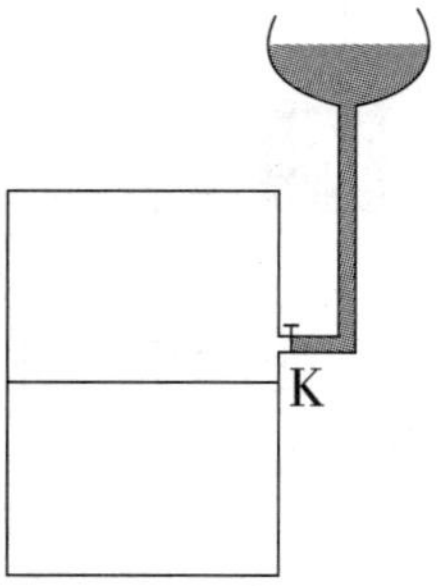

答案：$\frac{15p_0S}{26g}$

解析：设活塞再次平衡后，活塞上方气体的体积为V_1，压强为p_1，下方气体的体积为V_2，压强为p_2。在活塞下移的过程中，活塞上、下方气体的温度

均保持不变，由玻意耳定律得

$$p_0 \cdot \frac{V}{2} = p_1 V_1, \quad ①$$

$$p_0 \cdot \frac{V}{2} = p_2 V_2, \quad ②$$

由已知条件得

$$V_1 = \frac{V}{2} + \frac{V}{6} - \frac{V}{8} = \frac{13}{24}V,$$

$$V_2 = \frac{V}{2} - \frac{V}{6} = \frac{V}{3},$$

设活塞上方液体的质量为m，由力的平衡条件得

$$p_2 S = p_1 S + mg,$$

联立以上各式得

$$m = \frac{15p_0 S}{26g}。$$

悟： 这是关联气体问题，对上方气体、下方气体分别列气态方程，不同气体的量万万不可混在一个方程中。每个方程左右两边的量都必须是同一部分气体的状态量，且等号同侧的物理量必须是同一状态的物理量。可以先搭上这个骨架，再找两个研究对象间物理量的关系。

五 “变质量气体”模型

变质量气体问题，要巧妙的选取恰当的研究对象，使这类问题转化为一定质量的气体问题，用气态方程求解。

1. 打气问题

向球、轮胎中充气是一种典型的变质量气体问题。要选择球内原有气体和即将打入的气体的整体作为研究对象，这样就把充气过程中气体质量变化问题转化为定质量气体的状态变化问题。

2. 抽气问题

从容器内抽气，容器内气体质量会不断减小，属于变质量气体问题。将每次抽出的气体和剩余气体的整体作为研究对象，质量不变，这样就将抽气过

程中气体质量变化问题转化为定质量气体的状态变化问题。

类似的灌气问题，将一个大容器里的气体分装到多个小容器中，只要把大容器中剩余的气体和多个小容器中气体的整体看作研究对象；或者漏气问题中，把容器中剩余气体和漏出气体的整体看作研究对象，便可使气体质量变化问题转化为定质量气体的状态变化问题，可用气体的状态方程求解。

例 102. 一位消防员在火灾现场发现一个容积为V_0的废弃的氧气罐（认为容积不变），经检测，内部封闭气体压强为$1.2p_0$（p_0为1个标准大气压）。为了消除安全隐患，消防队员拟用下面两种处理方案：

（1）冷却法：经过合理冷却，使罐内气体温度降为27 ℃，此时气体压强降为p_0，求氧气罐内气体原来的温度是多少摄氏度？

（2）放气法：保持罐内气体温度不变，缓慢地放出一部分气体，使罐内气体压强降为p_0，求氧气罐内剩余气体的质量与原来总质量的比值。

答案：（1）87 ℃　（2）$\frac{5}{6}$

解析：（1）对气体由查理定律有$\frac{p_0}{T_0}=\frac{p_1}{T_1}$，解得$T_1=\frac{p_1}{p_0}T_0=360\text{ K}$，

气体原来温度为$t=(360-273)\text{ ℃}=87\text{ ℃}$。

（2）假设将放出的气体先收集起来，并保持压强与氧气罐内相同，以全部气体为研究对象，由气体的玻意耳定律有$p_1V_0=p_0V$，

解得$V=\frac{p_1}{p_0}V_0=1.2V_0$，

则剩余气体与原来气体的质量比为$\frac{m_{剩}}{m_{总}}=\frac{\rho V_0}{\rho V}=\frac{5}{6}$。

悟：这是“变质量气体”模型。分析变质量气体问题时，要通过巧妙地选择研究对象，使变质量气体问题转化为定质量气体问题，用气体实验定律求解，能带入同一方程的各物理量必须是同一部分气体，气态方程是同一部分气体在不同状态下压强、体积、温度间的关系。对于质量发生变化的问题，我们一定要找到质量不变的那部分气体作为研究对象。在“充气、抽气”模型中，可以假设把充进或抽出的气体包含在气体变化的始、末状态中，即用等效法把变质量问题转化为恒定质量的物理问题。

（1）打气问题：选择原有气体和即将充入的气体作为研究对象，就可把充气过程中气体质量变化问题转化为定质量气体的状态变化问题。设想将充进容器的气体用一个无形的弹性口袋收集起来，那么当我们取容器和口袋内的全部气体为研究对象时，这些气体状态不管怎样变化，其质量是不变的。

（2）灌气问题：把一个大容器里的气体分装到多个小容器中的问题，可以把大容器中的剩余气体和多个小容器中的气体整体作为研究对象，将变质量问题转化为定质量问题。

（3）抽气问题：将每次抽气过程中抽出的气体和剩余气体作为研究对象，质量不变，故抽气过程可以看成是等温膨胀过程。用抽气筒对容器抽气的过程中，对每一次抽气而言，气体质量发生变化，其解决方法同充气问题类似，假设把抽出的气体包含在气体变化的始末状态中，即用等效法把变质量问题转化为恒定质量问题。

（4）漏气问题：容器漏气过程中气体的质量不断发生变化，不能用理想气体状态方程求解。如果选容器内剩余气体和漏出气体整体作为研究对象，便可使问题变成一定质量气体的状态变化，可用理想气体的状态方程求解。

例 103.（2021年高考河北卷）某双层玻璃保温杯夹层中有少量空气，温度为27℃时，压强为3.0×10^3 Pa。

（1）当夹层中空气的温度升至37℃，求此时夹层中空气的压强；

（2）当保温杯外层出现裂隙，静置足够长时间，求夹层中增加的空气质量与原有空气质量的比值，设环境温度为27℃，大气压强为1.0×10^5 Pa。

答案：（1）$p_2=3.1\times10^3$ Pa　（2）$\dfrac{97}{3}$

解析：（1）由题意可知夹层中的气体发生等容变化，根据理想气体状态方程可知$\dfrac{p_1}{T_1}=\dfrac{p_2}{T_2}$，代入数据解得$p_2=3.1\times10^3$ Pa。

（2）当保温杯外层出现裂缝后，静置足够长时间，则夹层压强和大气压强相等，设夹层体积为V，以静置后的所有气体为研究对象有$p_0V=p_1V_1$，解得$V_1=\dfrac{100}{3}V$，则增加空气的体积为$\Delta V=V_1-V=\dfrac{97}{3}V$，所以增加的空气质量与原有空气质量之比为：$\dfrac{\Delta m}{m}=\dfrac{\Delta V}{V}=\dfrac{97}{3}$。

悟：识别变化的类型，第（1）问是体积不变，是等容变化；第（2）问静置足够长时间，则夹层压强和大气压强相等，压强发生变化，是等温变化，原来的气体的体积变为原来的$\frac{3}{100}$（这种方法与“解析”中所研究的气体对象是不同的），剩余$\frac{97}{100}$的空间就是增加的新气体。

六 热力学定律

1.热力学第一定律

（1）内容：一个热力学系统的内能增量等于外界向它传递的热量与外界对它所做功的和。

（2）表达式：$\Delta U = W + Q$。

（3）$\Delta U = W + Q$中正、负号法则

意义 / 物理量 / 符号	W	Q	ΔU
+	外界对物体做功	物体吸收热量	内能增加
−	物体对外界做功	物体放出热量	内能减少

（4）$\Delta U = W + Q$的三种特殊情况

①绝热过程有，$Q = 0$，$W = \Delta U$，外界对物体做的功等于物体内能的增加；

②等容过程有，$W = 0$，$Q = \Delta U$，物体吸收的热量等于物体内能的增加；

③等温过程有，$\Delta U = 0$，$W = -Q$，外界对物体做的功等于物体放出的热量。

2.热力学第二定律

（1）热力学第二定律的两种表述

①克劳修斯表述：热量不能自发地从低温物体传到高温物体。

②开尔文表述：不可能从单一热库吸收热量，使之完全变成功，而不产生其他影响。

（2）用熵的概念表示热力学第二定律

在任何自然过程中，一个孤立系统的总熵不会减小。

（3）热力学第二定律的微观意义

一切自发过程总是沿着分子热运动的无序性增大的方向进行。

（4）第二类永动机不可能制成的原因是违背了热力学第二定律。

3.热力学第二定律的涵义

（1）“自发地”指明了热传递等热力学宏观现象的方向性，不需要借助外界提供能量的帮助。

（2）“不产生其他影响”的涵义是发生的热力学宏观过程只在本系统内完成，对周围环境不产生热力学方面的影响，如吸热、放热、做功等。在产生其他影响的条件下内能可以全部转化为机械能，如气体的等温膨胀过程。

4.热力学第二定律的实质

热力学第二定律的每一种表述，都揭示了大量分子参与的宏观过程的方向性，进而使人们认识到自然界中进行的涉及热现象的宏观过程都具有方向性。

例 104.如图所示，内壁光滑、足够高的圆柱形汽缸竖直放置，内有一质量为m的活塞封闭一定质量的理想气体。已知活塞横截面积为S，外界大气压强为p_0，缸内气体温度为T_1。现对汽缸内气体缓慢加热，使气体体积由V_1增大到V_2，该过程中气体吸收的热量为Q_1，停止加热并保持体积V_2不变，使其降温到T_1，已知重力加速度为g，求：

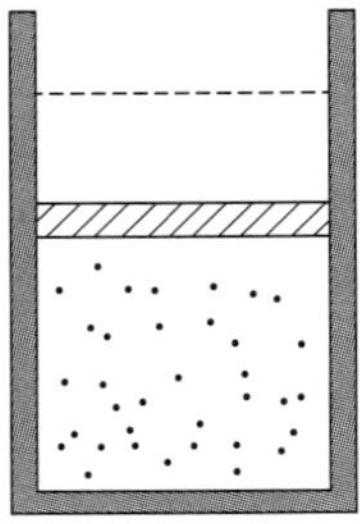

（1）停止加热时缸内气体的温度；

（2）降温过程中气体放出的热量。

答案：（1）$\frac{V_2}{V_1}T_1$　（2）$Q_1-\left(p_0+\frac{mg}{S}\right)(V_2-V_1)$

解析：（1）加热过程中气体等压膨胀，由$\frac{V_1}{T_1}=\frac{V_2}{T_2}$，

得：$T_2 = \frac{V_2}{V_1} T_1$。

（2）设加热过程中，封闭气体内能增加ΔU，因气体体积增大，故此过程中气体对外做功，$W < 0$。

由热力学第一定律知：$\Delta U = Q_1 + W$，

其中$W = -p\Delta V = -\left(p_0 + \frac{mg}{S}\right)(V_2 - V_1)$，

由于理想气体内能只与温度有关，故再次降到原温度时气体放出的热量满足$Q_2 = \Delta U$，

整理可得：$Q_2 = Q_1 - \left(p_0 + \frac{mg}{S}\right)(V_2 - V_1)$。

悟：本题可分为两个过程，等压加热膨胀过程和等容降温减压过程。最终温度降为T_1，由于理想气体的内能只与温度有关系，一次全程的$\Delta U = 0$，$\Delta U = W_1 + W_2 + Q_1 + Q_2$，其中第一个过程中，体积膨胀，外界对气体做负功$W_1 = -p_1 \cdot \Delta V_1 = -\left(p_0 + \frac{mg}{S}\right)(V_2 - V_1)$，第二个过程中保持体积不变，气体不做功$W_2 = 0$，已知第一个过程吸热取正号，第二个过程放热取负号，带入公式得$0 = -\left(p_0 + \frac{mg}{S}\right)(V_2 - V_1) + 0 + Q_1 - Q_2$，整理得：$Q_2 = Q_1 - \left(p_0 + \frac{mg}{S}\right)(V_2 - V_1)$。

解热力学第一定律与气体实验定律的综合应用的基本思路是：

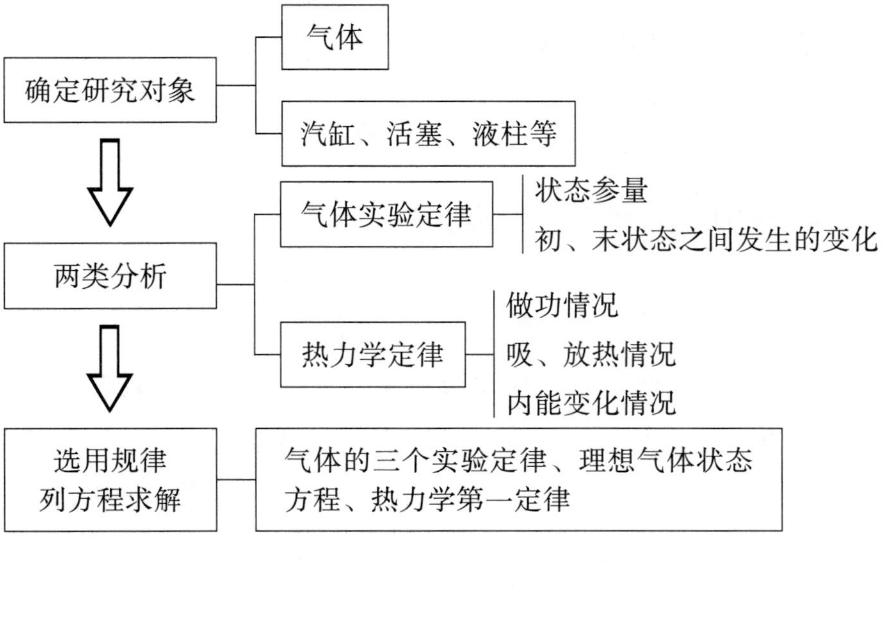

第十四单元
选修3-4　机械振动与机械波
光　电磁波与相对论

一　简谐运动的规律

例 105. 如图所示，弹簧振子在a、b两点间做简谐振动，当振子从平衡位置O向a运动过程中（　　）

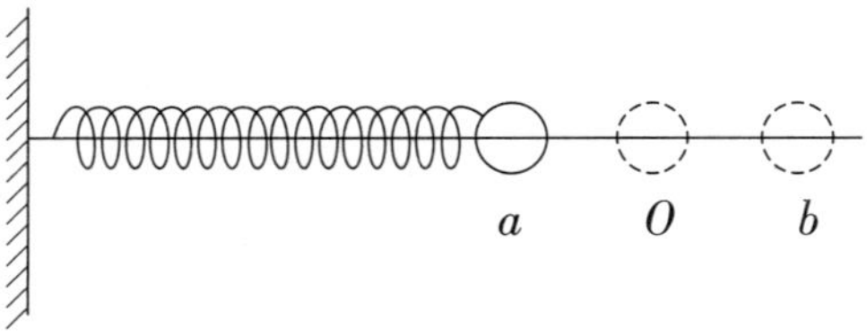

A. 加速度和速度均不断减小

B. 加速度和速度均不断增大

C. 加速度不断增大，速度不断减小

D. 加速度不断减小，速度不断增大

答案： C

解析： 在振子由O到a的运动过程中，其位移不断增大，回复力增大，加速度增大，但是由于加速度与速度方向相反，故速度减小，因此C正确。

悟： 靠近平衡位置时，a、F、x都减小，v增大；远离平衡位置时，a、F、x都增大，v减小。回复力$F=-kx$，F（或a）的大小与x的大小成正比，方向相反。由O到a做加速度越来越大的减速运动，到a点时加速度最大，速度等0；由a到O做加速度越来越小的加速运动，到O点时速度最大，加速度等于0。

二 机械波的形成与传播

1. 机械波的传播特点

（1）波传到任意一点，该点的起振方向都和波源的起振方向相同。按“抖绳法”，用力上下抖动绳子，绳波传向远处，如果手是先向上抖的，波传到绳上任一点时，波的起振方向都是向上的，都与波源的起振方向相同。

（2）介质中每个质点都做受迫振动，因此，任一质点的振动频率和周期都和波源的振动频率和周期相同。

（3）波从一种介质进入另一种介质，由于介质的情况不同，它的波长和波速可能改变，但频率和周期都不会改变。

（4）波源经过一个周期T完成一次全振动，波恰好向前传播一个波长的距离，所以$v=\dfrac{\lambda}{T}=\lambda f$。

2. 波的传播方向与质点振动方向的互判方法

	内容	图像
“上下坡”法	沿波的传播方向，“上坡”时质点向下振动，“下坡”时质点向上振动	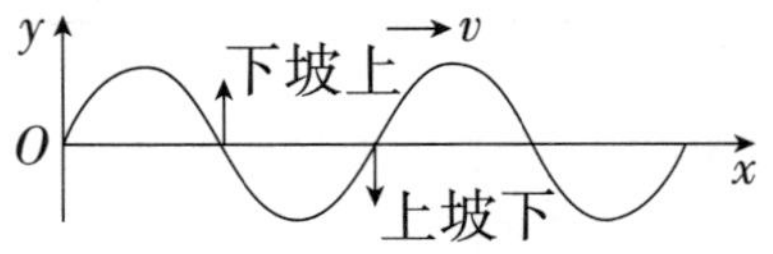
“同侧”法	波形图上某点表示传播方向和振动方向的箭头在图像同侧	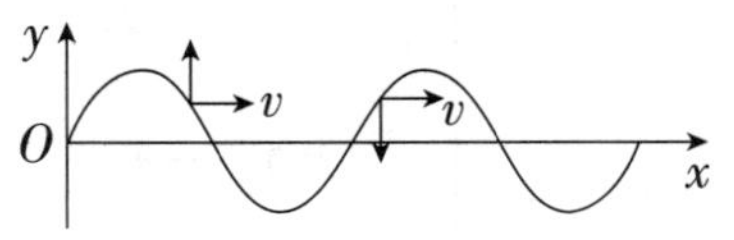
“微平移”法	将波形沿传播方向进行微小的平移，再由对应同一x坐标的两波形曲线上的点来判断振动方向	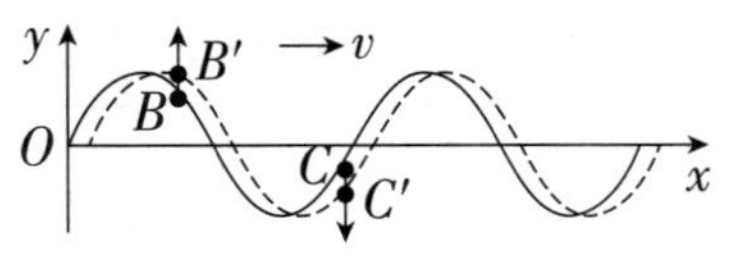
“抖绳”法（最能体现悟性，最快捷）	握住绳子的一端，先向上再向下抖一下，可以看到一个脉冲沿绳传播出去，波传到之处也是先向上，再向下振。	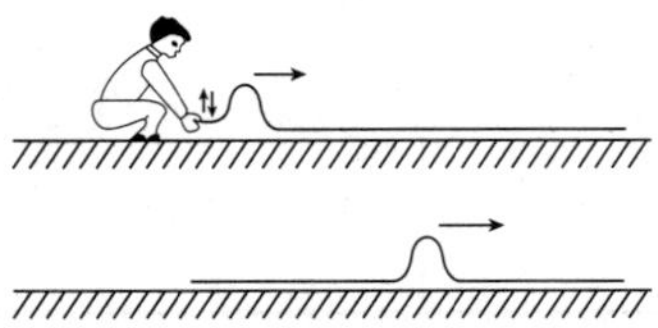

“抖绳”法，是最便捷的方法，波的传播方向与不同位置的质点的振动方向间存在“一一对应”的关系，无论先知道那一方向，只要用手模拟着绳在抖动中传播的情景，满足一个“方向”，就能抖出另一“方向”。这个方法平时一定要应用熟练，考场上才肯为你节省时间。应用时，只要用手轻轻一抖，就能感悟出结果，非常快。

如果到现在你还不会判断，麻烦你自己找一条有两米多长的绳子，抖一抖，形成“绳波”，知道波上任一点的振动方向，就能推知波的传播方向；反之亦然，知道波的传播方向，也能推知任一点的振动方向。你一定要实际地抖抖才行，体悟与感悟相互提升，经常体悟能增进感悟能力；反过来，良好的感悟能力，也能增进体悟是水平。如果你真的用绳子抖过，还不懂，你就可以扔掉这本书。这样做过以后，你会深深地明白，感悟是需要体悟支撑的，你会更加喜欢物理。

三 波动图像和振动图像的理解和应用

图像类型	振动图像	波动图像
研究对象	一振动质点	沿波传播方向的所有质点
研究内容	一质点的位移随时间的变化规律	某时刻所有质点的空间分布规律
图像	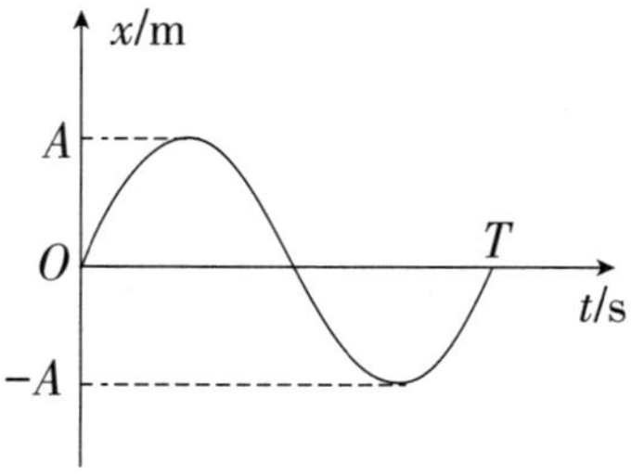	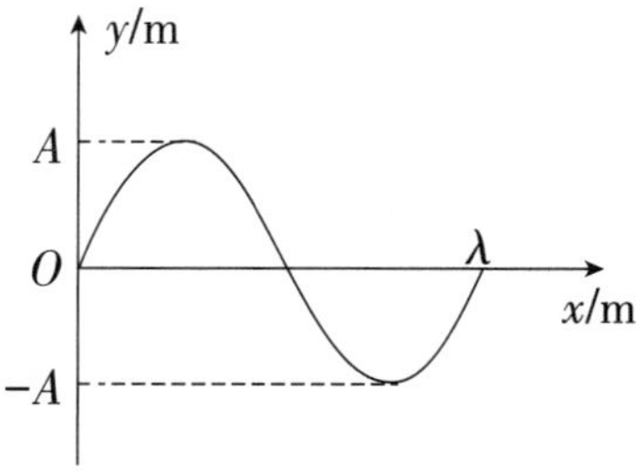
物理意义	表示同一质点在各时刻的位移	表示某时刻各质点的位移
图像信息	(1)质点振动周期 (2)质点振幅 (3)某一质点在各时刻的位移 (4)各时刻速度、加速度的方向	(1)波长、振幅 (2)任意一质点在该时刻的位移 (3)任意一质点在该时刻的加速度方向 (4)传播方向、振动方向的互判

续表

图像类型	振动图像	波动图像
图像变化	随着时间推移,图像延续,但已有形状不变	随着时间推移,波形沿传播方向平移
一完整曲线占横坐标的距离	表示一个周期	表示一个波长

振动图像类似于一个人独舞某一段时间的视频，波动图像类似于集体跳舞某一时刻的一张照片。

例 106. 如图所示为一列简谐横波在$t=0$时刻的图像，此时质点P的运动方向沿y轴负方向，且当$t=1.5\ \text{s}$时质点P恰好第4次到达y轴正方向最大位移处。问：

（1）该简谐横波的波速v的大小和方向如何；

（2）从$t=0$至$t=1.2\ \text{s}$，质点P运动的路程s是多少。

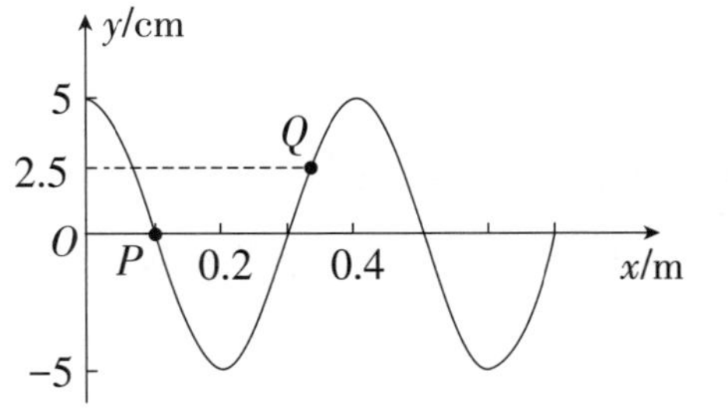

答案：（1）1 m/s 波沿x轴负方向传播 （2）60 cm

解析：（1）$t=0$时刻，质点P的运动方向沿y轴负方向，所以此波沿x轴负方向传播，在$t=1.5\ \text{s}$时，质点P恰好第4次到达y轴正方向最大位移处，则有$\left(3+\frac{3}{4}\right)T=1.5\ \text{s}$，解得$T=0.4\ \text{s}$

由题图可得该简谐波的波长为$\lambda=0.4\ \text{m}$

则波速为$v=\frac{\lambda}{T}=\frac{0.4}{0.4}\ \text{m/s}=1\ \text{m/s}$

（2）从$t=0$至$t=1.2\ \text{s}$，质点P恰好经过了3个周期，即质点P回到平衡位置，由于振幅$A=5\ \text{cm}$，所以质点P运动的路程为$s=4An=12A=60\ \text{cm}$。

悟："在$t=0$时刻的图像，此时质点P的运动方向沿y轴负方向"，根据"抖绳"法、"上下坡"法、"同侧"法及"微平移"法等，都能判断出此波沿x轴负方向传播。质点P第一次"到达y轴正方向最大位移处"，要经历$\frac{3}{4}T$，以后每一周期到达"最高点"一次，"第4次到达y轴正方向最大位移处"，要经历$3\frac{3}{4}T=\frac{15}{4}T=1.5\,\text{s}$，解得$T=0.4\,\text{s}$，从波的图像直接读出波长为$\lambda=0.4\,\text{m}$，则波速为$v=\frac{\lambda}{T}=\frac{0.4}{0.4}\,\text{m/s}=1\,\text{m/s}$；$t=1.2\,\text{s}=3T$，质点$P$上下振动，每个周期走过的路程为4个振幅$A$，"从$t=0$至$t=1.2\,\text{s}$"，质点$P$运动的路程$s=3\times4A=3\times4\times5\times10^{-2}\,\text{m}=0.60\,\text{m}=60\,\text{cm}$。

四 全反射现象的理解和综合分析

1. 分析反射、折射、全反射综合问题的基本思路

（1）判断光线是从光疏介质进入光密介质还是从光密介质进入光疏介质。

（2）判断入射角是否大于或等于临界角，明确是否发生全反射现象。

（3）画出反射、折射或全反射的光路图，必要时还可应用光路的可逆原理画出光路图，然后结合几何知识进行推断和求解相关问题。

（4）折射率n是讨论折射和全反射问题的重要物理量，是联系各物理量的桥梁，应熟练掌握跟折射率有关的所有关系式。

2. 求光的传播时间的一般思路

（1）全反射现象中，光在同种均匀介质中的传播速度不发生变化，即$v=\frac{c}{n}$。

（2）全反射现象中，光的传播路程应结合光路图与几何关系进行确定。

（3）利用$t=\frac{l}{v}$求解光的传播时间。

例 107. 如图，三角形ABC为一直角三棱镜的横截面，有一细光束从BC边的中点射入三棱镜，且入射方向垂直于BC，该光束从AB边射出时传播方向与AC边平行。已知BC边长度为d，光在真空中传播速度为c，若不考虑AB边的

反射，求光在棱镜中传播的速率及此光束从AB边射出时与AC边的距离。

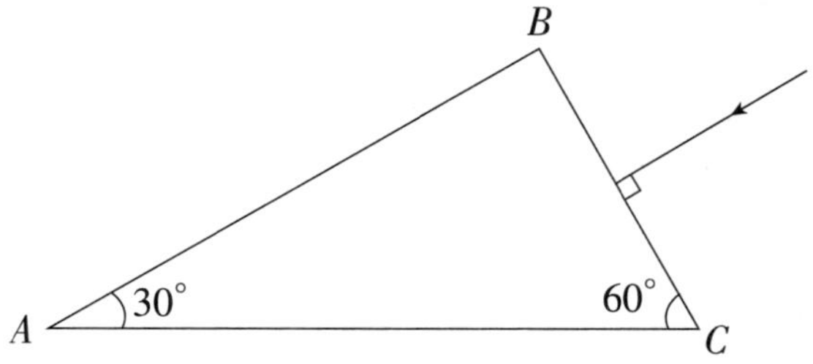

答案：$\frac{\sqrt{3}}{3}c$　　$\frac{\sqrt{3}}{6}d$

解析：不考虑AB边的反射，细光束通过棱镜的光路图如图所示：

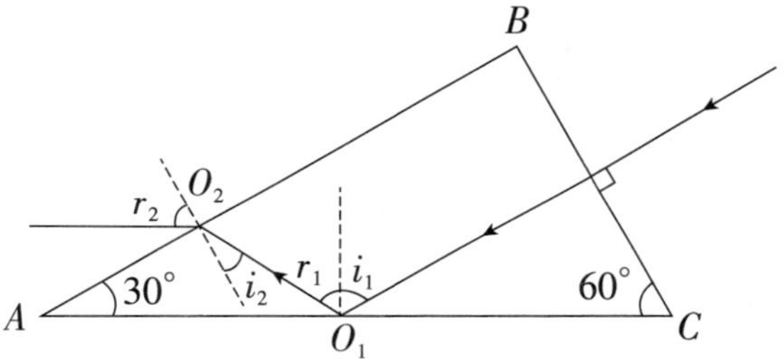

由几何关系知，光在AB边折射时，入射角$i_2 = 30°$，

折射角$r_2 = 60°$，

根据折射定律有

$$n = \frac{\sin r_2}{\sin i_2} = \sqrt{3},$$

又光速与折射率的关系为$n = \frac{c}{v}$，

故光在棱镜中的传播速率为$v = \frac{\sqrt{3}}{3}c$，如图中$AO_1 = d$，

在等腰三角形$\triangle O_2AO_1$中，O_2到AC的距离为$s = \frac{d}{2}\tan 30° = \frac{\sqrt{3}}{6}d$。

悟：本题可沿光的入射方向逐步推进，在AC边的中点发生反射后，射向AB边发生折射，其入射角可从几何关系求出$i_2 = 30°$，根据“该光束从AB边射出时传播方向与AC边平行”，从AB边射出的折射角$r_2 = 60°$，正向、逆向推理，找到问题在结合处，根据折射定律求出$n = \frac{\sin r_2}{\sin i_2} = \sqrt{3}$，然后可以求出光在棱镜中传播的速率及此光束从$AB$边射出时与$AC$边的距离。有时根据光路的可逆性可以大大降低解决问题的难度。

例 108.（2021年高考全国甲卷）如图，单色光从折射率$n=1.5$、厚度$d=10.0\ \text{cm}$的玻璃板上表面射入。已知真空中的光速为$3\times10^{8}\ \text{m/s}$，则该单色光在玻璃板内传播的速度为__________m/s；对于所有可能的入射角，该单色光通过玻璃板所用时间t的取值范围是__________$\text{s}\leqslant t<$__________s（不考虑反射）。

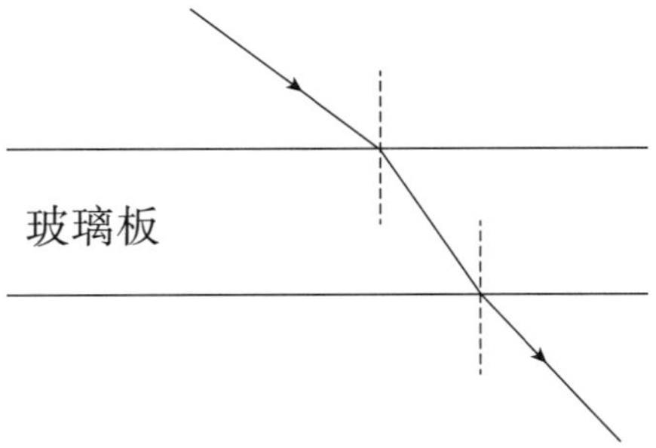

答案：2×10^{8}　　5×10^{-10}　　$3\sqrt{5}\times10^{-10}$

解析：该单色光在玻璃板内传播的速度为

$$v=\frac{c}{n}=\frac{3\times10^{8}}{1.5}\ \text{m/s}=2\times10^{8}\ \text{m/s};$$

当光垂直玻璃板射入时，光不发生偏折，该单色光通过玻璃板所用时间最短，最短时间

$$t_1=\frac{d}{v}=\frac{0.1}{2\times10^{8}}\ \text{s}=5\times10^{-10}\ \text{s};$$

当光的入射角是90°时，该单色光通过玻璃板所用时间最长。由折射定律可知

$$n=\frac{\sin 90^\circ}{\sin\theta},$$

最长时间

$$t_2=\frac{\frac{d}{\cos\theta}}{v}=\frac{d}{v\sqrt{1-\sin^2\theta}}=3\sqrt{5}\times10^{-10}\ \text{s}。$$

悟：本题第二问求单色光通过玻璃板所用时间t的取值范围，在玻璃砖中的速度已经是定值，只是穿过玻璃砖的位移是变量，会随着折射角的变化而变化，属于单一因素变量的问题，当入射角变大时，折射角变大，位移变大，穿过时间变长，可知最长时间对应入射角最大等于90°的情景，最短时间对应入射角最小等于0°的情景。

第二部分

悟性学习理论

$$x = v_0 t + \frac{1}{2}at^2$$

$$v^2 - v_0^2 = 2ax$$

2

$$x = vt - \frac{1}{2}at^2$$

$$x = \frac{v_0 + v}{2}t$$

$$v = v_0 + at$$

第一章 物理学科的核心素养

物理学科核心素养，是学生在接受物理教育和个人成长过程中，逐步生成的适应个人终生发展和社会发展需要的正确的价值观念、必备品格和关键能力，是学生通过物理学习内化的带有物理学科特性的品质，是学生科学素养的关键部分。物理学科核心素养主要由“物理观念”“科学思维”“科学探究”“科学态度和责任”四个方面的要素构成。

物理观念方面，传统教育，特别注重知识和原理的教学，强调死记硬背的知识和原理的学习，而素养强调知识和原理的深度理解和灵活应用。知识是能力的基础，观念是概念和规律等在头脑中的提炼和升华。高中物理的“物理观念”主要包括物质观念、运动观念、相互作用观念、能量观念及其应用。物理观念的获得，必须正确建立物理概念，理解物理规律，掌握物理方法。对于物理概念的建构，要在情境中经历概括和抽象的过程，寻找事物的本质特征，形成概念；对于物理规律，要知道它的来龙去脉，正确领悟它的含义，明确它的适用条件，熟悉运用该规律的思路；对于物理方法，要在解决问题的过程中获得对该方法的感性认识，通过自身体验，感受该方法的优越性和思路，而不能把方法当成知识来记忆，更不能机械地背诵方法、套用方法。高考试题考查核心观念，并不是简单考查单纯记忆其内容，而是考查较高层次的认知能力，要在具体情景中灵活运用。好的试题情景在内容上是学科性和生活性的有机统一，在形式上言简意赅、表述生动、富有感染力。新高考以来，高考命题在试题情景上有两大趋势：一是创新试题情景设计，改变传统的文字表述方式，通过表格、图片、漫画等形式，增强试题材料的亲切感，注重考查信息的获取、加工、分析和整理能力；二是试题素材紧密联系实际，突出与现实生活和当代科研前沿的联系，体现真实情景中的真实问题的解决，考查运用物理学科的基本原理解决实际问题的能力。这里要指出，高考试题都是以客观事实为背景，不像初中阶段，由于知识的局限性，可以编排、假设、虚拟问题。高中解答出的物理问题，一定要符合实际情况才行。我们可以利用这一点，对我们解出的“解”保驾护航，对违背基本事实的解，应当重新查验。

科学思维是具有意识的人脑对科学事物，诸如科学对象、科学过程、科学事实等的本质属性、内在规律及事物之间的相互联系和关系的间接反映与概括，是物理学科核心素养的核心内容。作为物理学科核心素养的“科学思维”，是从物理学视角对客观事物的本质属性、内在规律及相互关系的认识方式，是基于经验事实建构理想模型的抽象概括过程，是分析综合、推理论证等方法的内化，是基于事实证据和科学推理对不同观点和结论提出疑问、批判，进而提出创新性见解的能力与品质。学会学习、批判性思维与创新是学生发展核心素养的重要组成部分。学会学习主要是指学生面对新的情景或者具有挑战性的学习任务时，所表现出来的在思维、认知策略和自我调控等方面的综合能力，包括对学习的态度、习惯方法、思维方式、认知策略等。批判性思维与创新主要是指对事物保持好奇心和开放性态度，具有探索精神；对于现象能够反思和质疑，发现问题之所在，具有批判精神和批判能力；敢于创新，勇于挑战，能够提出新颖和有价值的想法并付诸实践。尤其是我们应该重视科学论证、模型思维和科学推理。科学论证可以发展科学探究能力，建构科学知识并促进科学概念的转变和理解。模型思维是一种重要的科学思维，理想模型是根据研究的问题和内容，在一定条件下对研究客体的抽象，是从多维的具体图像中，抓住最有本质特征的图像，突出主要因素，忽略次要因素和无关因素，简化问题，建立一个易于研究、能从主要方面反映研究客体的新图像。科学推理是根据一个判断得出另一个判断的思维形式。模型建构、科学推理、科学论证、质疑创新是科学思维的主要构成部分。

科学探究是人类探索和了解自然、获得科学知识的主要方法，也是学生学习科学的主要方式之一，还是一种综合的、关键的科学能力和素养。要主动收集和处理科学信息，获取新知识，分析和解决问题，及时地交流和合作，形成尊重事实、善于质疑的科学态度，合理的怀疑是科学进步的动力。

科学态度与责任主要包括科学本质、科学态度、社会责任等方面，是在认识科学本质，理解科学、技术、社会、环境（STSE）的关系的基础上，逐步形成的对科学和技术应有的正确态度和责任感。

情境的创设对于提升物理学科核心素养具有关键作用。运用物理知识解决实际问题的能力的强弱，也往往取决于将情境与知识相联系的水平。例如，能否把情境中的一段经历转化为一个物理探究过程，能否把情境的故事情节转化为某种物理现象，能否把描述情境的文字转化为物理表述，能否把情境中需要完成的工作转化为相应的物理问题。我们常说某个问题很“活”，其本质之一就是情境的转化。能不能把问题中的实际情境转化为解决问题的物理情境，建立相应的物理模型，这是应用物理观念思考问题，应用物理知识分析解决问题的关键。情境之于知识，犹如汤之于盐。盐需溶入汤中，才能被吸收；知识需融入情境之中，才能显示出生命力和价值。要在情境中思索问题，不断地提升对知识的感悟能力。

第二章 什么是悟性

一 悟的必要（引入）

冬天穿棉衣为什么暖和，是因为棉衣能产生热量吗（我们中的很多人最初也都是这样认为的）？当教师提出这个问题的时候，大多数学生，也认为是棉衣能产生热量，是这么回事吗？我们日常的方式是用语言去分析，而更好的方式是待学生讨论出方案后，用实验事实去验证。

学生们用自己讨论出的方案去验证：用棉衣尽可能“放心地”把温度计包起来，过段时间，观察温度计示数的变化。结果当然令人大为惊讶，这必然会引发对现象背后所蕴含道理的思考：看来棉衣并不是能产生热量，只是能阻止热量的传播，保持热量不易散失，它是热的不良导体。穿棉衣暖和，那是因为人身体本身能放出热量，棉衣只是使人体产生的热量不易散失。这里我们可再扩展一下，热天为了不让冰棍熔化，是用棉衣包起来，还是用平常的布包起来效果更好呢？我们小时候吃的冰棍就是用棉被包起来放在箱子中叫卖的。用棉衣包起来更能防止熔化，阻断与外界热量的交换。如果你的头脑中还在闪烁着包上棉衣，会更热，冰棍会熔化得更快等类似的想法，说明你根深蒂固地认为棉衣会产生热量，需要深挖自己错误认知的根源。

我们头脑中原有许多错误认知，需要不断挖掘错误认知的根源，提升自己的认知水平。各种道理通盘考虑，思维高度贯通下来，就是悟。平时所说的“琢磨透那个理儿”就是悟，是研究性、创造性处理问题的源泉。

物理，悟理也，物理的学习讲究悟性。学习物理的过程是大脑向自然界的“物体”学习的过程，“悟理”就是使大脑按“物”的世界的“理”进行思索、判断的过程，是大脑被外界事物“物化”的过程。所谓悟性，即人对事物的分析、理解和领悟能力，它是一种善于对事物进行由表及里、由实及虚的融会贯通的思考和认知能力，也是不断地对自身实践进行总结和升华的结果，是自己的思维由具体到抽象、由现象到本质的认识过程，是思维方法的综合运用。“悟性”是“创造性”的基础，或者说是“创造性”的源泉。

二 悟性的定义

悟性是对事物理解、分析和判断的能力。悟性是一个人素养、智慧、领悟能力的综合体，是人们对客观事物由表及里、由实及虚的认知能力，是对理论与实践的总结与升华，是大脑对原有知识的融会贯通和重新构建，是人对客观世界认知的最高阶段。

悟性具有直觉性和跳跃性，人们在认识事物时，往往是根据以往个人经验，按照自己的思维方式，去认识外界事物。这里有很多是感性的东西，而不总是先有理性推导才有认知。人们在科研、创造中的“悟性”更是宝贵资源，是创造性的源泉。大多数创造发明，很少是用逻辑推理推导出来的，而是凭悟性先觉察到，才用逻辑推理去证明，做深挖论证的。

悟性思维是建立在直觉思维、逻辑思维上的高级思维。是在大量直觉思维素材基础上，经过逻辑思维加工后的升华，是对事物本质、内涵的高度把握。

悟性的高级阶段是悟性可以转化为创造性，这当中关键是灵感的触发，生成新的见解，这就是创新能力的雏形。它是思维活动的高级阶段，它突破原有知识的束缚，打破了思维定式，开启了新的思维闸门，是人类的最高智慧。

悟性学习理论注重各种知识、智慧的内化，对事物变化规律的内在把握。物理是事物间的道理，是客观世界变化、演化的内在规律。人学习物理的过程，就是人向事物学习的过程，是使人的思维，自然而然地按照事物的发展规律去认识、思索的过程。人是客观世界的产物，人脑几千年来，几万万年来，与活生生的世界进行交流，使人脑的许多想法，都与外界达到协调一致。但同时我们也必须清醒地认识到，我们头脑中也有许多错误的认识。有时快慢不分、大小不辨、顺逆颠倒，我们要不断地去矫正，使人的思维和外界保持一致。而这种境界，还必须要借助与客观世界的接触，和人的不断思索来达到。

三 悟性学习理论与建构主义理论

悟性学习理论重视人的情感投入。苏霍姆林斯基说过：人的智力发展离不开细腻的感情和内心体验，离不开对周围事物和自身情绪的审美态度。新核心素养理念下的悟性学习理论，是根据现代教育教学理论，结合培养创新型人才的基本要求提出的，目的在于培育热爱生活、热爱自然、身心健康、善于和他人沟通交流的新时代英才。

建构主义认为，世界是客观存在的，但对世界的理解和赋予的意义却是因人而异。我们是以自己的经验为基础来建构现实，每个人的经验，都是由自己的头脑创建的，因此，每个人的经验及对经验的理解，是因人而异的。悟性是建立在自己对物理世界认知基础上，以自己的“眼光”，建构自己的经验。要提升自己对客观世界的认知水平，就要不断向客观世界学习，向事物学习。人学习物理的过程，是人不断向客观世界学习的过程。是使自己的思维，自然而然地按照事物的“脾气”“秉性”进行思索的过程。物理学习的最高境界，就是要使自己的思维达到和客观世界的高度协调，以致认识世界，进而更好地改造世界。

德国有一则关于“鱼牛”的童话：在一个小池塘里住着鱼和青蛙，它们是一对好朋友。它们听说外面的世界好精彩，都想出去看看。鱼由于自己不能离开水而生活，只好让青蛙独自走了。这天，青蛙回来了，鱼迫不及待地向它询问外面的情况。青蛙告诉鱼，外面有很多新奇有趣的东西。“比如说牛吧，”青蛙说：“这真是一种奇怪的动物，它的身体很大，头上长着两个犄角，吃青草为生，身上有着黑白相间的斑点，长着四只粗壮的腿，还有大大的乳房”。鱼惊叫道：“哇，好怪哟!”，同时脑海里即刻勾画出它心目中的“牛”的形象：一个大大的鱼身子，头上长着两个犄角，嘴里吃着青草。

鱼脑中的牛形象（我们姑且称之为“鱼牛”）在客观上当然是错误的，但对于鱼来说却是合理的。因为它根据从青蛙那里得到的，关于牛的部分信息，从本体出发，将新信息与自己头脑中已有的知识相结合，构建出了“鱼牛”形象。学生学习新知的过程中，都处于相类似的状态，头脑中的许多图景，不都和这“鱼牛”形象一样吗？我们每个人的认识过程、整个人类的认识过程的每个阶段，不都是这样吗？悟性是人对事物的直接判断能力，是人在思维和实践的经验中，总结提升出来的对事物“脾气秉性”的把握能力，是对事物的性质内化后，对“物理”的直接把握。学物理的过程，是人向事物学习的过程，是使人的思维按照事物的发展、演化的规律进行思索的过程，是人的大脑“物化”的过程，这“物化”的结果就是人的物理悟性的提升。大脑会创造性地把从客观世界获得的信息，进行加工、提炼、总结，通过以往接收的信息，创造性地完成对事物的认识和改造。这对事物创造性的认识和改造，就是我们宝贵的创新能力，所以创新能力的培养离不开悟性能力的提升。悟性的提升不是一蹴而就的，需要我们不断地去修正，去建构，不断地在原有的悟性水平上去提升。

人们对事物的理解，依赖于个人经验，由于人们认识世界的经验各不相同，对于世界的看法，也必然会各不相同。知识是个体与外部环境交互作用的结果。人们对事物的理解，与个体的先前经验有关，因而对知识正误的判断只能是相对的；知识不是通过教师传授得到的，而是学习者在与情景的交互作用过程中，自行建构的。因而学生应该处于学习的中心地位，教师只是学习的帮助者，学生是学习的主人。悟性学习理论，重视知识的主动参与和获取，强调学生学习中的“知识建构”。我们可以看看周围的同学，每个学习优秀的，都是自学能力强的人。

物理学是探索自然界最基本、最普遍规律的科学，物理学的探索过程，通常是通过观察和实验积累经验，在经验事实的基础上，建构物理模型，提出猜想和假设，用简洁的物理规律，即用公式和数字定量化的描述，来预言未知的现象，再用新的实验去检验这些物理模型和物理规律，去否定或进一步修正它们。我们应把科学方法的熟练运用和解决实际问题能力的有效结合，作为实验探究的目标。自己查阅资料，选择、组装仪器，探究实验结果，以增进独立解决问题的能力。实验探究主要包括问题、证据、解释、交流等要素。

第三章 悟性对于物理学习的重要性

一 悟性的重要性

悟性和理性是相辅相成的，我们做题时思路的形成，推理完成后的总结提升都是悟性参与的重要过程。会做的题不一定会讲，讲题的思维过程与做题不同。很少有人用给别人讲题的方法自己去做题。讲题时首先要想一下对方哪不会，为什么不会，如何把对方说明白，这样一步一步严格地推理出来。即使题会做，要想讲给别人听，也会沉思一下，形成条理讲给对方。而自己在独立做题的过程中，思维是跳跃的，这当中“悟性”起着很重要的作用，对思路的形成，整体的把握，都是不可缺少的。有时即使我们遇到不会的题，在和别人谈论、讲解、辩论时自己就搞懂了。讲给别人听的过程也是自己努力思考的过程，原来自己不会的题，说着说着就做出来了。讲给别人听，自己的大脑在高速运转，是对问题的高度把握，对问题的前因后果、牵连影响通盘考虑的过程，这当中你会发现自己的认识得到了很大的提升。给别人讲，自己也是受益者，这也就是所谓的教学相长。我常给学生们说，即使有第三名同学向你问同一道题，你也要珍惜，你也要认真地讲，讲题的过程中，你总会发现给上一名同学讲时没有发现的道理。这里，就有悟性的提升。

悟性的提升不是一蹴而就的。

听题、做题、讲题是有区别的，没有自己做就听别人讲了这道题，就失去了独立思考，感悟提升的机会。这题听别人讲能听懂，好像都能理解，你也不一定是真会，下次碰到原题你也不一定能做对。这也许就是人们常说的物理题一听就会，一说就懂，一考就错。大多数辅导用书的解题过程是写给

“会的人”看的，看了后，“会的人”仍然会，“不会的人”仍然不会，没有帮助学生形成自己的思路，“为什么”要先求这个物理量，比“怎样求”这个物理量要重要得多。如果一看解析，或一听别人讲，能明白，就认为自己真会了，那可就大错特错了，可能下次考场上遇到类似的题，还做不对。

其原因就是你自己没有悟透那个理，为什么这样做，为什么可以这样做，为什么要先这样做，你没有经过分析得到自己的东西。有时悟到为什么要先求这个物理量，比知道怎样求这个量更重要，在考场上没人告诉你需要先求哪个量，如果告诉你了可能你也会求（比方说，判断相撞不相撞的临界条件是“速度相等”时到达同一位置，利用“速度相等”求出时间，以切入思路），但你就意识不到求，你就没有机会做出来。其思路的形成是建立在对题情景的整体认识上经过思索生成的。听了别人讲，就失去了独立思索的机会，独立设计求解思路的机会，提升能力的机会。这种方式培养出来的人缺乏独立解决问题的能力。这就是俗话说的“别人背起来，你也能扛起来；别人说出来，你也能想起来。”别人不说，你就无从下手。在生活工作中就是别人说了怎么做，你也会做；别人不说，你就不知道做，不知道先干什么，后干什么，这种人不是未来社会所急需的精英人才。而能给别人讲题的人，讲之初会想一想别人为什么不会，哪里不会，这道题的考点是什么，讲给对方听，要想让对方听明白，应先讲什么，再讲什么，怎样讲这个问题等非常重要。能讲这道题，就要站得比会解这道题高，或者说，通过讲已经站得比解这道题高了。讲的过程，是思维高度集中，高度融合的过程，是各种知识融会贯通的过程，是悟性升华的过程。我们做题时思路的形成，推理完成后的总结提升，都是悟性参与的重要过程。甚至有可能原来不太懂的问题，通过给别人讲，自己也变得更明白了。站在了命题人的角度来审视这道题，下次碰到同种类型的题，即使再难一点也能做出来，就是这个道理。按照记忆塔理论，听别人讲，经过24小时，只能回忆5%，给别人讲一遍，同样时间后能留下95%，形成这天壤之别的差距，就是这个道理。要学好物理，提升自己的悟性水平，要重视与同学们的交流。

我们都听过一个故事，一位农民，大字不识一个，但他的女儿考上了清华，儿子考上了北大。当有人问及他有什么教育的绝招时，他说道：“孩子放学回家后，我就让他们把老师当天讲的课对我讲一遍，就当我是一个学生。如果我有听不懂的地方，就让孩子解释。如果孩子解释不出来，我就让他们回到学校后请教老师。”能用朴素的语言把一个深奥的道理讲明白，是需要真功夫的。越是大师，越是能把复杂的道理用简单的语言说清楚。如果你能把学到的物理知识，讲给一位80岁的老太太听，并能让她听明白，说明你已经对该规律有了深刻的理解，甚至已经能用自己的语言，进行创造性地解释了。我们用“讲”的思维来“学”，用“输出”倒逼“输入”，一定会有“颠覆性”的收获。而且这样学得的知识，是“活”的知识，能灵活运用的知识，是有“创新”潜力的知识。

二 物理解题方法整理

物理解题方法可分为物理方法、数学方法和逻辑思维方法三大类。物理方法又可分为守恒法、整体法、隔离法、等效法、割补法、图解法、变化参照系法、矢量分析法、叠加法等；数学方法主要有几何法、代数法、比例法、三角法、图像法、估算法、近似法等；逻辑思维方法有极值法、类比法、逆向法、虚拟法、对称法等。各种方法的灵活运用，掌握其技巧，会给解题和开阔思维带来莫大的好处。解题方法，包含了一系列理解问题、分析问题和解决问题的方法和能力。加强物理解题方法的专项训练，对培养能力和优化素养大有帮助。我们在解题时不能以得到正确结果为唯一目标，要重视解题方法的训练。对一题多解和多题一解都要重视。尤其是在用多种方法解决同一个问题时，不同解法之间有什么内在联系和互通的地方，采用哪种方法更简捷明了，只有平时把功夫做到家，在考场上才能得心应手。站在命题人的角度看考点，看出考查目的等背后的潜台词。这样才能称得上对问题真正理解了。在理解物理知识的同时，也提高了应用物理知识解决物理问题的能力，提升了自己的解题素养，使自己的悟性得到提升。

第四章 悟性的激发及自我培养

一 培养兴趣，激发求知欲望

爱因斯坦说过：兴趣是最好的老师，兴趣是学习的引擎和加速度。了解物理学史与物理小故事，能提高对辩证唯物主义、科学方法论的认识，良好的思想方法素养会成为追求真知的源泉。在实践中体会物理的真谛，三次工业革命无不彰显了物理给人们生活带来的巨大便利。

循序渐进，培养良好的物理学习方法。方法得当能起到事半功倍的效果。尤其是在基础不太理想的情况下，不可急功近利。要在初步理解物理知识的基础上，在运用的方法上下功夫。注意理论联系实际，实践是检验真理的重要方法，自觉主动地运用物理知识，去解决生活中遇到的问题。这样不但可加深对物理规律的理解，活化物理知识，还可大大增强动手能力和学物理的信心。

物理高手们都知道，物理题中最难攻克的题就是概念题，对于易混概念要注意区分，在难以下定论的情况下，这样说有道理，那样说好像也有道理，到底哪种说法正确，就只能靠原始的概念、定义当裁判了。这些经典表述，已经成为物理的经典，甚至已经到了多一字就多，少一字就少，换一字就不妙的境界。要能体会到这语言背后的丰富内涵，如动能定理：“力在一个过程中对物体做的功，等于物体在这个过程中动能的变化”，这种规范表述言简意赅。每个学生都要根据自身的特点，摸索出一套能切合学科特点的学习方法，制定计划，稳步提高，稳扎稳打，是提升成绩的必由之道。

基础知识是解决问题的关键，学习时悟透其实质，理顺与之相关知识的逻辑关系，将概念、定理、定律、公式、图像、模型等组成记忆网络，使各零散的知识结构化、系统化，形成有机整体。

培养自己的学习热情，享受成功的愉悦，得到成功的体验。知识是来自丰富多彩的客观世界，知识本身也是丰富多彩的；知识系统是通过人的感觉、知觉、理性分析建立起来的。知识是可感受的、丰富多彩的客观存在。在平时的学习中，除了学习物理知识外，还要切实体会物理知识的实在性。在学习中学会如何发现问题、解决问题，从而培养自己对知识的追求和热爱。这对于我们学习者来说，比学会知识更重要，它是我们一生的财富。学习物理不仅是为了解题，不能把做题当做物理学习的核心。目标只盯在解题上，形成的知识是支离破碎的，缺乏战斗力，这也是单纯靠刷题，难以取得优异成绩的根源；要有知识系统的观念，使知识成为有机整体，有战斗力。物理学中丰富多彩的思想对发展智力、提高能力、改善思维方法有很强的作用，物理知识是有血有肉的可亲近的智慧。

树立报国为民的远大理想，有助于持之以恒。从小就有远大抱负的人，更易获得成功。科学知识的追求，是需要克服很多困难的，遇到困难时，头脑中首先呈现的，是积极的前进还是消极的退缩，对最终能否成功，有很强的影响。要取得成功，就要有时不我待的紧迫意识，持之以恒的坚定信念。

二　重视实验，尤其是小实验，充分发挥自己的主体作用

利用实验，引发兴趣。物理是一门以实验为基础的学科，所谓物理，就是以“物”喻“理”的本质，以“物”明“理”的内涵，以“物”揭示“理”的真谛。面对实验现象，刺激感官，提高注意力，激发思维的花火和灵感。

重视直接经验的获得，不能局限于用规定的方法和步骤，做提前设计好的“标准化”实验。结论已知的验证性实验，很少富有真正的探究性，这与未来所需人才有极大的差距。要想提升自己的悟性水平，要加强用实验研究问题的能力。

除了演示实验和分组实验之外，在学习的过程中，可开展形式多样的小实验。小实验不受时间和地点的限制，可以在课上、课后、家里随时随地开展。可以利用日常生活中的物品和工具，自制各种各样的仪器。在亲力亲为

中，随时检验我们的奇思妙想，带来意想不到的收获。这样容易触发我们的创新潜能，培育对物理规律的内在理解和把握，在无形中，使悟性能力得到提升。

小实验虽然在形式上显得不太正统，但并不意味着可草率对待，这里包括一个积极思考、认真探索的科学思维过程，对提升悟性有不可或缺的重要作用。小实验的开展可以激发学习物理的兴趣，巩固对物理知识的掌握，提高实验操作的技能，培养科学创新的能力。

科学的成功，决定因素并不是人体本身，而是人的努力和奋斗。我们在平时的学习中，应该鼓励自己利用身边随手可得的现有材料进行实验探究活动，不仅能培养兴趣，加深对物理知识的理解，而且能从实验探究过程中体验科学过程，领悟研究方法，学会科学思维，提高操作技能和创新能力。

三 注重直觉思维能力的培养，发展悟性思维

直觉思维是一种基本的思维方式，是个体面对问题时，以个体知识体系为根据，对所研究的问题直接地、迅速地得出结果的过程。在中学物理的学习中，大力加强直觉思维能力的培养，也是物理新课程标准中，对思维能力培养的具体要求。直觉思维是人右脑的高级机能，是人类的天赋与后天努力的结晶，是实践活动在人脑中内化形成的一种能力。开发右脑，可以使人的思维能力，得到更加全面地发展。直觉思维是创造性的源泉，是个体在整体知识认知的基础上，对问题不用经过严格的逻辑推理，就迅速、跳跃式地得出结论的过程。直觉思维以整体功能的“知识组块”为思维材料，综合运用已有知识、表象和经验直觉，以高度省略、简化、浓缩的方式洞察事物的实质，并迅速做出猜测、设想或突然领悟的思维，具有整体性、突发性和随机性的特点。

以经验共鸣的理解为根据的直觉思维就是悟性。当今的学校教育过多地注重学生逻辑思维能力的培养，却无形中忽略了直觉思维能力的塑造。

世界上很多发明，不是靠推理推出来的，往往是根据直觉，敏锐地意识到问题之所在，从而有所顿悟。阿基米德在浴室里，靠直觉感觉到辨别王冠

真假的方法，而后才运用逻辑思维去完善、去证明、形成规律。这是基于阿基米德对事物超常的敏感性，对事物内在道理高度把握，是悟性能力的超强体现。

悟性也有部分逻辑推理的功能，所谓悟透，就是能把直觉思维和逻辑思维有机地连结起来，对事物整体认知的高度把握。悟性是对事物规律、结构及关系等的领悟能力，是建立在已有认知经验上，运用以往逻辑思维的判断，对新事物与旧事物融会贯通的一种能力。悟性即可看作是直觉思维与逻辑思维的纽带，也可以看做是直觉思维与逻辑思维结合的升华。

传统教育所教育出来的人才，往往对限定资源、明确问题有较强的统筹能力，别人告诉他可用哪些资源，要解决哪些问题，他们中很多人，能很好地统筹兼顾处理，优化结构效能。但面对未知性、不确定性、挑战性的问题却无从下手，缺乏创造性地应对各种不确定性因素挑战的能力。直觉思维与逻辑思维是思维能力的左右手，缺少任何一方都会制约思维能力的提高，都会使人的整体思维能力受到限制。

直觉思维虽然重要，但不易通过传统的考试来测评，不易被捕捉，因此常常被忽略。人们已经普遍意识到这一问题，当今的教学改革、测评机制，在朝着直觉思维能力所占比例越来越大的方向发展。这也需要我们学生本人有清醒的认识，要主动创造机会，开阔视野，走进大自然，走进生活，走进社会，用生活的经验丰富自己的智慧。

直觉思维的发展更是需要学生个体即学生本人的积极思索，追求事物变化规律的本质，探索事物的内在一致性，而不是被数学化的模式套住思维，限制住思维的手脚。也不应仅以能从公式推理中得到结果，就认为万事大吉。即使已能从公式中推导出来，也一定要再回头看一看，这“理儿”在什么地方，下次能不能不用公式推导就直接悟出来。

我在做题时，经常用悟性的方法直接判断，比方说对一般的选择题，一读完题，马上就凭直觉判断出正确选项，然后再用推理、计算的方法严格推证，如果一致，答案一般不会错；如果不一致，那就要看哪种方法错了，为什么会错，挖掘出思维深处的根源。凭直觉判断几乎不用时间，推理、计算，也只需在几个关键处，核实一下。这样做，既能提高做题的准确率又能缩短做题时间。如果平时做题都这样，经常锻炼自己的悟性能力，我们的创新能力也会得到大大的提升。应该说，人最初的直觉有许多错误的地方，有时甚至快慢不分、左右颠倒、顺逆不辨、长短不知、根源不明，要不断去挖掘自己思维深处的错觉，不断提升自己的“悟性”，平时功夫用到位，考试时就会得心应手。若能使人的思维与外界事物的规律高度一致，创新能力就从根本上得到了提升。人学习的过程是人不断地向外界事物学习的过程，是使人的思维与客观世界变化规律相一致的过程，是使人的思维“物化”的过程，使人的思维能自然而然地按照客观世界演化、发展、变化的规律去思索，使人的思维与物的世界的规律高度谐调的过程。

四 注重逆向思维能力的培养

逆向思维，是相对于习惯性思维的另一种思维方式，又称“反向思维”或“异向思维”。每一个思维过程，都可以找到与之相反的思维过程，在运用中存在着正向、逆向思维的交流和互动。“倒过来想一想”，有时候会豁然开朗。正向考虑难以解决的问题，也许“反过来想”就会柳暗花明。逆向思维是富于创造性的求异思维，从广义上讲，属于发散思维的范畴。逆向思维往往根据物理概念、定理、规律等进行逆向推理，由果索因，倒着推理问题，这有利于培养思维的灵活性、变通性，对克服思维定式，防止思维僵化有独到的作用。

对于我们大多数中学生来说，最初都不习惯于运用逆向思维，需要我们有意识地加强锻炼，才能灵活运用。它往往为我们解题提供另一种思路，结合正向思维，运用双向思维，思维力就大大加强，就能得心应手地解决许多高难度的问题。

逆向思维也可以帮助我们站在命题人的角度，看看题是怎样命制出来的，为了考查某个知识点、规律，应如何构建物理情景；为了求解某个物理量，应给出哪些条件等等。经常进行双向思索，对开阔我们的解题视野，使思维活动进入更高的境界大有帮助。逆向思维可以通过以下几种方式来培养：

1. 在接受新知识，形成新概念之初，加强逆向思维的渗透

接受新的物理概念、规律，形成新的物理图景时，注重知识的内在联系，执果索因，利用逆向思维，建立物理概念、物理原理和物理规律，形成立体多角度的印记。如在形成力的概念时，对力的作用是相互的，可想象在游泳时，人向后推水，水也给人一个向前的力，使人前进；人骑自行车，在理解后轮受到的摩擦力，是车前进的动力时，可以想象，当把后轮放在沙地上或冰面上，即使用力蹬，车也很难前进。这样由果索因，如果没有了摩擦力，车是不会向前走的。看来使车前进的动力，的确是地面对车提供的摩擦力。这样建立起来的概念、原理等，更能体会到它的来龙去脉，在应用时更会得心应手。

2. 在做题过程中，强化逆向思维能力的训练

很多题目，我们可以正着考虑，顺着题意去求解，从已知条件一步一步导出结论，这也是大多数同学常用的方法。我们也可以逆着考虑，倒着求解，从问题出发，求解出这个结论需要根据哪些规律，知道哪些条件才行，已知条件中是否具备这些条件。如果有，那就可以根据这些规律，搭建起从已知到未知的桥梁，完成求解过程；如果题中没有直接给出你需要的条件，还可以进一步推断，需要求出这些一级条件，需要哪些二级条件，这些二级条件如果原题中已给出，那么需要两步就可以完成求解；如果这些二级条件没有给出，可以此类推，看需要哪些更基础的条件，直到题中给出的条件为止。这是由果索因，倒着考虑的解题思路，书写表达时，再正着表达解题过程即可。即由原始条件出发，先解出所谓的二级条件、一级条件，再进一步求出结论的过程。这中间求出的二级条件、一级条件就是中间量，也就是既不是已知量，也不是待定量，又不得不求的相关量。

简单题正向考虑就可以直接找到结果，这往往只是规律的直接运用，对应新课标中知道、了解的层次；更难一层的知识点，可能正向解起来也能解，但思维难度比较大，甚至有些很难形成完整的思路，不易解出来。运用逆向思维就要方便一些，这在新课标要求当中，理解层次的知识点很常见；对应更难的知识点，如新课标中知识点联结关系比较密集的综合性题目，可能单纯的正向思维或逆向思维都比较费力，往往用到双向思维。即正着由已知条

件出发，解出更多的可知量，从结论出发，逆着推理，判断需要哪些条件。如果能接上“茬”，就可形成完整的解题思路；如果没能接上头，那就要继续彼此照应着对方，由条件出发解出更多的可知量，由结论出发，找需要的进一步条件。如果找到了结点，就能从已知条件这端，走到待求的结论端，就可形成完整的解题思路。这些中间量就是桥墩，用到的规律就是桥梁，这样我们就从已知端走到结论端，形成了完整的解题思维路径。

如何加强逆向思维能力的训练呢？我们看到，某些题实际上就是多个已知条件与结论之间的互换，把原来的已知条件换成未知量，而把原来待求的未知量变成已知量，在求解和思考时，往往用到的思维和原来的思维过程是相反的，成了逆向思维。我们发现了这些题，要及时整理在笔记本上，在整理中体会得更具体、深刻。我们甚至可以一题多变，站在命题人的高度，尝试着去改编题。如果你已经这样做了，一定会成为物理高手。

3. 在实验和生活中加强对逆向思维能力的培养。

物理实验和生活都会给人以事实胜于雄辩的强烈感受，在事实面前我们不得不重新考虑问题的来龙去脉，各物理量间的逻辑关系。物理是以实验为基础的自然科学，无论演示实验、分组实验、还是小实验，都能培养人的观察能力、动手能力和思维能力。在实验中，重视实验的设计原理和过程，多想想为什么这样，必须这样吗？运用逆向思维，进行探索性实验，是打开智慧之门的金钥匙。科学实验能否成功，很大程度上取决于实验方法和技能，这其中实验思路，起着非常重要的作用，它引导着我们思维的角度和方向，决定着实验的进程。

在生活中，运用逆向思维考虑问题，我们会看得更加本质、确切。如关于摩擦力的作用，我们可以倒过来想，如果没有了摩擦力，我们的生活将变成怎样？将会变成瓶子拿不起来，车无法开动，人无法启动和加速，运动的自行车停不下来，这会充分地让我们体会到，我们的生活离不开摩擦力，摩擦力并不像我们最初想象的那样，只是充当着负面的角色那样简单，我们需要辩证地看待问题。

逆向思维能力，对悟性的激发和培养是至关重要的。对提高我们的创造力，打破原有的思维束缚，克服思维定式，有不可或缺的作用。我们每个人都会体会到，许多正统的观点，也包含着陈旧、腐朽的气味。要革新除弊，我们要拿起思维的武器，尤其是逆向思维，追根溯源，许多问题就能变得别有一番洞天。我们应当看到培养逆向思维或双向思维能力，要以扎实的双基为前提，这样才会事半功倍，顺利地提升逆向思维能力，使自己的悟性水平得到提升。

五 培育创新意识，提升悟性思维能力

创新能力的发展需要强有力的领悟能力，反过来，高素质的创新能力也会为悟性的发展，提供更广阔的空间。对事物敏感的创新意识，是提升悟性能力的强大动力，创新能力与悟性能力的发展是相得益彰的。

随着知识经济时代的到来，人才成为影响社会发展最重要的因素：国民素质的提高，创造性人才的塑造，知识创新和技术创新能力的开发，主要依赖于人才的成长。无论是素质教育改革，还是高考招生命题工作，都愈来愈突出对学生创新能力的考查。那么，如何在物理学习过程中，逐步塑造自己的创新能力呢？

首先我们看什么是创新能力，创新，从本义上讲，是发现事物的“新关系”，组成新的有机整体。这样通过新的规则，进行重新组装，形成新的结构，这个新产品就有了新的功能。总的来说，结构决定性质，性质决定功能，功能决定了用途。举世瞩目的转基因技术，克隆技术，卫星的发射，宇宙飞船的变轨等都是发现新关系、新的结构成果。要发现这些新关系，跟学习主动的探索精神，积极解决问题的意志是分不开的，我们要充分发挥自己的学习主体性作用，满怀兴趣和激情，积极主动思维，探究问题的本质，感悟事物的内在道理，进行创新性的学习，否则，创新素质再强的人也只能空怀壮志。

在学习过程中培养创新能力，只有自己积极主动地学习，创造性的开发学习资源，充分发挥主体作用，自己的创新思维能力才有可能得到培养和发展。具体来说，应通过以下六个方面去努力：

1. 激发兴趣，培养创新思维能力

现代学习理论认为，学习的实质是以发展心智能力为主。学习者应针对学习内容，把它转化成一个个问题，调动求解兴趣，一个个去解决。实践中，可以与他人共同探讨，要不断注入思维的动机和空间，处处设疑、激疑。只有不断激活思维机能，张开思维的双翼，才能找到解决问题的方法和途径。影响悟性有很多因素，不过这些因素大都是后天形成的。兴趣是重要的影响因素，如果你对物理有兴趣，那么你面对物理问题时，态度会很积极，思维会很主动、活跃。思维活跃了就能把知识点串联起来，融会贯通，举一反三。而兴趣不是天生的，是靠后天培养的，也就是我们常说的"培养兴趣"。兴趣的培养和学习的信心是相辅相成的。

2. 创新始于质疑——增强"问题意识"，培养创新思维能力

李政道："求学问，需学'问'；只学'答'，非学问。"

理查德·费恩曼："我想知道这是为什么。
我想知道，
为什么我想知道这是为什么。
我想知道究竟为什么我非要知道，
我为什么想知道这是为什么！"

物理学家爱因斯坦说："提出一个问题，往往比解决一个问题更重要"。因为解决一个问题是知识技能的运用，而提出一个新问题需要有创造性的思维。现代学习论认为：任何学习内容都可以用一个个问题呈现出来，学习的发生起源于情境变化的刺激，所以在学习中应尽量创设问题情境，将这些问题筹划为各种形式，去造疑、存疑、质疑，使大脑产生浓厚的学习兴趣。例如：在学习利用伏安法测电阻的实验时，利用伏特表和电流表测出的电压和电流可算出待测电阻的阻值，能不能只用一个电流表或电压表来测量电阻呢？如果能，还需哪些辅助器材？怎样测量？请说出设计的方案并画出电路图。通过这种说疑、释疑的思维活动，就可培养探究科学的兴趣和创造性的思维能力。

3. 同中求异，培养创新思维能力

我们的天性是好奇和求异，凡事喜欢问个为什么。科学发展史表明，思

维的求异是创新思维的开始。在学习中要允许和鼓励自己“标新立异”“无中生有”和“胡思乱想”，从而培养勇于探索和敢于创新的思维能力。通过求异思维，不拘泥于书上和老师所讲观点，敢于独抒新见，知识也就学活了。

4. 注重参与，培养创新思维能力

参与，是获得真知的必要途径，无论与其他同学讨论问题，搭档完成实验操作，协商提出解决方案，共同准备实验条件，一起思考解决问题的其他途径，都离不开参与。参与就是成长，是真正的成长，任何外界事物要想产生作用都离不开学习主体的参与。

5. 展开想象，培养创新思维能力

苏联教育家苏霍姆林斯基说过：“在人的心灵深处，都有一种根深蒂固的需要，这就是希望自己是一个发现者、研究者、探索者。而在青少年的精神世界中，这种需要则特别强烈”。所以还要在认识过程中去激发自己心灵深处那种强烈的探索欲望，因此我们首先要爱物理，爱物理知识，爱物理老师，爱物理方法，富于艺术性地、创造性地去学习。使自己的学习达到欲罢不能的境地，积极地思维，不断地发现和探索，使我们的思维灵活、多变，从而为创新能力的发展敞开大门。

6. 在实验中培养创新思维能力。

我们每个人对自然界的事物都怀有好奇心，对还不懂的现象总喜欢问几个为什么。我们应该珍爱自己的这种精神，主动设计实验，观察现象，积极思考。通过实验如何去验证，如何改变、控制这些因素，结果应该怎样判定，怎样总结结论。要自己亲自动手，观察实验现象，并做好记录。边观察，边思考，边发现问题，边解决问题，并根据实验记录加以分析、归纳和总结，从中得出结论。这样，通过实验归纳出结论，印象就深刻的多，而且锻炼了独立解决问题的能力。

创新是知识经济发展的不竭动力，知识经济的竞争实质上为知识创新和技术创新的竞争，从根本上讲是创新人才的竞争。自己是培养自我创新能力的直接责任人，最有效的保障。知识经济时代各项素质的核心是创新素质，知识经济呼唤创新型人才。只有思想上的觉悟，才有行动上的自觉；只有在思想上充分重视创新能力，才能锻炼出自己的创新能力。

编 后 语

亲爱的同学们，当你即将读完本书时，关于物理学习的一个重要规律一定要牢记：有意义的学习远比死记硬背重要。书本上的知识要想转化为自己的知识，一定要经过几个阶段，阅读和识记、理解和应用、内化和创新。能简单地重复某个定律的文字内容，远不能说明我们已经掌握了它。只有当我们能灵活运用，并能用通俗的语言在讲解过程中让他人听明白，甚至可以加上自己创造性的见解时，才能说明你已经拥有了它，这个知识才会成为“你”的一部分。经常输出知识，给他人讲解，不仅能检验自己掌握的程度，也是一种重要的学习方式，对于物理学习来说，更是非常重要的方式。我回想自己的学习历程，从中也受益匪浅。上学时，经常给其他同学讲题（或讨论题），通过讲题，自己很多内容掌握得更加确切，更加有意识地审视各种知识、规律的来龙去脉，以及在应用中应该注意的细节。甚至自己原本不会或自己做很难做出来的题，给别人讲着讲着就有了思路，就分析出来了。而且这样学会的知识是“活”的，更有价值。用输出知识方法倒逼知识输入，真的是学习物理事半功倍的好方法。

在此，非常感谢邢跃明、张琳静、闫兴、余胜军、李红波、张玉华老师，在编写、审稿中给予我诸多帮助；感谢我的家人和朋友，是你们给予了心无旁骛、专心著学的力量。

物理的学习，是厚积薄发的过程，既要享受素材沉淀的寂寞，又要享受思维舞蹈的快乐。善思善悟，推理与感悟并重，学物理贵在“悟理”。

本书虽多遍推敲，难免还有许多不当或错误之处，如有发现，请与作者联系，非常感谢！

作者手机微信：17801733827